TYDI'R SGWÂR DDIM DIGON MAWR

HYNT A HELYNT Y SESIWN FAWR 1992-2022

YWAIN MYFYR

Er cof am
Alun Garth Owen (1952 - 2022)

Rhywfodd, yn rhodd, er nad oes 'run gwreiddyn,
O'n bro weithiau daw rhai o'r un brethyn
ac agwedd â'u holl rinwedd i rannu'n
milltir sgwâr hardd a budr, ambell wydryn
a chân dlos fin nos. Felly fu'n fan hyn
yn swynol wyrthiol, yn Gymry'n perthyn.
Lle bu'n gynnes ddweud hanesyn – daeth taw
i'n halaw, mae'n llwm yma heb Alun.

Huw Dylan Owen

Argraffiad cyntaf: 2022
ⓗ y ffotograffwyr/y cyfranwyr a'r Sesiwn Fawr
ⓗ y cyhoeddiad: Gwasg Carreg Gwalch

Rhif Llyfr Safonol Rhyngwladol: 978-1-84527-868-7

Cyhoeddwyd gyda chymorth Cyngor Llyfrau Cymru

Dylunio'r clawr a thu mewn: Dylunio GraffEG
Llun y clawr: Dafydd Nant

hoeddwyd gan Wasg Carreg Gwalch,
af, Llanrwst, Dyffryn Conwy, Cymru LL26 0EH.
Ffôn: 01492 642031
-bost: llyfrau@carreg-gwalch.cymru
e ar y we: www.carreg-gwalch.cymru

graffwyd a chyhoeddwyd yng Nghymru

CYNGOR LLYFRAU CYMRU
BOOKS COUNCIL of WALES

RHAGYMADRODD

Sgwrs ffôn efo un o fy mhlant yn Awstralia gychwynnodd y cyfan. Minnau'n sôn wrtho y byddai'r Sesiwn Fawr yn 30 oed yn 2022 ac y byddai'n braf gweld llyfr o ryw fath i nodi'r achlysur. Ei ateb yn syml oedd, "Gwna fo ta, os na wnei di, pwy wnaiff?" Roedd yn iawn wrth gwrs, a dyma ddechrau meddwl a hel syniadau.

Mae'r gwaith wedi bod yn braf, rhaid cyfaddef. Cyfle i edrych nôl dros gyfnod maith o flynyddoedd, dwyn i gof storïau a hanesion, a thwrio drwy dros ddeugain mlynedd o luniau ag effemera! Efallai y dylwn nodi yma, dyma sut dwi'n cofio pethau ac felly ymddiheuriadau os ydi fy nghof yn pallu! Ond nid gwaith unigol o bell ffordd fu'r gyfrol yma ac oni bai am y cymorth ar y daith ni fyddai wedi gweld golau dydd, ac mae llawer iawn o waith diolch i'w wneud.

Ers 1992, fel y gallwch ddisgwyl, mae pwyllgor trefnu'r Sesiwn Fawr wedi esblygu a newid llawer, wrth i bobl fynd a dod i'r ardal. Bellach mae gennym gymysgedd hyfyw o rai ifanc efo tân yn eu boliau, ambell un hŷn a rhai a fu yno ers y dechrau. Un o'r rhain oedd Alun Owen neu 'Alun Bont-ddu' i bawb oedd yn ei nabod, a gollwyd yn sydyn wrth i'r gyfrol fynd i'r wasg. Roedd Alun yn ffrind da, un triw iawn a oedd yno ar y dechrau efo'r Ŵyl Werin Geltaidd. Yn genedlaetholwr digyfaddawd, egwyddorol a thanbaid, ac yn un a fyddai ar adegau yn ceisio cadw'n traed ar y ddaear wrth i ninnau freuddwydio am bethau mawr. Roeddech yn gallu dibynnu ar Alun a bydd colled enfawr ar ei ôl.

Yn y traddodiad Cymreig fe sefydlwyd pwyllgor i roi cychwyn ar y gyfrol, a bu cyfraniad a phrofiad Branwen Dafydd ac Arfon Hughes yn werthfawr iawn wrth geisio rhoi trefn ar bethau. Aed ati i lunio rhestr o unigolion y gellid gofyn am gyfraniad ganddynt tuag at y gyfrol. Ni freuddwydiwyd erioed y byddem yn derbyn cynifer. Mae'n dyled yn fawr i'r holl gyfranwyr. Dwi'n gobeithio fod y fath ymateb yn arwydd o'r cariad a'r teimlad o berthyn a deimlir tuag at Sesiwn Fawr Dolgellau. Mae'n diolch yn fawr am yr holl gyfraniadau. Yn aelodau ac yn gyn-aelodau o'r pwyllgor a rannodd rhai o'u hatgofion, yn gyfeillion, yn gyfranwyr, yn artistiaid, yn weithwyr i'r Sesiwn ac hefyd yn unigolion sydd

wedi mwynhau dod i'r Ŵyl dros y blynyddoedd; ac mae llawer ohonynt diolch i'r drefn.

Bron ers y dechrau un yn hanes y Sesiwn, gwelem bwysigrwydd cadw record o'r digwyddiad mewn llun, ac mae miloedd ohonynt! Diolch i'r holl ffotograffwyr, bron yn ddi-eithriad a fu'n fodlon i ni ddefnyddio eu lluniau i harddu'r gyfrol – **Patrick Francis, Gwynant Pari, Martyn Roberts, Andrew Roberts Evans, Dafydd Nant, Dafydd Hughes** a sawl un arall. Mae eich llygaid a'ch celfyddyd chi yn holl bwysig i'r gyfrol. Diolch hefyd i'r niferoedd a ymatebodd i apêl ac a fu trwy eu hatgofion, eu lloffion neu ffôn a gyrru ambell lun draw atom.

Rhaid cyfaddef – pan fyddai'n ysgrifennu mae'n llifo allan yn frysiog ac yn digon blêr, felly diolch i Geraint Løvgreen am ei waith yn golygu'r gyfrol. Nid gwaith bach, ond braf oedd gallu ymddiried mewn rhywun oedd yn gwybod beth ydi'r Sesiwn Fawr, wedi cymryd rhan ar sawl achlysur ac yn deall y digwyddiad i'r dim.

Pan welais gyfraniad un arall o'm meibion yn sôn am y Sesiwn fel y pumed plentyn fe darodd adref gymaint o ddylanwad y bu'r Sesiwn Fawr ar yr aelwyd a daeth pwl o euogrwydd drosof. Nid penwythnos yn unig cofiwch, ond wythnosau cyn y digwyddiad pan oedd yr Ŵyl yn cymryd drosodd fy mywyd i bob pwrpas a hynny ar ben gwaith bob dydd. Ond nid y fi'n unig wrth reswm, mae gan sawl un ohonom fel trefnwyr waith diolch i'n teuluoedd am iddynt dderbyn y Sesiwn Fawr a phob dim a ddaeth efo hi i'w haelwydydd.

Mae'n gyfrol hardd, ac mae'r diolch am hynny i'r dylunydd Elgan Griffiths sydd wedi llwyddo'n rhyfeddol i roi trefn ar bob dim gan wneud gyfanwaith sy'n lliwgar a gobeithio'n apelio i'r darllenydd. Ond mae'r diolch pennaf yn mynd i Myrddin ap Dafydd a Gwasg Carreg Gwalch sydd wedi bod yn gymorth mawr ar hyd y ffordd – yn rhoi proc bach pan oedd angen, yn cefnogi ar hyd y ffordd, ond yn bennaf am ddangos hyder a chefnogaeth, ac am fod yn rhai mor hawdd i gyd-weithio gyda nhw.

Ywain Myfyr

I'R SESIWN FAWR YN 30 OED

I Sesiwn Fawr Dolgellau –
diolch am yr hwyl,
cerddoriaeth, dawnsio, beirdd a mwy –
dyma be 'di Gŵyl!

Roedd unwaith hen ŵyl werin
yn yr wythdegau pell,
diflannodd erbyn '92
ond ganwyd rhywbeth gwell –

sef Sesiwn Fawr anhygoel,
dau lwyfan ar y sgwâr,
a'r dre yn bownsio yn yr haul
a chanu ymhob bar.

Roedd bwrlwm yn y bwytai,
clwb rygbi yn llawn dop,
a'r mawrion ar y Marian,
yn werin, jazz a phop.

"Ma hyn yn well na 'Steddfod"
oedd sylw ambell un
"heb y barnu na'r cystadlu"
a lle i bawb 'n y llun.

Os ydi'r Sesiwn bellach
ryw fymryn llai o faint,
mae'r un mor fawr ei chalon
ac yn dal i ddenu'r saint.

Dros dri deg o flynyddoedd
fe gawsom ffasiwn hwyl,
felly 'mlaen i'r tri deg nesa!
Dyma be 'di Gŵyl!

Geraint Løvgreen

Ymryson y Sesiwn 1997
Parodi o unrhyw gân adnabyddus.
Dyma ymgais **Mair Tomos Ifans**

Fflat Huw Puw

Mae sŵn ar sgwâr Dolgellau, sŵn sdej yn codi.
Peilons mawr yn gwichian, Esyllt Jones yn gweiddi.
Ni fedraf aros gartref, rhaid mynd yn awr,
Rhaid mynd i dref Dolgellau deg i'r Sesiwn Fawr.

  Sesiwn Fawr ar sgwâr Dolgella'
  Sŵn bandiau'n tiwnio, mi fynnai'i fod yno:
  Sdim rhaid i mi gael llety mi gysga'i ar llawr –
  Dim ond i mi gael mynd i sbri y Sesiwn Fawr.

Mi brynaf yn y Sesiwn grys T llydan,
Sticer car a beiro a pheint o Gwrw Cambrian;
Mi fydd y craic yn para tan doriad gwawr –
Dydd Sadwrn yn Nolgellau mae 'na Sesiwn Fawr.

  Sesiwn Fawr ar sgwâr Dolgella'
  Sŵn bandiau'n tiwnio, mi fynnai'i fod yno:
  Mi fydd y craic yn para tan doriad gwawr –
  Dydd Sadwrn yn Nolgellau mae 'na Sesiwn Fawr.

Gŵyl Werin Geltaidd

GWREIDDIAU

Mae'n siŵr fod y mwyafrif ohonom yn gallu meddwl yn ôl i ddigwyddiad neu gyfnod a newidiodd gwrs eu bywyd mewn rhyw fodd. Profiad 'ffordd i Ddamascus' fel petai. Y digwyddiadau 'petai petasai' hynny y byddwn oll yn edrych nôl arnynt weithiau.

Roedd hi'n nos Iau boeth a chwyslyd ym mis Mehefin 1972 a finnau wedi picio lawr i dŷ nain oedd yn byw yn Y Lawnt yn Nolgellau. Roedd nain newydd gael teledu newydd, ac roedd y babi newydd yn cael y sylw dyledus. *Top of the Pops* oedd ymlaen ganddi y noson yma! Rhaglen a fyddai fel arfer yn uchafbwynt wythnosol, ond wrth i dyfu fyny a dechrau magu 'chwaeth', roedd 'snobyddiaeth' cerddorol y chweched dosbarth wedi gwneud i mi droi nhrwyn ar y siartiau.

Dydw i ddim yn cofio pa orchwyl oedd gen i'r noson honno, ond tra roeddwn i fyny staer clywais seiniau o'r teledu islaw am denodd i lawr yn syth. Fel y pibydd brith hwnnw yn Hamlyn, cefais fy nenu gan y seiniau a ddaeth o'r bocs bach a oleuai gornel yng nghegin dywyll nain. Roedd band yn perfformio ar *Top of the Pops*; doedd gen i ddim syniad pwy oeddynt, ond roedd eu sŵn yn wahanol rhywsut: rhywsut yn fwy perthnasol na'r seiniau roeddwn yn gyfarwydd â hwy. Roeddwn wedi colli'r cyflwyniad felly doedd gen i ddim syniad pwy oedd yn canu. Wedi holi 'yn ofalus' yn yr ysgol drannoeth, dyma ddeall mai Lindisfarne oedd y grŵp, ac roeddynt yn plesio'r Sanhedrin cerddorol yno! A wir i chi, dyna ddechrau ar drywydd a'm tynnodd i ffwrdd oddi wrth gerddoriaeth roc Americanaidd i drywydd mwy 'gwerinol' ei naws. Trywydd y bûm arno byth oddi ar hynny. Gwnaeth y

Fleadh Listowel

noson honno i mi fethu bandiau fel Led Zep yn chwyldroi'r sîn, a chymerais i fawr o sylw o sŵn AC/DC na nifer o fandiau roc eraill y cyfnod.

Ymhen rhai misoedd roedd seiniau Alan Stivell yn cyrraedd Cymru, ac yn ddiweddarach Planxty. Roedd na hud arnaf gan y canu Celtaidd yma. Doedd dim troi nôl bellach, roeddwn wedi'm swyno gan ganu gwerin!

Dyma'r cyfnod pan oedd Cymry ifanc yn mynd am wyliau i'r Alban, Iwerddon neu Lydaw. Ac yno y mentrais innau, yn gyntaf i Lydaw yn haf 1974 efo Geraint Jones a John Atkinson, dau ffrind ysgol i mi. Doedd gennym ddim cynlluniau am y daith dim ond 'mynd i Lydaw ddim i Ffrainc'. Ond rhywsut tra'n aros am ein cwch yn Plymouth, dechreuwyd sgwrs â chriw o Albanwyr oedd newydd lanio'n ôl o Lydaw. Dyma ddeall eu bod yn aelodau o fand pibau o'r Alban a'u bod ar y ffordd yn ôl o ŵyl 'roedd yn rhaid i ni ymweld â hi yn Lorient'. Cyn ffarwelio cawsom fathodyn bob un gan ein cyfeillion newydd. Bathodynnau a fyddai, yn eu geiriau, yn 'agor pob drws i ni yn Lorient!'

Doedd dim i'w wneud felly ond dal bws am Lorient ar ôl glanio yn Roscoff, a dyna ddechrau ar y profiad cyntaf o ŵyl werin. Roedd yr Ŵyl Ryng-Geltaidd yn Lorient yn ei blynyddoedd cynnar ar y pryd, ond wnaeth Lorient ddim siomi. Deuthom ar draws gerddoriaeth wefreiddiol a gwneud ffrindiau newydd o'r gwledydd Celtaidd. Do, fe agorodd ein bathodynnau newydd ddrysau i ni yn Lorient. Alex McGuigan oedd fy enw yr wythnos honno ac roedd Alex yn cael mynediad i bob man!

Fleadh Cheoil, Listowel 1978

Yr haf canlynol dyma fentro i Iwerddon. Tro yma roedd rhyw fath o gynllun gen i. Anelu i Carnsore Point, pegwn de-ddwyreiniol Iwerddon, wnaethom ar ôl glanio yn Dun Laoghaire. Roedd cynllun i adeiladu gorsaf niwcliar gyntaf Iwerddon yno, ac roedd gŵyl enfawr wedi'i threfnu i wrthwynebu'r cynllun. Yma clywais Christy Moore yn canu'n fyw am y tro cyntaf a hynny dan y sêr. Fe ddois ar draws nifer o gerddorion Gwyddelig eraill nad oedd yn adnabyddus i mi ar y pryd.

Ymlaen wedyn i'r gorllewin a chyn hir a hwyr cyrraedd fy Fleadh Cheoil gyntaf yn Listowel. Roedd y profiad yma'n wahanol i unrhyw beth a welais o'r blaen. Roedd y dref gyfan yn ferw gwyllt o gerddoriaeth draddodiadol. Roedd miloedd yn llenwi'r strydoedd a cherddoriaeth yn llifeirio o bob twll a chongl. Sesiynau cerddorol ymhob tafarn; roedd yn nefoedd ar y ddaear i greadur fel fi!

Wrth ddychwelyd i Gymru, gofynnais yr un cwestiwn i mi fy hun ag y gwneuthum wrth adael Llydaw – pam nad oes gennym rywbeth fel hyn yng Nghymru?

Roeddwn wedi dychwelyd i Ddolgellau ym 1976 wedi cyfnod yng Ngholeg y Drindod, Caerfyrddin ac wedi cychwyn ar swydd fel athro yn Ysgol Gynradd y Bermo. Doeddwn i fawr o awydd dychwelyd adref wedi tair blynedd ryfeddol yng Nghaerfyrddin, ond efo swydd newydd, doedd dim dewis, ac yn fuan iawn roeddwn wedi bwrw i mewn i fwrlwm cymdeithasol a fodolai yn y dref ar y pryd. Roeddwn ar y pryd yn gefnogol iawn i ddyheadau mudiad

Gwenda Roberts/Gerallt Rhun

Adfer, ac am fwrw iddi i geisio sicrhau parhad diwylliant Cymraeg yn ein broydd. Hyd heddiw, credaf fod gwneud rhywbeth trwy gyfrwng y Gymraeg yn safiad gwleidyddol o fath. Mae mor hawdd dilyn y llif, ac i mi bryd hynny, fel heddiw, mae ein traddodiad cerddorol ni fel cenedl yn gymaint rhan ohonom â'n hiaith, ac mae brwydro i'w barhau boed hynny trwy ganu neu trefnu digwyddiadau yn safiad gwleidyddol.

Weithiau mae'r darnau yn disgyn yn berffaith i'w lle, y cemegolion fel petai yn asio. Roedd sawl enaid hoff gytûn yn Nolgellau ar y pryd, ffrindiau bore oes y deuthum i'w hadnabod ar amrywiol lwyfannau gwleidyddol. Roedd Dolgellau hefyd yn brif dref Sir Feirionnydd a byddai llawer o fynd a dod, boed hynny'n weithwyr yn Swyddfeydd y Sir, Coleg Meirionnydd, athrawon, gweithwyr banc ac yn y blaen. Hefyd roedd dwy athrawes ifanc oedd hefyd wedi cychwyn ar eu gyrfa yn Ysgol Gynradd y Bermo.

Rhywsut fel gawsom y syniad o gychwyn clwb gwerin neu 'Cymdeithas Werin Bro Idris' i roi ei deitl llawn iddo. Fe'm rhoddwyd i yn y 'gader' ac Alwena Morgan a Gwenda Roberts fy nghyd-athrawon yn ysgrifenyddion, a dyna ddechrau arni yn 1977/78. Cynhaliwyd y nosweithiau yn wythnosol a hynny yng Ngwesty Dolserau. Yn gweithio yno ar y pryd oedd Brenda Parry a fyddai'n ddiweddarach yn rhedeg Gwesty'r Llong yn Nolgellau ac roedd yn gefnogol iawn i'n menter. Roedd Mrs Parry yn ddynes dda iawn i'w chael ar eich ochr! Aeth pethau yn sydyn iawn o nerth i nerth. Roedd yr arlwy yn amrywio o ddawnsio gwerin i gerdd dant ac o ddoniau lleol i drefnu bws i Aberystwyth i fynd i weld y Bothy Band! Yn ogystal cafwyd sawl noson 'fawr' efo artistiaid fel Tecwyn Ifan, Dafydd Iwan ac Ar Log. Yma hefyd y gwelwyd Cilmeri am y tro cyntaf!

Wrth i'r Gymdeithas Werin brofi llwyddiant, roedd bwrlwm diwylliannol newydd yn Nolgellau. Roedd Gŵyl Ddrama flynyddol lwyddiannus, roedd cynlluniau yn eu lle i ail-sefydlu Eisteddfod, a buan y dechreuwyd trafod dros beint y syniad o gael gŵyl werin.

Yn gymharol ddiweddar roedd Dolgellau wedi gefeillio efo Gwenrann (neu Guerande yn y Ffrangeg) yn ne-ddwyrain Llydaw ac roedd ymweliadau mynych rhwng y ddwy dref. Yma, cafwyd symbyliad arall trwy ddeall fod grŵp o ddawnswyr traddodiadol o Gwenrann am ymweld â Dolgellau. Daeth Zonia Bowen a oedd yn byw yn Nhalyllyn ac yn un oedd â chysylltiadau agos â Llydaw i ymgynghori â ni ar y pwyllgor. Roedd pethau'n dechrau symud yn sydyn iawn bellach: er ei bod yn fis Ebrill roedd gennym ŵyl i'w threfnu, a hynny ym mis Gorffennaf.

Rhaid cydnabod ein dyled yn y cyfnod yma i'r diweddar Dafydd Wyn Jones a reolai Ganolfan Recordiau'r Cob ar y pryd. Roedd ei gyngor a'i brofiad yn amhrisiadwy wrth iddo roi criw brwdfrydig ond hollol ddibrofiad ar ben ffordd. Dyma'r dyn oedd wedi trefnu gŵyl debyg ym Mhorthmadog ac oedd yn gyfrifol am ddod â Stivell a Planxty i Gymru.

Y geiriau ar waelod posteri Cymdeithas Werin Bro Idris oedd 'mae'r werin yn fyw'. Yn sicr yn Nolgellau ar ddiwedd

Tecwyn Ifan yn Nolserau

Dawnswyr Gwenrann

y 70au roedd hi'n fyw ac yn iach ac yn fuan iawn byddai babi newydd i'w feithrin.

Trefnwyd yr Ŵyl Werin Geltaidd gyntaf yn llythrennol mewn ychydig fisoedd oherwydd cynhaliwyd y pwyllgor cyntaf ar Fawrth 26ain. Er bod ambell un a ddaeth i'r pwyllgor cyntaf yn proffwydo 'och a gwae' ac yn ein rhybuddio i fod yn ofalus, aed ati gyda brwdfrydedd er ei bod yn brofiad hollol newydd i bob un ohonom. Roedd yn llythrennol yn gam i'r tywyllwch. Wrth edrych yn ôl, mae'n bur debyg mai'r proffwydi gwae oedd yn gywir ond aed ati rhywfodd i drefnu gŵyl ryng-geltaidd mewn prin bedwar mis!

Gan fod gan nifer o'r pwyllgor amrywiol gysylltiadau roedd hi'n gymharol hawdd trefnu'r bandiau, er ein bod yn gorfod aros yn hir am ateb drwy'r post yn aml. Roedd rhai yn ymddiddori mewn systemau sain ac felly daeth yr elfen hollbwysig honno i'w lle'n fuan. Os cofiaf yn iawn, rhoddwyd y cyfrifoldeb ar Delwyn Siôn a oedd yn Drefnydd yr Urdd ym Meirionnydd ar y pryd. Roedd llogi pabell yn gymharol hawdd, er yn orchwyl newydd i ni i gyd. Efo llai na mis i fynd roedd bron pob dim yn ei le ar wahân i lwyfan. Eitem reit bwysig fel y gallwch feddwl! Wrth edrych drwy gofnodion y cyfnod roedd sawl awgrym am lwyfan, ond efo dim ond wythnos cyn y cyngerdd cyntaf cafwyd gweledigaeth.

Roedd yn beth da iawn fod gennym bobl â phrofiadau gwaith gwahanol, ac oedd yn gallu meddwl 'tu allan i'r bocs' fel petai, ar ein pwyllgor. Ar y pryd roedd Dolgellau yn un safle adeiladu mawr wrth i'r ffordd osgoi gael ei hadeiladu. Gwnaeth Dan Morris gyswllt â'r adeiladwyr a benthycwyd 'shuttering boards' a 'sleeping soldiers' dur, a gyda chymorth blociau concrid aed ati i adeiladu llwyfan. Rhaid cyfaddef fod ein dyled yn fawr am y weledigaeth yma a hefyd cydnabod pwysigrwydd cael amrywiaeth o brofiadau a galwedigaethau ar unrhyw bwyllgor sy'n trefnu digwyddiad o'r fath.

Wrth gwrs, trefnwyd yr Ŵyl Werin Geltaidd gyntaf yn 1979, ymhell cyn dyddiau'r rhyngrwyd, ebost a ffonau symudol. Gwnaed y gwaith trefnu ar ffôn y tŷ neu drwy lythyr yn anad dim. Roeddwn i'n byw adref ar y pryd, ac wrth ddychwelyd o'r gwaith yn ddyddiol byddai mam wedi gosod cyfres o nodiadau 'rhaid i mi wneud' ar y silff ben tân. Byddai wedyn yn siŵr o 'swnian' nes fy mod wedi gwneud pob galwad oedd ei hangen.

Roedd yr Ŵyl newydd am gael ei chynnal mewn pabell ac roeddem wedi archebu pabell a mil o gadeiriau gan gwmni o'r Rhyl. Cawsom wybod eu bod yn cyrraedd ar y dydd Iau cyn i'r Ŵyl gychwyn ar y dydd Gwener.

Gen i gof byw o Alun 'Bontddu' Owen a minnau yn aros yn y safle yn gweld y lorri'n cyrraedd a'r criw yn mynd ati i ddadlwytho a dechrau codi'r babell. Daeth yn amlwg yn eithaf buan nad oedd cadeiriau ar y lorri a dyma benderfynu mynd i holi'r hogia.

"Chairs? I don't know anything about chairs," oedd eu hymateb.

Gallwch feddwl bod panig wedi dod ar draws ein hwynebau wrth glywed y geiriau yma! Wrth gwrs heddiw byddwn yn rhoi galwad, neges destun neu ebost i holi ble roedd ein cadeiriau. Dyma benderfynu mewn hir a hwyr bod yn rhaid rhedeg adref i ffonio Rhyl i holi!

Mawr ryddhad oedd deall fod y cadeiriau yn dod o Gaer gan gwmni arall oedd wedi'i is-gytundebu i'w darparu. Cyn diwedd y prynhawn daeth lorri arall, y tro yma'n llawn o gadeiriau pren er mwyn i gynulleidfa'r Ŵyl newydd gael eistedd yn gyfforddus.

Erbyn heddiw mae diogelwch y dyrfa a'r perfformwyr yn hollbwysig wrth drefnu gŵyl. Os disgwyliwch wasgfa at flaen y llwyfan mae'n angenrheidiol sicrhau'r rhwystrau pwrpasol sy'n creu 'ffos' rhwng y gynulleidfa a'r perfformiwr. Yn 1979, roedd Edward H Dafis yn eu hanterth ac am berfformio yn ein pabell ar nos Wener yr ŵyl. Rhyw feddwl munud olaf pnawn dydd Gwener oedd, "Fasa'n well i ni roi rhywbeth o flaen y llwyfan d'wad?"

Doedd dim o'r rhwystrau modern ar gael, felly doedd dim amdani ond ateb Sir Feirionnydd i'r broblem – pyst a rhaff!

Ac felly y bu! Codwyd ffens efo polion a rhaff o flaen y llwyfan a fyddai'n gwneud y job yn iawn. Ac mi wnaeth,

Y 'Sesiwn' bnawn Sul yn yr Ŵyl Werin

i raddau, heblaw fod y stiwardiaid yn y ffos wedi cael eu hysgwyd i'w seiliau gan y dorf wrth i Edward H godi hwyl.

Ar gyfer Gŵyl Werin Geltaidd Dolgellau 1981 gwahoddwyd Boys of the Lough fel prif artistiaid yr ŵyl. Band oedd yn cynnwys y ffidlwr byd-enwog Aly Bain.

Yr arferiad ymhob gŵyl werin cyn ac yn dilyn perfformiad y band yw y bydd yr aelodau yn ymgynnull mewn tafarn i gyd-chwarae cerddoriaeth efo aelodau o grwpiau eraill. Yng Ngwesty'r Llong bryd hynny, wrth fynd i fewn drwy'r brif fynedfa byddai dwy stafell o boptu'r drws. Yn un o'r stafelloedd yma roedd sesiwn anhygoel yn digwydd efo aelodau o Boys of the Lough, Ar Log, Cilmeri, Osian ac eraill. Roedd y stafell yn bownsio, y gerddoriaeth yn heintus a'r curiad yn carlamu, ond hefyd roedd hi'n affwysol o boeth yn yr ystafell.

Yn sydyn dyma Brenda Parry, rheolwr y gwesty, yn dod i fewn i'r stafell, edrych ar Aly Bain a eisteddai o dan ffenest, ond a oedd yng nghanol arwain cylch o *reels* ar ei ffidil.

"Hey you," meddai Mrs Parry gan edrych ar Aly Bain. "Put that fiddle down and open that window!"

Ac yntau yn dod at uchafbwynt y darn, yn ufudd dyma Aly yn rhoi ei ffidl i lawr, yn codi, troi ac agor y ffenestr cyn ailafael yn ei ffidil.

Yn yr 80au, a finnau'n Is-Drysorydd yr Ŵyl Werin ar y pryd, roeddwn yn gyfrifol am dalu'r artistiaid yn ystod penwythnos yr Ŵyl.

Chwilio am Mr Lloyd

Yn ystod un Sesiwn cefais rybudd gan y pwyllgor i beidio talu i neb cyn eu perfformiad, yn enwedig un artist poblogaidd ar y pryd, achos ei fod yn honedig yn rhy hoff o gael diod bach neu dri cyn perfformio.

Roedd yn brynhawn poeth a sychedig ac es i'r Cross Keys am sudd oren bach i dorri syched. Ar hynny, daeth yr artist dan sylw i fewn yn chwilio amdanaf gan weiddi:

"Ydi Emyr Lloyd yma?"

Dywedodd un o'r cwsmeriaid, "Dacw fo yn y gornel!"

Daeth ataf a gofyn, "Ti di Emyr Lloyd?"

Atebais innau, "Na, mae o newydd fynd allan trwy'r drws cefn," ac allan â fo.

Fe ganodd heb gael ei arian ac mi dalais innau iddo ar ôl ei berfformiad.

Emyr Lloyd

Emyr yn ei dweud hi fel y mae!

Cafwyd perfformiadau gan rai o artistiaid gorau y byd gwerin ar y pryd yn yr Ŵyl. Silly Wizard, The Tannahill Weavers, Boys of the Lough, Battlefield Band dim ond i enwi rhai. Wrth gwrs, mae ambell berfformiad, achlysur neu ddigwyddiad yn aros yn y cof am amrywiol resymau. Weithiau mae'r amgylchiadau yn berffaith i hyn ddigwydd, ac felly y bu efo perfformiad y Whistlebinkies o'r Alban yn yr Ŵyl Werin yn 1980. Doedden nhw ddim yn un o'r bandiau 'ma oedd ar eu traed yn annog y dyrfa i hysteria. Eistedd i lawr yn sidêt oedd rhain, gan adael i'w cerddoriaeth hudolus o iseldiroedd yr Alban neu'r Hen Ogledd eich swyno. Ond, roedd ganddynt chwaraewr bodhran y byddech yn fwy na bodlon ei ddilyn i'r gad! Daliai ei offeryn fel tarian wrth ei ochr a daliai'r 'tipper' neu ffon uwch ei ben fel cleddyf. Gwisgai drowsus tartan ac roedd tam o'shanter werdd am ei ben. Roedd ei edrychiad, ynghyd â'r locsyn drwchus goch a wisgai, yn union fel petai yn rhyfelwr Celtaidd yn barod i arwain ei fyddin i'r frwydr.

Y noson honno byddai pob aelod o'r gynulleidfa wedi ei ddilyn i faes y gad. Cyn pen dim roedd y gynulleidfa ar eu traed yn dawnsio ac yn ufuddhau i orchmynion eu cadfridog! Dyma'r tro cyntaf i mi weld y ffasiwn ymateb torfol i fand gwerin ac mae'n rhaid cyfaddef nad oedd y Whistlebinkies wedi gweld ei debyg chwaith. Wedi cael gadael y llwyfan yn dilyn sawl encôr roeddynt yn amlwg wedi dychryn efo'r fath ymateb. Roedd cerddoriaeth werin wedi mwy nag ennill ei blwyf y noson honno!

Atgofion am Ŵyl Werin Geltaidd Dolgellau 1979-1983

Yn ystod Hydref 1980 mi ddaethom ni yn ysgrifenyddion Gŵyl Werin Dolgellau. Pwyllgor gweddol fach, ond gweithgar, o dan arweiniad Ywain Myfyr oedd yn gyfrifol am yr ŵyl.

Roedd yna lawer o waith i'w wneud er mwyn sicrhau bod yr ŵyl yn llwyddo. Ein swydd ni oedd cysylltu gydag artistiaid o Gymru a'r gwledydd Celtaidd eraill. Roedd yn amser reit gynhyrfus ac roedd pawb o'r pwyllgor ar dân i wneud yr ŵyl yn llwyddiant. Roedd angen creu rhywbeth at ddant pawb i ddenu pobl o bob oedran. Ychydig a wydden ni ar y pryd ein bod ni'n disgwyl ein hail blentyn ac y byddai'n cael ei eni dridiau cyn yr ŵyl yng Ngorffennaf 1981!

Mi gawsom ni Dwmpath Dawns ar y nos Iau gyda Tecwyn Jones yn galw. Roedd hi'n braf cael trefnu Twmpath eto gan fod traddodiad o gynnal dawnsfeydd gwerin wedi bod yn Neuadd Idris yn y 60au a'r 70au.

Roedd hi'n ddifyr cael cysylltu gydag artistiaid o'r gwledydd Celtaidd er nad oedden ni yn deall llawer o Gaeleg na Ffrangeg mewn llythyrau gan rai cerddorion, ac roedd angen help i gyfieithu ambell lythyr heb sôn am y gallu i ddatrys ambell lawysgrifen!

Cafwyd bandiau enwog i ddod i'r Ŵyl fel The Tannahill Weavers, Boys of the Lough, Silly Wizard, An Triskel a Fir Bolg, yn ogystal â bandiau adnabyddus Cymraeg, e.e. Yr Hwntws, Derec Brown a'r Racaracwyr, Y Trwynau Coch, Plethyn, Heather Jones, Penderyn, Ar Log, Maffia Mr Huws a Dafydd Iwan ac Edward.

Cynhaliwyd cyngerdd ar y nos Sul, Gorffennaf 26 1981, gyda Charles Williams, Parti'r Wenallt a Parti Cerdd Dant Llafar. Roedd hyn yn dod â phobol ychydig yn hyn i'r Ŵyl a bu'r bobol leol yn gefnogol iawn i'r noson.

Nos Sul yr Ŵyl 1982 newidiwyd y cywair dipyn i gynnal Cymanfa Fodern yn y babell ac yn 1983 bu'r Gymanfa yn y Tabernacl. Cafwyd cyfeiliant gan fand William Williams, a bu Elfed Lewys yn arwain y noson yn ei ffordd ddihafal ei hun. Roedd Elfed yn ychwanegu llawer at y nosweithiau yma ac yn denu cynulleidfa deilwng bob tro. Daeth yn

Rhaglen Gŵyl 1982

amlwg fod y noson yma wedi clymu ystod eang o bobl at ei gilydd, yr hen a'r ifanc, ac wedi rhoi boddhad i lawer.

Un peth oedd ysgrifennu at artistiaid, peth arall oedd cael ateb! Dyna'r peth mwyaf anodd a rhwystredig am y swydd, a ninnau'n aml eisiau ateb yn reit fuan i'w roi o flaen y pwyllgor. Doedd rhai artistiaid ddim yn ateb tan yr unfed awr ar ddeg, ac weithiau'n methu dod, felly roedd hi'n waith caled i gael rhywun i lenwi'r bwlch ar fyr rhybudd.

Un o'r pleserau oedd derbyn llythyrau hyfryd gan rai o'r perfformwyr, a bonws wedyn oedd cael eu cwrdd yn yr Ŵyl yn Nolgellau.

Wrth gwrs, roedd rhaid talu i'r holl artistiaid yma, ynghyd â chostau trydan, dŵr, llogi pebyll ayyb. Mi wnaethom ni logi hanner Neuadd Idris un bore Sadwrn i greu stondin gacennau; sylwer mai HANNER y neuadd oedd ei angen er mwyn arbed arian! Y tâl mynediad oedd 20c ac roedd paned a bisged i bawb. Roedd hi'n dipyn o waith pobi er mwyn codi swm bychan o arian. Wnaethom ni hefyd gynnal pabell fach gwerthu bwyd ar y Marian yn ystod yr Ŵyl – cael roliau bara o siop leol, sosej a thun o nionod sych a chreu 'cŵn poeth' bendigedig, gyda chydig o help y sos coch! Roedd sawl un yn falch ohonynt erbyn diwedd y noson.

Cawsom gryn fwynhad wrth gwblhau'r swydd yma, a daethom i werthfawrogi'r gwaith caled sydd angen ei

Cyfathrebu trwy lythyr oedd hi bryd hynny...

Rob Lewis

Gerallt Rhun yn paentio arwyddion!

Gerallt Rhun, Ieu Rhos, Arthur Tomos a Dyfrig Siencyn

wneud i sicrhau unrhyw ŵyl lwyddiannus. Boddhad mawr hefyd oedd gweld cymaint o bobl ifanc yn dod i'r Ŵyl a chynnig cyfle iddynt weld a gwrando ar gymaint o artistiaid gwerin a roc o Gymru a'r byd Celtaidd.

Pan ddaeth Sesiwn Fawr i fodolaeth, bu'n braf i ni gael cyfle i agor ein cartref i nifer fawr o bobl ifanc dros Gymru gyfan acw i aros dros y Sesiwn. Daeth ffrindiau coleg ein tri phlentyn i fwynhau cerddoriaeth o bob math ac i gymdeithasu yn flynyddol am benwythnos yn mis Gorffennaf yn Nolgellau. Bydd yr amseroedd hapus yma yn aros yn y cof!

Rob a Gwyneth Lewis

Yr Wyl gyntaf un

Yn y dechreuad... 1979... roedd Dolgellau yn afluniaidd a gwâr! Ond roedd deffroad "gwerin" yn cyniwair yn y dre. Roedd nifer ohonom wedi cael blas ar wyliau gwerin awyr agored mawr yn Llydaw ac Iwerddon yn bennaf, ac roedd diwylliant y gwledydd Celtaidd yn apelio'n fawr – Alan Stivell, Planxty, De Dannan a llu o rai eraill. Roedd ymweliadau i Iwerddon yn arbennig yn cynnig profiadau o sesiynau tafarn gyda cherddorion gwerin yn diddanu yn anffurfiol ac mi roedd hyn hefyd yn rhywbeth newydd a chyffrous, ac yn bur wahanol i ganu emynau ar ddiwedd nos ym mar y Stablau yn y Lion yn Nolgellau!

Fel criw ifanc ar y pryd roedd yna ddyhead a brwdfrydedd o'r newydd i greu gŵyl werin newydd sbon a fyddai'n denu

pobl o bob rhan o Gymru a thu hwnt. Roedd y nod yn uchelgeisiol i dref fach yng nghanolbarth Cymru. Eisoes mi roedd Gŵyl Pontardawe yn bod ac yn nes ymlaen ysbrydolwyd trigolion Ffostrasol i greu gŵyl debyg, sef Gŵyl y Cnapan.

Criw ifanc dibrofiad oeddem heb lawer o ddealltwriaeth o'r hyn a olygai cynnal gŵyl ar y raddfa oedd gennym dan sylw. Ond doedd gennym ni ddim ofn mentro. Ffurfiwyd pwyllgor a fu'n cyfarfod yn gyson iawn yn ystod y flwyddyn yn arwain at yr ŵyl – roedd pawb â'i syniadau, a'i amheuon hefyd. Y pryder mwyaf wrth gwrs oedd y gost. Os oeddem i gynnal gŵyl fawr ar y Marian mewn pabell roedd angen cyllid. Roedd angen talu am y grwpiau os oeddem eisiau safon ac roedd yn gwneud synnwyr inni gynnal adloniant gwahanol a wnâi elw ar y nos Wener ac ar y Sul er mwyn cynnal y prif weithgaredd dydd Sadwrn yn y babell fawr. Roeddem angen sustem sain broffesiynol, a pheiriannydd profiadol. Roedd angen llwyfan addas a helaeth ar gyfer perfformiadau dawns. Costau! Costau! Ac mae saga paratoi a gosod yn llwyfan yn saga ynddi ei hunan. Nid y lleiaf, y distiau haearn a fenthyciwyd gan y cwmni oedd yn adeiladu ffordd osgoi Dolgellau ar y pryd. Roedd gweld y costau yn cynyddu dros fil o bunnau yn cynhyrfu y rhai gofalus ar y Pwyllgor!! Roedd angen ffydd!

Roedd angen lletya'r artistiaid a ddeuai o bell, cost ychwanegol arall. A hefyd eu bwydo trwy'r dydd, er nad oedd pawb yn cytuno. Y Ship ac Idris Villa oedd y prif arosfannau.

Ddim yn rhad! I gymhlethu'r cyfan ond yn gyd-ddigwyddiad cyfleus, roedd grŵp mawr o drigolion Gwenrann yn Llydaw yn dod draw i Ddolgellau ar drip cyfnewid, gan fod Gwenrann a Dolgellau wedi gefeillio, a'r Cyngor Tref oedd yn gyfrifol am ofalu am eu trefniadau. Gan fod y criw anferth yma o ddawnswyr Llydewig angen llety roedd Cyngor y Dref wedi eu gyrru i Hostel YHA yn Abergwynant. Bws anferth y Llydawyr a lôn gul a serth yn arwain at yr hostel yng nghanol y wlad heb unrhyw gysylltiad â gwareiddiad! Roedd eu cyfraniad i'r ŵyl yn arbennig, wrth gwrs, ond rywsut roeddynt ar gyrion pethau yn hytrach na bod yn ei ganol. Roedd grŵp dawns arall o Iwerddon, Cluain Tarbh, ac roedd y rhain yn sêr yr Wyl hefyd, ond yn creu llawer o waith trefnu gan fod angen eu cludo o Gaergybi. Roedd yr Ŵyl angen clo arbennig ar y nos Sadwrn, ac mi gofiwn am gyfraniad gwych y grŵp o'r Alban, Boys of the Lough.

Yn yr ymdrech i godi'r arian i gyllido'r Wyl gwnaed apêl i Gynghorau Tref a Phlwyf (Cynghorau Cymuned) i gefnogi'r fenter. A chafwyd ymateb calonogol iawn ar y cyfan. Un ffynhonnell lle teimlem y dylem gael cefnogaeth oedd Bwrdd Datblygu Cymru Wledig ar y pryd. (Colled fawr ar ei ôl!) Yn ein rhwystredigaeth am yr oedi a fu cyn iddynt gadarnhau eu cefnogaeth ariannol, buom mor hy â mynd â'r mater i'r Wasg. Ychydig yn ddigywilydd, mae'n debyg, ac fe wnaethom sathru traed go iawn! Ond fe roddodd hyn gyhoeddusrwydd inni a chyda Gŵyl newydd fel hon roedd hynny'n bwysig. Ac fe wnaeth y cyhoeddusrwydd wthio'r cwch i'r dŵr hefyd. Fe gawsom gefnogaeth ariannol a oedd yn allweddol inni.

Y maes arall allweddol wrth gwrs oedd hysbysebu. Bu cryn dipyn o feddwl y tu ôl i'r ymgyrch hysbysebu, ymgyrch ar raddfa ymgyrch etholiadol fywiog bron! Pwy all anghofio'r holl bosteri oedd angen eu pastio ym mhobman, y corn siarad oddi ar do car a lwyddodd i gyrraedd pob rhan o Feirionnydd. "Gwyl Werin Geltaidd Dolgellau / Dolgellau Celtic Folk Festival!" yn atseinio i gyfeiliant cerddoriaeth fywiog Wyddelig, o'r Bermo i'r Bala, a phentrefi gwledig Meirionnydd yn cael dos o ddiwylliant! Heb sôn am daflenni a nwyddau. Os oes gennych fathodyn gwreiddiol neu boster o'r Ŵyl gyntaf honno yn 1979 mae'n sicr yn werth pres erbyn heddiw. Roedd doniau celf Ywain Myfyr ac eraill yn cael eu defnyddio i'w heithaf!

Roedd cryn gyffro yn gymysg a phryder ac ofn wrth i'r Ŵyl ddynesu. Noson roc y nos Wener yn llwyddiant – Edward H yn dal i dynnu cynulleidfa, ond yr elw ychydig yn llai nag a ddisgwyliem. Geraint Jarman y flwyddyn ddilynol hefyd yn denu cynulleidfa dda. Teimlem fod y tywydd yn gwbwl allweddol i lwyddiant yr Ŵyl ac er ei bod yn bwrw ac yn bur lwydaidd fore Sadwrn fe wellodd pethau fel yr aeth y diwrnod yn ei flaen. Beth sy'n aros yn y cof yw'r awyrgylch cartrefol, ychydig yn anffurfiol a grëwyd ar y diwrnod, a hynny yn bennaf oherwydd brwdfrydedd ac agosatrwydd yr arweinydd, Elfed Lewys, a osododd ei stamp ar y diwrnod. Hynny, a safon gyffredinol y perfformiadau. Mae'n taro pobl yn rhyfedd heddiw efallai, ond ar y pryd roedd y patrwm o artistiaid yn gwneud "spot" o hanner awr yn beth diarth i gynulleidfa Gymreig. Yr arfer oedd artistiaid yn cyflwyno dwy neu dair cân yn yr hanner cyntaf ac yn dod yn ôl yn yr ail hanner i orffen eu set. Ond buan iawn y newidiodd yr arfer hwnnw gyda gwyliau fel Gŵyl Werin Dolgellau

Roedd cyngerdd nos Sul yn dilyn y drefn draddodiadol gyda chôr meibion ac eitemau mwy clasurol efallai. Ond blas gwerin oedd ar y rhan fwyaf o'r eitemau. Cofiadwy iawn, wrth gwrs, oedd cyfraniad yr anfarwol Charles Williams yn arwain a diddanu. Braint yn wir, ac yn sicr rhoddodd statws i'r Ŵyl.

Wedi'r holl boeni a darogan gwae gan rai, roedd yr Ŵyl nid yn unig yn llwyddiant ond hefyd yn ysbrydoliaeth i eraill, gan ddangos beth oedd yn bosibl gydag ewyllys a brwdfrydedd. Gwir dweud fod anniddigrwydd gan rai fod y tafarnau a'r stryd yn gwegian ar y nos Sadwrn ar draul y prif weithgarwch yn y Babell, ac er bod rhai trafferthion wedi bod yn y dref, ychydig iawn oedd y rheiny. Roedd cydweithrediad yr heddlu ar hyd y daith yn allweddol , a'r unig gwynion a gafwyd gan y cyhoedd yn ôl yr heddlu oedd y sŵn, ond roedd hynny wedi ei gyfyngu beth bynnag i oriau rhesymol. Roedd y gŵyn wedi dod gan drigolion "ochor orau'r dre", h.y. y tai i'r gogledd o bont Fawr yr Wnion!

Pan gwblhawyd y cyfrifon ar ddiwedd yr Ŵyl, cyhoeddwyd fod elw bychan wedi ei wneud, ddim yn elw arwyddocaol, ond yn ddigon o ollyngdod i'r amheuwyr yn ein plith! Ond yn bwysicach roedd wedi dangos fod sail gadarn i'r syniad o'r Ŵyl hon. Roedd yn rhywbeth y gellid adeiladu arno ac a arweiniodd maes o law i'r Sesiwn Fawr. Roedd hefyd wedi sefydlu Dolgellau fel lleoliad a chanolbwynt o bwysigrwydd cenedlaethol i gerddoriaeth werin ein gwlad.

Gerallt Rhun

Y Dyn Dŵad

Dyna sut roeddwn ni'n teimlo wrth i mi gyrraedd Dolgellau ym mis Medi 1981 i ddechrau fy swydd gyntaf wedi gadael coleg. Roeddwn wedi mynychu Gŵyl Werin Geltaidd Dolgellau yn y flwyddyn flaenorol ond doeddwn i ddim yn adnabod neb yn Nolgellau ac am yr wythnosau cyntaf roeddwn yn mynd o un gwely a brecwast i'r llall. Yn sicr doedd gorfod bod nôl yn y llety erbyn 9 y nos ddim yn help i gymdeithasu!

Ond fe ddaeth achubiaeth wrth i Ywain Myfyr fy ngwahodd i gwrdd â chriw'r Ŵyl Werin. Dwi ddim yn siŵr pa un wnes i fynychu gyntaf, ai'r pwyllgor ffurfiol neu gyfarfod anffurfiol. Y prif wahaniaeth oedd bod y ffurfiol yn cwrdd yng Ngwesty'r Ship fel arfer a'r anffurfiol yn y Stag (fersiwn Dolgellau o'r New Ely yn y nofel *Dyddiadur Dyn Dŵad* gan Goronwy Jones?). Mewn gwirionedd roedd cymaint o drefnu yn mynd 'mlaen yn y cyfarfodydd anffurfiol ag oedd yn rhai ffurfiol! Dros y blynyddoedd rwy' wedi mynychu llawer gormod ond yn sicr dyma'r cyfarfodydd mwya' hwyliog a buddiol. Er nad oedd pawb yn cytuno bob amser, erbyn diwedd y noswaith ac wedi llymaid neu ddau roedd pawb yn dal yn ffrindiau.

Fe ddaeth y 'criw' yn rhan annatod o fywyd cymdeithasol fy nghyfnod yn Nolgellau, ac roedd y brwdfrydedd dros gerddoriaeth werin yn ganolog i'r mwynhad. Yn ystod y flwyddyn byddai Cymdeithas Werin Bro Idris (bron yr un criw) yn trefnu cyngherddau cyson ac aml i leihau colled ariannol yr Ŵyl! Roedd hanner aelodau'r grŵp gwerin Cilmeri yn byw yn nalgylch Dolgellau a daeth cyfle i gymysgu

Tîm criced yr Ŵyl Werin

Huw Evans yn dangos ei grys T

sain iddynt mewn cyngherddau ar draws Cymru. Ond heb os yr uchafbwynt cerddorol oedd y sesiwn anffurfiol yn hwyr nos Sadwrn yn y Ship gyda cherddorion Cilmeri'n cyd-chwarae â rhai o gerddorion gwerin gorau'r gwledydd Celtaidd fel Boys of the Lough a oedd yn perfformio yn yr Ŵyl.

Cwlwm byrhoedlog

Roedd ehangu apêl a mwynhad cerddoriaeth werin yn rhan annatod o'r gwaith. Ar gyfer yr Ŵyl Werin olaf yn 1983 penderfynodd y pwyllgor cynhyrchu rhaglen yr Ŵyl ar ffurf papur bro er mwyn cynnwys mwy o erthyglau i hyrwyddo cerddoriaeth werin. Yn anffodus, un rhifyn yn unig o *Cwlwm* a gwblhawyd. Cafwyd ymateb gwych i'r cais am erthyglau gan unigolion o'r byd gwerin fel Gwyndaf Roberts, Dafydd Iwan, Roy Saer a Dafydd Wyn o gwmni Recordiau'r Cob. Ond yr erthygl fwya ddadlennol o bosib oedd honno gan Zonia Bowen yn adrodd cefndir sefydlu'r Ŵyl Werin gyntaf.

Amryddawn?

Yn sicr roedd yn 'griw' reit amryddawn a phob blwyddyn roedd dau dîm yn cynrychioli'r Ŵyl yng nghystadleuaeth criced 6 bob ochr y dref. Er bod ambell i gricedwr dawnus yn chwarae gyda ni, brwdfrydig fyddai'r disgrifiad gorau o nifer o'r chwaraewyr. Ond mae'n syndod beth y gallwch ei gyflawni gyda brwdfrydedd.

Arallgyfeirio

Cynhaliwyd yr Ŵyl Werin olaf yn 1983 ac roedd Cilmeri eisoes wedi chwalu. Daeth diwedd cyfnod ac roedd y cyfarfodydd anffurfiol yn y Stag a'r Ship yn mynd yn fwy achlysurol wrth i alwadau teuluol aelodau'r pwyllgor gynyddu. O'r llwch sefydlwyd cwmni system sain Parhad gan aelodau Dolgellau o Cilmeri ac ambell aelod o'r pwyllgor. Prynwyd hen offer sain Cilmeri a sefydlwyd Parhad gyda'r bwriad o gynorthwyo trefnwyr i gynnal digwyddiadau mewn cymunedau ar draws y gogledd. Ychwanegwyd uchelseinyddion Bose (*bass bins*) i'r offer er mwyn gwasanaethu grwpiau roc yn ogystal â gwerin.

Rhwng cymysgu sain i Cilmeri a bod yn rhan o Parhad yn y dyddiau cychwynnol, cafwyd sawl profiad amrywiol a dweud y lleia'. O gymysgu sain i Trebor Edwards mewn sied wair ym Mhen Llŷn i'r Anhrefn ym Mhrifysgol Bangor – dyna beth oedd ehangu gorwelion cerddorol!

Ond mae rhai nosweithiau yn aros yn y cof. Cafodd Ywain Myfyr a finnau'r cyfle i ddarparu sain byw i'r gynulleidfa yn ystod y gyfres deledu *Torth o Fara* a ffilmiwyd yng Ngwesty Bron Eryri, Llanberis (sydd bellach yn gartref hen bobol) ac a ddarlledwyd yn 1982. Dyma gyfres oedd yn cynnwys goreuon canu gwerin yng Nghymru a gweddill y gwledydd Celtaidd. Mae'r gyfres yn

Rhaglen 1983

dal gyda fi ar hen dapiau fideo VHS ac mi wnes edrych ar rai ohonynt wrth baratoi'r pwt yma. Un peth a'm trawodd yn syth oedd bywiogrwydd y gynulleidfa wrth ymateb i berfformiadau byw go iawn oedd yn sicr yn haeddu'r teitl "noson lawen".

Roedd yn addysg cydweithio gyda'r peiriannydd Mick McKenna a'r Rolling Stones Mobile Studio oedd yn recordio sain ar gyfer lluniau teledu *Torth o Fara*. Fel llawer yn nyddiau cynnar S4C roedd yn gyfnod o fentro i feysydd newydd am y tro cynta'. Rwy'n cofio geiriau Mick McKenna ar ddiwedd y gyfres, "You got away with it then". Wel mae Parhad yn dal i fynd Mick.

A heb os, uchafbwynt arall oedd cael fy syfrdanu gan dalent a dawn aelodau Theatr Ieuenctid Maldwyn wrth gydweithio ar sioe *Y Cylch* a'r sioeau tafarn.

Dod 'nôl

Cafwyd llawer o hwyl yn ystod cyfnod yr hen Ŵyl Werin ym Meirionnydd ac roeddwn yn meddwl fod y cysylltiad yma drosodd pan symudais i'r De i weithio. Ond yn 1993 daeth yna alwad gan Emyr Lloyd yn dweud fod angen help ar Parhad yn ystod yr ail Sesiwn Fawr.

Dyma ddychwelyd i Ddolgellau ac roedd yn braf gweld sgwâr Dolgellau yn atseinio i gerddoriaeth unwaith eto. Ond cychwyn braidd yn sigledig gafwyd i'r prynhawn Sadwrn. Wedi'r profion sain, dyma'r Moniars yn dechrau'r set yn reit hamddenol. Arfon Wyn yn strymio'r gitâr acwstig ac yna'r band cyfan yn ymuno – a thawelwch a fu! Dechrau eto ac eto a'r un canlyniad. Wrth i'r band ymuno mewn roedd rhywbeth rhywle yn y system sain wedi chwythu ei blwc. Doedd y ffaith fod y system gyfan yn rhedeg oddi ar un plwg 13amp mewn siop gyfagos ddim yn help. Roedd Emyr Lloyd ar ei bedwar o dan y llwyfan yn ceisio cael trefn ar y spaghetti o wifrau tra bo fi'n edrych yn syn ar y ddesg gymysgu yn ceisio dehongli'r goleuadau oedd yn fflachio, neu'n agosach at y pwynt – ddim yn fflachio! Wedi tua 10 munud, oedd yn teimlo fel oriau, trwy ddirgel ffyrdd llwyddwyd i ail-gyfeirio ambell blwg i adfywio'r trydan ac ymlaen gyda'r sioe.

Cafwyd penwythnos hynod lwyddiannus ac roedd y Sesiwn Fawr ar gychwyn taith i roi Dolgellau ar y map cerddorol unwaith eto.

Huw Evans

Atgofion Ar Log

Erbyn diwedd y saithdegau roedd Ar Log wedi perfformio mewn nifer o wyliau gwerin yn Lloegr, yr Alban ac Ewrop ac roedd perfformio mewn gŵyl werin yn brofiad anhygoel. Roedd yn rhoi cyfle i ni ddod i adnabod artistiaid eraill o wahanol gefndiroedd a rhannu llwyfan efo enwogion y byd gwerin a chael sesiynau anffurfiol gyda'n gilydd wedyn gan gyfnewid caneuon ac alawon. Roeddwn yn teimlo fod Cymru angen gŵyl werin o'r fath ac roedd y cynnydd yn nifer y clybiau gwerin a oedd yn codi fel madarch ledled y wlad yn dangos yn glir fod yna gynulleidfa barod ar gyfer gŵyl werin fawr. Ym 1979 dyma gael newyddion da o lawenydd mawr; sefydlwyd Gŵyl Werin Geltaidd yn Nolgellau, ddeuddeng milltir o fy hen gartref yn Llwyngwril! A dyna braf oedd cael rhannu llwyfan efo'r grŵp gwerin lleol Cilmeri, Cluain Tarbh o Iwerddon, Dafydd Iwan (cyn bod sôn am y bartneriaeth Dafydd Iwan ac Ar Log!) a'r grŵp o'r Alban, Ossian, sef grŵp y buom yn rhannu llwyfan ag ef fwy nag unwaith ar ein teithiau. Ac roedd tebygrwydd difyr rhwng Ar Log ac Ossian; dyma ddau grŵp o bedwar yn cynnwys dau frawd a'r offerynnau yn cynnwys ffidil, ffliwt, telyn a gitâr. Yn bresennol yn yr Ŵyl gyntaf hon oedd fy athrawes telyn, Nansi Richards, Telynores Maldwyn. Dywedodd wrthyf yn yr ŵyl ei bod wrth ei bodd yn gweld y delyn deires yn ôl ar y llwyfan ac yn sicr roedd wedi cael sbri yn yr ŵyl. Yn drist iawn bu farw bum mis yn ddiweddarach yn 91 oed.

Dwi'n edrych ar raglen yr ail ŵyl rŵan a chofiaf mor braf oedd cael rhannu llwyfan efo'r Whistlebinkies o'r Alban,

Bucca o Gernyw a Cluain Tarbh, Cilmeri a Dafydd Iwan unwaith eto. Roedd aelodau Cilmeri wrth gwrs yn rhan o'r tîm a oedd y tu ôl i'r ŵyl ac mae ein dyled yn fawr iddynt am eu brwdfrydedd a'u gweledigaeth. Gwahoddwyd fy mam, Ann Roberts, i ysgrifennu teyrnged i Nansi ar gyfer rhaglen yr ail ŵyl. Cafodd ei henwi ar ôl Nansi sef Jane Ann gan fod mam fy mam a Nansi yn ffrindiau mawr, ac fe hoffwn ddyfynnu ychydig o frawddegau.

"Wrth dalu'r deyrnged yma yn rhaglen yr Ŵyl Werin eleni i Nansi, a wireddodd yr hen ddihareb Gymraeg i'r llythyren, mai 'nid o rym corff y cenir telyn' – carwn ddiolch i'r ieuenctid oedd yn bresennol yn yr ŵyl y llynedd am ei hanwylo nos Sadwrn yn y Cyngerdd Gwerin – trwy ddangos eu gwerthfawrogiad o'i hymdrech (yn ei llesgedd bryd hynny) i ddod atynt. Roedd wedi mwynhau pob munud o'r perfformiadau a'r sgyrsiau gyda hwn a'r llall. Dyma gyngor Telynores Maldwyn i delynorion ieuanc, *Peidiwch â dysgu'r newydd ac anghofio'r hen. Rhowch eich hunain yn y darnau a ddysgir ichwi. Mae rhywbeth ym mhob darn na all y cyfansoddwr ei hun ei roi ar bapur. Chwiliwch amdano.*"

Yn drist iawn daeth yr ŵyl i ben ym 1983 gan adael bwlch enfawr yn y calendr gwerin. Does dim dwywaith fod Gŵyl Werin Geltaidd Dolgellau wedi gwireddu fy mreuddwyd bersonol o weld gŵyl werin fawr wedi'i sefydlu yng Nghymru a heblaw amdani hi rwy'n gwybod yn sicr na fyddai Gŵyl y Cnapan wedi bodoli. Pam hynny, dwi'n eich clywed yn gofyn?

Wel roedd criw yng Ngheredigion yn trefnu nosweithiau gwerin dan yr enw CAINC – Cylch Adloniant i Ni'r Cymry. Roedd fy mrawd yng nghyfraith, Dai Thomas, un o fois Ffostrasol, yn un o'r sylfaenwyr ac fe awgrymais iddo y dylai CAINC ymestyn a thyfu i lenwi'r bwlch ac i drefnu gŵyl werin a oedd yn debyg i ŵyl Dolgellau a'r gwyliau yr oedd Ar Log wedi perfformio ynddynt. Aeth Dai â'r syniad at weddill aelodau CAINC a dyna blannu'r hedyn neu'r fesen a dyfodd yn dderwen fawr; sefydlwyd Gŵyl y Cnapan ddwy flynedd ar ôl i Ŵyl Werin Geltaidd Dolgellau ddod i ben. Stori arall yw honno ond roedd hi mor braf clywed y newyddion bod Sesiwn Fawr Dolgellau wedi'i sefydlu, a hynny ym 1992. Braf oedd cael bod ar lwyfan yn yr hen dref yn yr hen sir unwaith eto mewn gŵyl a oedd yn bodloni pob chwaeth gerddorol a hefyd yn bodloni'r rhai oedd dim ond eisiau, wel, sesiwn!

Pe bai Nansi'n gweld sut y datblygodd y byd gwerin dros y degawdau ers 1979 pan welodd yr artistiaid ar lwyfan yr ŵyl werin gyntaf, gweld y dalent, y brwdfrydedd a'r afiaith a welir heddiw, fe fyddai'n argyhoeddedig fod cerddorion gwerin Cymru wedi dilyn ei chyngor, *'Rhowch eich hunain yn y darnau a ddysgir ichwi.'*
Gwyndaf Roberts (Ar Log)

AR LOG, GŴYL WERIN DOLGELLAU A'R SESIWN FAWR

Ffurfiwyd Ar Log yn arbennig ar gyfer Gŵyl Geltaidd Lorient yn Llydaw yn 1976, a daeth perfformio mewn gwyliau gwerin tebyg mewn gwledydd tramor yn rhan bwysig o waith y grŵp. Roeddem hefyd yn cael gwahoddiad i wyliau gwerin yn Lloegr, megis Sidmouth a Fleetwood, ac ambell un yn yr Alban. Ar wahân i Ŵyl Werin Pontardawe, fodd bynnag, ychydig iawn o wyliau gwerin o'r math yma oedd yn cael eu cynnal yng Nghymru yn ystod y saithdegau. Diolch byth, felly, i Ywain Myfyr a'r criw ddod at ei gilydd i sefydlu Gŵyl Werin Dolgellau – gŵyl oedd yn rhoi cyfle i artistiaid o Gymru yn ogystal â gwahodd rhai o enwau mawr y byd gwerin rhyngwladol. Gan fy mod i a 'mrawd Gwyndaf wedi cael ein magu ychydig i lawr yr arfordir ym mhentre bach Llwyngwril, roedd hon hefyd yn ŵyl 'ryngwladol' oedd ar stepan y drws!

Cyn i ni berfformio am y tro cyntaf yn yr ŵyl, drwy gyd-ddigwyddiad llwyr, roedd Nansi Richards, Telynores Maldwyn, ein hathrawes ar y delyn deires, yn aros acw yn y Rheithordy yn Llwyngwril. Roedd hi wedi gwirioni ar ôl clywed am yr ŵyl a bod ein grŵp newydd ni yn perfformio yno, ac yn benderfynol o ddod draw i'n gweld ar y llwyfan. Roedd hi wrth ei bodd yn gweld y delyn deires yn ôl ar y llwyfan, ac alawon Cymreig yn cael bywyd newydd unwaith eto. Os oeddem angen unrhyw hwb fel grŵp i barhau, yna hwnnw oedd yr anogaeth gorau posib, ac mae'n diolch ni'n fawr i Ŵyl Werin Dolgellau am gael y cyfle hwnnw.

Aeth yr ŵyl o nerth i nerth ac fe gawsom wahoddiad i berfformio yno sawl gwaith wedi hynny. Roedd y bwrlwm yn y dre yn werth ei weld, a'r gymuned glòs i gyd i weld yn dod at ei gilydd i lwyfannu gŵyl wirioneddol ryngwladol. Roedd hoel ymchwil trylwyr ar y rhestr o'r perfformwyr,

gyda chydbwysedd gwych rhwng artistiaid lleol, artistiaid cenedlaethol ac enwau mawr y byd gwerin rhyngwladol. Yn ystod Gorffennaf 1982 roeddem wedi bod yn perfformio yn y gwyliau rhyngwladol enfawr yn Winnipeg a Vancouver yng Nghanada, un penwythnos ar ôl y llall, ac wedi dod yn ffrindiau gydag un o'n cyd-berfformwyr, y grŵp Albanaidd Silly Wizard. Yna perfformio yng Ngŵyl Werin Dolgellau ar y penwythnos canlynol, a darganfod ein bod unwaith eto yn rhannu llwyfan efo Silly Wizard!

Aeth yr ŵyl o nerth i nerth gan ehangu'r ffiniau cerddorol a'r diddordeb cenedlaethol a throi yn Sesiwn Fawr Dolgellau, a hynny bellach yn 30 mlynedd yn ôl! Fel rhywun oedd yn gweithio i gwmni Sain ac wastad yn chwilio am artistiaid newydd i recordio, roedd y Sesiwn Fawr yn gyfle gwerthfawr i wylio perfformiadau byw gan y cyfarwydd a'r anghyfarwydd, yr ifanc a'r profiadol. Mae'n diolch ni'n fawr i'r Sesiwn Fawr hefyd am roi'r cyfle cyntaf i un grŵp gwerin newydd ifanc i berfformio'n gyhoeddus; grŵp sydd bellach yn hynod o lwyddiannus ac wedi teithio'r byd – sef Calan!

Llongyfarchiadau enfawr a phob hwyl ar y ddathlu. Mae dyled y perfformwyr a'r gynulleidfa yn fawr i chi'r pwyllgor am eich gwaith diflino, a'r penwythnos ym mis Gorffennaf bellach yn rhan annatod o galendr diwylliannol y Cymry.

Hir oes i Sesiwn Fawr Dolgellau!
Dafydd Roberts
Ar Log

Ar Log

STORI O'R ŴYL WERIN

Nid o'r Sesiwn Fawr yn union mae'r stori yma ond o'r Ŵyl Werin a ragflaenodd y Sesiwn yn ystod yr 80au cynnar. Gellir dweud bod gwreiddiau'r Sesiwn i'w cael yng Ngŵyl Werin Geltaidd Dolgellau ac roedd hi'n cael ei chynnal ar yr un penwythnos â'r Sesiwn, sef penwythnos cyntaf gwyliau haf yr ysgolion. Pabell fawr ar y Marian ar ben bella'r maes parcio oedd ei lleoliad hi. Nod yr Ŵyl oedd cael artistiaid o bob un o'r chwe gwlad Celtaidd ac fe lwyddwyd i wneud hynny gyda nifer o fandiau gwych yn dod i Ddolgellau.

Di-brofiad ond brwdfrydig iawn oedd y criw oedd yn gwirfoddoli gyda'r gwaith o drefnu'r Ŵyl ac roedd gan bawb ei ddyletswydd wrth wasanaethu'r nifer o is-bwyllgorau. Un o'r is-bwyllgorau hynny oedd yr un 'Llety a Chroeso' ac un o'i gyfrifoldebau oedd trefnu llety ar gyfer artistiaid oedd wedi teithio o bell.

Stori yw hon am grŵp o Ogledd Iwerddon o'r enw Fir Bolg. Wedi iddyn nhw gyrraedd y babell fawr roedd yn rhaid eu tywys i'w llety. Fi oedd ar gael ar y pryd i'w cludo a dyna lwytho pawb i mewn i'r car hefo'u bagiau. Ar y ffordd, gofynnodd un o'r band o'r enw Laurence os oedd yna fwy nag un Dolgellau yng Nghymru. Atebais gan ddweud mai'n tref ni oedd yr unig un â'r enw. Aeth ymlaen i ddweud ei fod wedi bod yn chwarae mewn band yng nghanol y 60au tra ym Mhrifysgol Queen's Belfast a bod un o aelodau'r band o Ddolgellau o'r enw Dai Hughes. Roeddwn yn gwybod am dwrnai lleol o Lyn Penmaen o'r enw David Hughes a'i fod wedi bod i Brifysgol Queen's. Roeddwn yn amau'n gryf mai ef oedd Dai Hughes a dywedais wrth Laurence y buaswn yn ei holi'r tro nesaf y gwelwn ef.

Ar ôl cludo'r band yn ôl i faes yr Ŵyl roedd hi'n amser i mi fynd adre i barcio'r car ac wrth adael y maes parcio i ymuno â'r ffordd ar waelod y Bont Fawr, pwy welais yn dod i lawr y bont yn ei gar trawiadol Citroën 2CV, ond neb llai na David Hughes! Neidiais allan o'r car a chwifio at David i stopio a dyna ofyn iddo os oedd wedi canu mewn band hefo gŵr o'r enw Laurence tra ym Mhrifysgol Queen's.

Van Morrison

Huw Meilir Edwards

Atebodd yn gadarnhaol a dywedais wrtho bod Laurence draw ym mhabell yr Ŵyl Werin ar y Marian y funud honno! Mi es hefo David iddo gael cyfarfod hefo Laurence a hyfryd oedd gweld yr aduniad annisgwyl i'r ddau. Noson i'w chofio oedd hi wedyn i David, er iddo gyfadde nad oedd wedi gallu cofio llawer ohoni!

Mewn sgwrs rai wythnosau wedyn hefo David, bu'n sôn am ei ddyddiau ym Melfast a'i amser yn y band a dyma fo'n dweud un pwt o hanes fyddai wedi gallu newid llwybr ei yrfa. Bu Van Morrison yn canu dipyn hefo'i fand ond am nad oeddynt yn gallu dibynnu arno i droi i fyny i ambell gig penderfynwyd roi'r sac iddo! Beth fyddai'r hanes wedi bod tybed petai'r penderfyniad hwnnw heb ei wneud?

Huw Meilir Edwards

17

Atgofion Gŵyl Werin Geltaidd Dolgellau a'r Sesiwn Fawr

Nosweithiau gwyllt, heulwen danbaid, hen wynebau, sesiynau diddiwedd, Sgwâr Eldon dan ei sang, Mrs Parry Ship yn deud y drefn, y Marian yn bowndian, glaw trwm, gwydrau plastig...

Mae'n siŵr bod llawer ohonoch yn rhannu'r un math o atgofion am yr Ŵyl Werin a'r Sesiwn Fawr, ac maen nhw'n gyffredin i unrhyw ŵyl am wn i, ond uwchlaw popeth, mae'r gerddoriaeth wych yn sefyll allan.

Mae Gŵyl Werin Geltaidd Dolgellau a'r Sesiwn Fawr (yr ŵyl, o hyn ymlaen) wedi rhoi cyfle inni weld rhai o artistiaid gorau'r byd ar ein stepen drws.

Mae gen i bob math o uchafbwyntiau fel gwrandawr a fel perfformiwr, ond fedra i ddim dweud i sicrwydd ym mha flwyddyn y digwyddon nhw – maen nhw i gyd wedi mynd yn un uchafbwynt mawr rywsut.

Ond mae gen i reswm ychwanegol i ddiolch i'r ŵyl: dros y blynyddoedd mae hi wedi rhoi'r cyfle i mi gael ysgwyd llaw a sgwrsio efo nifer fawr o'm harwyr cerddorol.

Mae'r rhestr yn cynnwys artistiaid byd enwog fel Steve Earle, Andy Irvine, Donal Lunny, y Dubliners, ac yn enwedig yr athrylith ar y banjo, Barney McKenna.

Cafodd yr ŵyl flynyddoedd o dywydd braf, bendigedig, ac yna daeth y glaw i ddifetha sawl un. Ond er bod blynyddoedd gwlyb wedi bod, mae un yn sefyll yn y cof go-iawn – y flwyddyn pan oedd Steve Earle a'r Dubliners ymhlith y gwesteion. Roedd honno'n sesiwn i'w chofio – nid oherwydd y glaw, ond am bod dau o fy arwyr pennaf yn ymddangos yn yr un lle ar yr un penwythnos: y diweddar Barney McKenna o'r Dubliners, a Steve Earle, athrylith arall a roddodd berfformiad i'w gofio i filoedd o ddilynwyr, er gwaetha'r dilyw dibaid. Roedd Anna, fy ngwraig, a minnau yn llythrennol yn wlyb at ein crwyn, ond roedd cael mynd gefn llwyfan i sgwrsio efo Steve a'i wraig ar y pryd, Alison Moorer, yn fraint fydd yn aros yn hir yn y cof. Mi fuon ni'n siarad am bob math o bethau – cerddoriaeth, gwleidyddiaeth, arwyr, undebau llafur a'r diwydiant glo a llechi, ond y prif beth oedd yn poeni Mr Earle oedd sut a ble y gallai gael gafael ar gopi o'r llyfr diweddaraf yng nghyfres Harry Potter, oedd i fod yn y siopau'r diwrnod canlynol.

Y Sesiwn ar brynhawn Sul

Tudur ac Anna efo Steve Earle

Ymwelydd arall o'r Unol Daleithiau oedd un o'r uchafbwyntiau un flwyddyn, sef y grŵp Hayseed Dixie. Mae'r enw'n adlewyrchu eu miwsig, sef caneuon roc trwm gan grwpiau fel AC/DC a Motorhead, yn cael eu canu mewn arddull *Bluegrass* draddodiadol. Roeddan nhw'n anhygoel, a chefais gyfle i siarad efo meibion un arall o'm harwyr, Don Reno. Ar ôl Earl Scruggs, Reno oedd prif arloeswr y banjo ym myd *Bluegrass* cynnar, a dau o'i feibion – Don Wayne a Ronnie Reno – a sefydlodd Hayseed Dixie. Wna i ddim taeru, ond dwi'n amau bod yr Ukulele Orchestra of Great Britain hefyd yn perfformio yn yr ŵyl y flwyddyn honno, ac roedd rheiny hefyd yn chwa o awyr iach.

Wrth gwrs, cafwyd perfformiadau bythgofiadwy gan

artistiaid o Gymru yn eu tro hefyd – Anweledig, Frisbee, Super Furry Animals, Meic Stevens, Geraint Jarman i enwi dim ond rhai.

Fel perfformiwr dwi wedi ymddangos yn yr ŵyl o'r cychwyn cyntaf yn 1979, gyda thri grŵp gwahanol – Cilmeri, 4 Yn Y Bar a Gwerinos. Erbyn hyn mae fy merch, Magi Tudur, wedi perfformio mewn sawl Sesiwn hefyd. Diolch i'r trefnwyr ar hyd y blynyddoedd am gefnogi artistiaid Cymreig ac am roi cyfle iddyn nhw rannu llwyfan gyda cherddorion byd-enwog, a chyfarfod ambell i arwr. Daliwch ati!

Tudur Huws Jones

Y **Sesiwn Fawr** yn dathlu deg mlynedd ar hugain eleni – amser yn hedfan hogia' bach, a llu o atgofion melys o'r ŵyl enwog hon yn dod i'r cof!

Ond cyn hel ambell i atgof o'r Sesiwn Fawr, teg fydda i mi fynd yn ôl i'r 1980au, ac i ddyddiau yr Ŵyl Werin yn Nolgellau. A gŵyl werth chweil oedd hi hefyd, ac roeddwn i fel cannoedd os nad miloedd o'm cyd-Gymry yn edrach ymlaen yn fawr i gael ei mynychu bob amser. Fel aelod o wahanol grwpiau gwerin yn y cyfnod cefais y fraint o berfformio yn hon fwy nag unwaith. Gwyl 1980 oedd y gyntaf os dwi'n cofio yn iawn, a hynny gyda'r grŵp CILMERI. Roeddan ni ar y prif lwyfan eto flwyddyn yn ddiweddarach. Pleser a gwefr oedd cael rhannu llwyfan gyda rhai o brif grwpiau y gwledydd Celtaidd, ac un grŵp a wnaeth argraff fawr arna i bryd hynny oedd y WHISTLEBINKIES o'r Alban – ffidil, fflint a thelyn, pibau, drwm a gitâr a boi mawr barfog yn gwisgo 'tam-o-shanter' ar ei ben yn curo'r bodhran i'r jigs a'r reels - cyffrous iawn! Mae un digwyddiad anffodus a doniol 'run pryd yn dod i'r cof pan oeddem ar lwyfan gŵyl 1980 (dwi'n meddwl mai'r flwyddyn honno oedd hi?!). Set

Hayseed Dixie

Huw Robers a Tudur Huws Jones

agoriadol Cilmeri, a'r alaw gynta oedd 'Ymgyrchdon y Waunlwyd'.

Mi ddechreuon ni yn iawn... wel hyd at y pedwerydd bar o'r alaw o leia' ... ac yna ... clec uchel! Pawb di dychryn, ond neb fwy na Tudur druan ... un o dannau ei fanjo di torri a'r offeryn yn cael ei daflu allan o diwn yn llwyr. Er y syndod, mi lwyddon ni i gario mlaen i chwara – y sioc bellach wedi troi yn wên ac yn wir yn ymylu ar bwl o chwerthin! Mi ruthrodd Tudur am gefn y llwyfan i sortio ei fanjo allan ac fel perfformiwr gwir broffesiynol dwi ddim yn ama ei fod o wedi ail-ymuno â'r gweddill ohonom cyn i'r set gynta o alawon ddŵad i ben!

Yn 1983 roeddwn i yn perfformio eto yn yr ŵyl werin, ond y tro hwn gyda'r grwp 4 YN Y BAR a chael yr un derbyniad gwresog a gafodd Cilmeri chydig flynyddoedd ynghynt. Ar record hir gynta' 4 Yn Y Bar mae na jig o waith Tudur Huws Jones yn dwyn y teitl 'Car Huw bach'. Mini bach gwyn oedd gen i bryd hynny ac roedd yn gyndyn iawn o ddringo unrhyw allt go serth. Wrth deithio i'r ŵyl yn Nolgellau roedd o bob tro yn nogio tua hanner ffordd i fyny Allt Maentwrog!

Cychwynnodd fy nyddia perfformio yn y Sesiwn Fawr yn y flwyddyn 1992 gyda'r grwp Y CYNGHORWYR a chwe mlynedd yn ddiweddarach roeddwn yno eto yn ffidlio gyda CAJUNS DENBO. Dychwelyd eto gyda Denbo's yn 2000 a 2005. Y gynulleidfa bob tro yn mwynhau chydig o ryddmau y 'Bayou' yn Louisiana!

Byd y ddawns werin aeth â mi i'r Sesiwn nesa yn 2011 – yno fel arweinydd ac un o gyfeilyddion DAWNSWYR BRO CEFNI. Roedd y grwp dawnsio ESTELLO AUBANENCO o Provence, De Ffrainc yn aros gydag aelodau Bro Cefni yn ystod cyfnod y Sesiwn ac felly cawsant hwythau hefyd wahoddiad i berfformio yn

Nolgellau ar y prynhawn Sadwrn. Diwrnod braf heulog a llond sgwâr o bobl yn gwylio'r dawnsio ac yna twmpath dawns enfawr i ddilyn i goroni'r cwbwl ... criw Bro Cefni a'r Ffrancwyr wedi mwynhau y profiad yn fawr iawn ... atgofion i'w trysori!

Roedd Sesiwn 2017 yn go arbennig i mi – ailffurfio Cilmeri a chael perfformio hefo'r hen griw unwaith eto o flaen cynulleidfa wresog yng nghefn Gwesty'r Ship.

Yn 2019 roeddwn yn y Sesiwn gyda'r grŵp, TRAED MOCH MÔN. Un set sy'n sefyll allan i mi y tro hwn oedd pan ymunodd y glocswraig Hannah Rowlands â gweddill yr aelodau – perfformiad gwefreiddiol gan Hannah y pnawn hwnnw!

Oherwydd Covid bu rhaid i'r Sesiwn addasu wrth gwrs ac yn 2020 fe wahoddwyd Siôn y mab a finna i gyfrannu set o alawon i'r ŵyl rithiol. Fe ymunodd Megan fy merch gyda'i chlocsiau yn yr alaw ola!

Mae hi di bod yn bleser dros y blynyddoedd cael cymryd rhan yn y digwyddiad pwysig yma yn Nolgellau – y perfformiadau llwyfan, y gweithdai a'r sesiynau anffurfiol gwych yn y tafarndai! Diolch i'r pwyllgor am y weledigaeth a'r ymroddiad. Ymlaen i'r deng mlynedd ar hugain nesa bois!!

HUW ROBERTS (ffidlwr a thelynor)

Rocers Reggae

25ain Gorffennaf 1980, Gŵyl Werin Geltaidd Dolgellau. Hedyn a dyfodd / esblygodd i fod yn Sesiwn Fawr. Pabell ar y Marian dwi'n gofio. Teithio o Lanfair Caereinion ar fy Honda CB250 gyda un bwriad – mynd i weld Geraint Jarman a'r Cynganeddwyr.

Tybiaf mai dyma un o'r gigs Cymraeg cyntaf i mi fynychu a mae'n siŵr fy mod yno yn union am 9.30pm fel roedd y postar yn hysbysebu. Byddwn wedi clywed Arwel Disgo'r

Llais yn troelli. Byddwn hefyd wedi aros am oriau cyn i Jarman ddod i'r llwyfan. 9.30pm tan Hwyr oedd ar y postar (a mae o'n dal gennyf, wedi'i fframio ar y landing).

Doedd y ddiod feddwol rioed yn apelio; cerddoriaeth oedd bob dim, felly roeddwn lawr y ffrynt yn y babell enfawr wag yn disgwyl am y band. Doeddwn ddim chwaith yn dallt y drefn hefo 'gigs Cymraeg' fod pawb yn mynd i'r dafarn cyn mynd i'r gig. A dweud y gwir nes i rioed ddallt hynny yn iawn. Ta waeth, roedd disgwyl am y band yn rhan o'r profiad – fedra'i ddim cofio unrhyw ddiflastod.

Rhaid fod y babell wedi llenwi a'r band wedi cyrraedd y llwyfan. Be dwi yn gofio ydi be roedd Tich Gwilym yn ei wisgo: jaced Harrington ddu, combats khaki a crys-T coch *Sgrech*. Nes i ddim sylwi ar ei sgidia. Cofiaf hefyd wylio Neil White, yr ail gitarydd.

Efallai i'r band gychwyn hefo 'Gwesty Cymru'. Roedd yr albym allan ers Haf 1979. 'Rocers' oedd y gân ddaru newid pethau i mi, tra'n gwrando ar yr albym fel hogyn ysgol. 'Beirdd Gwleidyddol' ac 'SOS yn Galw Gari Tryfan', caneuon oedd yn trac sain i fywyd y Mwyn ifanc wrth ddarganfod am ddiwylliant a ffurfio rhyw fath o gyfeiriad o ran ffasiwn, cerddoriaeth a gwleidyddiaeth.

Byddai dweud fod hwn yn gig bythgofiadwy braidd yn gamarweiniol achos chydig iawn dwi'n gofio o'r set go iawn. Roedd yr holl beth mor gyffrous, mor bwysig i mi, fod y profiad fwy fel breuddwyd. Ond mi o'n i yna, o hynny dwi'n sicr, ac fe gafodd effaith fawr ar fy mywyd. Dwi'n dal i ddweud yn gyhoeddus (unrhyw gyfle a dweud y gwir) fod 'Rocers' gan Jarman yn un o'r caneuon hynny lle doedd rhywun ddim yn gallu mynd yn ôl i'r cyfnod cyn ei glywed. 'Rocers Rocers Reggae...'

Rhys Mwyn

Geraint Jarman

ARTISTIAID GŴYL WERIN GELTAIDD
DOLGELLAU 1979-1983

1979

Edward H Dafis; Ossian (Alba); Cilmeri; Clan O'Chonchubhair (Eire); Cluain Tarbh (Eire); Dawnswyr Gwenrann (Breiz); Clochan; Ar Log; Dafydd Iwan; Parti'r Brenig; Côr Meibion y Moelwyn; Côr Gwerin y Gader; Meibion Prysor; Merched Uwchllyn; Charles Williams; Peter a Nia Rowlands; Gerallt a Gareth.

1980

Whistlebinkies (Alba); Myrdhin (Breiz); Ar Log; Cluain Tarbh (Eire); Plethyn; Bucca (Kernow); Dafydd Iwan; Cilmeri; Mabsant; Geraint Jarman a'r Cynganeddwyr; Meic Stevens; Celt Roberts; Elfed Lewys; Disgo'r Llais; Gareth a Gerallt; Côr Meibion y Penrhyn; Charles Williams; Plethyn; Peter a Nia.

Cilmeri

1981

The Tannahill Weavers (Alba); Alistair Anderson; Boys of the Lough (Eire/Alba); Calennig; Heather Jones; Elfed Lewis; Y Trwynau Coch; Disgo'r Llais; Ar Riboulerien (Breiz); Cilmeri; Ceoltori Ghoill (Eire); Plethyn; Tecwyn Jones; Dawnswyr Caernarfon; Tecwyn Ifan; Maíre Mhic Aogain (Eire); Yr Hwntws; Ros Keltek (Kernow); Trudy Schweppe; Penderyn; Charles Williams; Parti'r Wenallt; Parti Llafar.

1982

Silly Wizard (Alba); Ar Log; Battlefield Band (Alba); Fir Bolg (Eire); Yr Hwntws; Dafydd Iwan; Cromlech; Bwchadanas; Dawnswyr Gwrych; Heather Jones; Pererin; Dawnswyr Caernarfon; Arfon Wyn a'i Gyfeillion; Trebor Edwards; Elfed Lewys; Donal Maguire's Occasional Band (Eire).

1983

An Triskell (Breiz); Pedwar yn y Bar; Hywel Teifi Edwards; Tecwyn Jones; Dafydd Iwan; Fir Bolg; Traed Wadin; Ceoltoiri Choill (Eire); Elfed Thomas; Derec Brown a'r Racaracwyr; Maffia Mr Huws; Gwlith; Penderyn; Sully a'i Ffrindiau; Strachan & Griffiths; Dros Dro; Maíre Mhic Aogain (Eire); Elfed Lewys; Plethyn; Gwyndaf Roberts; Wynne Lodwick a'r Band; Triawd Dyfi; Tom Evans; William Williams.

Dydy'r Sgwâr Ddim Digon Mawr!

Aeth Jôs i Loisdoonvarna, Dylan i Finsbury Park,
Alun i Iwerddon, i Sligo am y Fleadh.
Ond hogia bach daeth newydd da, daeth diwedd deithio byd.
Yn nhref Dolgellau yn yr haf, mae 'na Sesiwn ar y stryd.

Hogia' ni, hogia' ni, dydy'r Sgwâr ddim digon mawr i'n hogia' ni
Mae y Sesiwn wedi denu calon gwerin hogia' Cymru,
Dydy'r Sgwâr ddim digon mawr i'n hogia' ni.

O bedwar ban daw pawb i'r fan ar lan 'rhen Wnion deg,
A phib a ffidil, drwm neu ffliwt, gitâr neu organ geg.
Y Sgwâr sy'n llawn, am hwyl a gawn, mae hyn fel seithfed nef
Wel hogia', peidiwch methu hon. Mae 'na Sesiwn yn y dref.

Y Sesiwn Gyntaf Un 1992

Peth mawr ydi'r cof ond o'm rhan i, Huw Dylan gododd y syniad o sefydlu 'gŵyl' mewn ymarfer Gwerinos o amgylch bwrdd cegin Penybryn yn fuan yn 1992. Roedd Dylan wedi bod yn trafod dros beint efo rhai eraill yn ystod yr wythnos ac yn cyflwyno byrdwn y sgwrs i'r band. Roedd sawl un o'r aelodau wedi bod i wyliau cerddorol dros y blynyddoedd mewn amrywiol leoliadau. Roeddwn innau wedi bod yn y Fleadh Cheoil yn Sligo yn ddiweddar ac yn sicr wedi cael blas ar bethau unwaith eto.

Wedi i Cilmeri ddod i ben, bûm yn gweithio yn fy amser hamdden efo cwmni systemau sain Parhad fel peiriannydd sain am gyfnod. Yr un pryd roeddem wedi cychwyn band twmpath dan yr enw Alff Alffa a'r Soya Beans a ddatblygodd yn Gwerinos maes o law. Y bwriad oedd poblogeiddio twmpathau dawns trwy foderneiddio'r gerddoriaeth gan ddod ag elfennau roc i'r arlwy. Er fod hyn yn profi'n boblogaidd iawn yn Lloegr, doedd o ddim i weld yn gweithio yng Nghymru ac roedd Gwerinos yn dechrau esblygu fel band ac yn dod â chaneuon i mewn i'r set ac yn dechrau ffarwelio â'r twmpathau.

Ynghanol ymarfer rhai o'r caneuon yma dyma Dylan yn crybwyll y syniad a drafodwyd ac fe'i derbyniwyd yn wresog gan yr aelodau. Cyn pen dim roeddem yn dechrau trafod beth oedd yn bosib ac yn anad dim i osgoi camgymeriadau

a wnaed yn yr Ŵyl Werin Geltaidd rai blynyddoedd ynghynt gan fod nifer ohonom wedi bod yn ymwneud â threfnu honno.

Roedd yn rhaid 'mynd â'r gerddoriaeth at y bobl', 'cael cerddoriaeth draddodiadol yn llifeirio o bobman', 'poblogeiddio ein traddodiadau cerddorol'. Erbyn diwedd yr ymarfer roedd syniadau wedi llifo. Daeth nifer o aelodau Gwerinos ar y pryd yn aelodau hanfodol o'r criw trefnu cychwynnol. Huw Dylan fel Cadeirydd; Elfed ap Gomer fel trysorydd; Tony Hodgson a oedd yn allweddol wrth adeiladu'r llwyfannau cyntaf, a hefyd ei gysylltiadau efo'r sîn werin yn Lloegr; ac fe ddeuthum innau yn ysgrifennydd.

Wrth gwrs, roedd un problem. Roedd yr ymarfer yma yn y gwanwyn ac roeddem yn mynd i geisio cynnal yr ŵyl ym mis Gorffennaf!

Rhywsut, trefnwyd y Sesiwn Fawr gyntaf a hynny ar benwythnos Gorffennaf 17eg a 18fed. Rhaid dweud fod dipyn gwell trefn ar bethau nag yr oedd ar gyfer yr Ŵyl Werin gyntaf honno. Ond roedd yr amser trefnu wedi bod yn fyr gynddeiriog.

Mae gennyf gof o ddeffro'r bore Sadwrn hwnnw i law! Och! Am siom, ond erbyn canol y bore roedd y glaw wedi clirio ac roedd digon o awyr las uwchben Llanelltyd i wneud trowsus morwr. Roedd hi am fod yn ddiwrnod braf!

Ni chaewyd y sgwâr yn '92; yn hytrach gosodwyd rhes o rwystrau i wahanu'r gynulleidfa rhag y drafnidiaeth. Roedd tri llwyfan wedi'i drefnu ond i bob pwrpas dim ond ar y sgwâr roedd y ffocws. Ymysg yr artistiaid yn y Sesiwn gyntaf honno croesawyd Y Moniars, Bob Delyn a'r Ebillion, Gwerinos, Steve Eaves, Heather Jones a Robin Huw Bowen sy'n dal wrthi hyd heddiw. Daeth Now Glyn (Owen Glyn Davies – cwmni'r Cortyn) a'i bypedau i'w Sesiwn Fawr gyntaf o laweroedd. Roedd 'na ddawnsio gwerin, adloniant stryd gan berfformwyr syrcas ac roedd cystadleuaeth 'het orau'r Sesiwn'!

Un o brif ffaeleddau'r Ŵyl Werin Geltaidd oedd y ffaith syml nad oedd pobl yn fodlon talu i fynd i fewn i'r babell. Hen broblem Gymreig am wn i, ond cafwyd tywydd bendigedig a byddai'r tyrfaoedd yn eistedd ar wair y Marian yn gwrando ar y gerddoriaeth yn hytrach na phrynu tocyn i ddod i mewn i'r babell.

Huw Dylan Owen, Dan Morris, Tony Hodgson, Ywain Myfyr, Elfed ap Gomer, Emlyn Gomer-Gwerinos 1992.

Meic Stevens yn y Sesiwn Gyntaf Un 1992

Defaid 1992

Gwerinos ar lwyfan y Sesiwn gyntaf

Rhaglen '93

Dewi Pws efo Gruff a Dafydd Ywain a Rwth yr Hwth!

Band y Plant

Esyllt efo'r poster

Dan Morris wedi'i wisgo i'r achlysur yn 1993

Y tro yma roedd yn rhaid gwneud yn siŵr fod pawb yn dod ar draws y gerddoriaeth, ei weld a'i glywed. Bod yn rhan o'r traddodiad fel petai. Doedd hi ddim yn Fleadh ond gosodwyd sylfaen i adeiladu arni am y dyfodol.

Mae'r cof yn dweud i'r glaw ddychwelyd yn hwyr i'r pnawn ond dim cyn i ŵyl newydd wneud cryn argraff ar bawb oedd yn rhan ohoni.

Bu'r Sesiwn Fawr yn ei babandod yn ffodus iawn ar sawl achlysur. Cawsom ein bendithio â thywydd bendigedig yn ystod y blynyddoedd cyntaf a bu un digwyddiad yn anad dim yn gyfrifol am sefydlu'r ŵyl ar y calendr.

Roedd y Sesiwn gyntaf honno nôl yn 1992 wedi ei chynnal fwy neu lai ar un llwyfan am ychydig oriau mewn cornel o'r sgwâr yn Nolgellau, a hynny heb rwystro trafnidiaeth o gwbwl. Adeiladwyd llwyfan digon amrwd gan yr amryddawn Tony Hodgson, darparwyd sain gan Parhad, ac i bob pwrpas roedd gweithgareddau ar y stryd wedi dod i ben erbyn pump o'r gloch. Wrth reswm roedd digwyddiadau eraill mewn lleoliadau eraill, ond y sgwâr oedd y prif ffocws.

Yn fuan yn 1993 cysylltodd *Slot Sadwrn*, rhaglen fore Sadwrn newydd S4C, â ni yn holi a fyddai modd iddynt ddod i ddarlledu o Ddolgellau ar fore'r Sesiwn Fawr y flwyddyn honno. Roedd yn gynnig rhy dda i'w wrthod. Roeddynt hwy am holi am ganiatâd i gau'r stryd i drafnidiaeth gan ddod â'u llwyfan symudol i'r sgwâr a byddai modd i'r Sesiwn ddefnyddio'r llwyfan yma ar gyfer ein gweithgareddau ni yn y prynhawn.

Ac felly y bu; y flwyddyn honno darlledwyd *Slot Sadwrn* o sgwâr Dolgellau, a hynny mewn heulwen crasboeth. Roedd cynulleidfa S4C yn mwynhau Rwth yr Hwch a Jeifin Jenkins yn fyw o Ddolgellau. Does dim dwywaith fe sicrhaodd y tywydd, yr hwyl, y lliw ac wrth gwrs yr hysbysebu fod tyrfa dda wedi ymgasglu ar y sgwâr am y Sesiwn yn ystod y prynhawn, a hynny am y tro cyntaf yn defnyddio dau

lwyfan. Ein llwyfan ni yn y gwaelod a llwyfan S4C ar ben y sgwâr. Fel rheol, mewn gwyliau mae wastad cyfnod o aros wedi i un band orffen tra bod y nesaf yn gosod i fyny. Gan fod gennym ddau lwyfan, gallai band ar un llwyfan osod i fyny tra bod y band ar y llwyfan arall yn perfformio! Cafwyd cerddoriaeth ddi-dor, arferiad a barhaodd tan 2008. Yr unig beth oedd rhaid i'r gynulleidfa ei wneud oedd troi eu pennau! Hefyd roedd yr arferiad o gau'r stryd i drafnidiaeth wedi cychwyn – y sgwâr yn llawn, am hwyl a gawn, mae na Sesiwn yn y dre!

Yn 1993 y gwelwyd cychwyn ar yr arferiad o greu poster arbennig ar gyfer y Sesiwn Fawr. Roedd Huw Dylan wedi gofyn i Catrin Meirion greu poster ac yn fuan derbyniwyd poster llawn lliw yn arddangos Cader Idris yng nghanol patrymau Celtaidd. Roedd yn boster trawiadol iawn. Wedi derbyn y gwaith celf gwreiddiol roedd angen gwneud copi o'r poster. Dydw i ddim yn cofio'r union reswm ond fel gallwch feddwl doedd ffotocopïwyr lliw ddim yn bethau cyffredin yn Nolgellau nac yn unman arall bryd hynny! Rhywsut clywais fod yr unig ffotocopïwr lliw yn y dref wedi ei leoli yn y lleiandy lleol!

Oes, mae lleiandy yn Nolgellau, sef y Carmelite Convent ar Ffordd y Gader ac yno yr es i un bore hefo copi o boster Catrin Meirion. Doeddwn i 'rioed wedi bod trwy ddrysau'r lleiandy o'r blaen ac mae'n rhaid cyfaddef fy mod ychydig yn betrusgar. Oedd rhywun yn tynnu fy nghoes? Oes 'na ffotocopïwr lliw yn y lleiandy? Rwy'n falch i ddweud i mi ddod o'r lleiandy y bore hwnnw efo nifer o gopïau llawn lliw o boster Catrin Meirion.

Argraffwyd y poster i faint A0 a dechreuwyd traddodiad sy'n parhau tan heddiw o ddefnyddio artist i greu poster y Sesiwn Fawr.

Parhaodd yr adloniant ar y sgwâr tan 5 o'r gloch, ac yna symudodd y ffocws i Ganolfan Hamdden Glanwnion. Am y tro cyntaf dyma fentro trefnu gig â mynediad trwy docyn.

Yn chwarae roedd Meic Stevens a Heather Jones a Hin Deg. Yn ogystal roedd dau grŵp o Iwerddon, sef Afterhours ac Upstairs in a Tent o ogledd y wlad.

Roedd y noson wedi bod yn arbrawf llwyddiannus ac aed ati i drefnu noson debyg y flwyddyn ganlynol – ond am y tro olaf!

Yn 1994 roeddem wedi sicrhau gwasanaeth band o ogledd Lloegr sef The Whisky Priests. Dyma fand gwerin pync nad oedd efallai at ddant pawb! Roedd y prif leisydd, be ddwedwn ni, 'ddim ar ei nodyn bob tro'. Roedd tyrfa dda wedi dod i weld Caravanserai, Steve Eaves a Rhai Pobl a Gwerinos. Yna daeth The Whisky Priests i'r llwyfan. Efallai bod y gynulleidfa wedi blino wedi diwrnod o yfed yn yr haul, efallai nad oedd y band yn eu plesio, ond yn raddol bach, o un i un gwagodd y neuadd, nes bod y lle bron yn wag a'r band druan yn dal i chwarae!

Dan Morris a'r diweddar Nick Hill

Serch hynny roedd wedi bod yn Sesiwn Fawr lwyddiannus, y dyrfa wedi cynyddu, yr haul wedi gwenu a phawb yn disgwyl mwy flwyddyn nesaf.

OWEN GLYN DAVIES – CWMNI'R CORTYN

Fel pypedwr sydd wedi bod yn perfformio yn Sesiwn Fawr Dolgellau ers 1992, mae llawer o f'atgofion o'r ŵyl yn cynnwys y cyffro wrth baratoi.

Y gerddoriaeth yn dechrau llenwi'r dref wrth i'r sustemau sain gael eu profi. Mae fel petai parti ar fin dechrau. Adeg yma fydda i bob tro yn meddwl, "sut sesiwn fydd hon tybed?"

Mae adegau pan dwi wedi dod i weithio a'r parti yn ei anterth wrth imi gyrraedd ond finnau'n methu ymuno yn yr hwyl tan ar ôl y sioeau. Gwaith yn gyntaf, cwrw wedyn!

Mi oedd adeg pan oedd llwyfan neu fan penodol imi weithio, ac roedd arfer bod Pentre Plant – encil i blant a'u rhieni ymlacio a gweld diddanwyr

o bob math. Roedd hi hefyd yn gyfle imi weld a chyfarfod ag artistiaid gwahanol. Cyfle i ddysgu a chreu cysylltiadau newydd.

Dros y blynyddoedd diweddaraf, mae mwy o hawl dewis "patch" neu hyd yn oed fynd â'r pypedau ar grwydr, yn enwedig Meg y Ci!

Fi felly yw'r un sy'n ymwthio trwy'r dorf gyda throl a bocs mawr du...

Mae un perfformiad yn dod i'r cof pan doedd dim modd defnyddio'r peiriant casét gyda'r gerddoriaeth, felly dyma ofyn i Tudur Huws Jones gyfeilio gyda'i fanjo, gyda chyfarwyddiadau fel "rhywbeth fel Hyd y Frwynen fan hyn, rhyw jigs fan yma", neu "rhywbeth tawel araf plîs". Mi weithiodd yn dda ac oedd y pypedau yn ymateb i'r miwsig byw.

Pan ddaw pump o'r gloch mae'r plant yn dechrau mynd adref, ac amser imi gau'r bocs a'i roi mewn i'r fan.

Yna tynnu'r charango a'r banjo allan ac yn anffodus i garwyr cerddoriaeth, does gen i ddim polisi peidio yfed a chwarae gyda'r rheini!

MYND O NERTH I NERTH

Rhaid cofio fod y Sesiynau Mawr rhwng 1992 a 2001 yn wyliau a oedd yn rhad ac am ddim i'r cyhoedd. Serch hynny, llwyddwyd yn rhyfeddol i gadw'r pen uwchben y dŵr. Yn y blynyddoedd cynnar hyn, rhaid cydnabod i ni dderbyn cymorth mawr gan Fwrdd Datblygu Cymru Wledig fel yr oedd ar y pryd, Cyngor Celfyddydau Cymru, TAC sef Teledwyr Annibynnol Cymru, Banc y Nat West ac Atomfa Trawsfynydd. Cafwyd cymorth hefyd o'r dechrau un gan Gyngor Tref Dolgellau sydd yn ein cefnogi yn flynyddol hyd heddiw a mawr yw ein diolch am hynny. Daeth nifer o fusnesau'r dref i'r adwy i noddi grwpiau yn ogystal. Wrth i'r Sesiwn Fawr ddatblygu, yn anorfod roedd y costau'n cynyddu. Lle cafwyd llwyfan gan S4C yn '93, bellach roedd yn rhaid adeiladu prif lwyfan efo sgaffaldau'n flynyddol. Wrth i'r dyrfa gynyddu roedd yn rhaid gwella ansawdd y systemau sain. Rhaid cofio bod dau lwyfan yn cynnig cerddoriaeth di-dor i'r gynulleidfa, felly i bob pwrpas roedd angen dwy system sain yn cael eu rheoli o un safle canolog.

Erbyn '95 roedd y Sesiwn wedi sefydlu patrwm a fyddai'n profi'n llwyddiannus am rai blynyddoedd. Anghofiwyd am y cyngherddau yn y Ganolfan Hamdden, a chafwyd caniatâd i barhau'r adloniant ar y sgwâr tan hanner awr wedi naw yn y lle cyntaf. Dydy cadw at amser 'rioed wedi bod yn gryfder yng nghefn gwlad Cymru ac erbyn i Sobin a'r Smaeliaid ddod oddi ar y llwyfan i orffen y noson, roedd 9.30 wedi hen basio. Diolch i'r drefn doedd neb o'r awdurdodau i weld yn poeni'n ormodol a chymerwyd ochenaid fawr o ryddhad. Dysgwyd gwers bwysig serch hynny. Pan mae gennych 15 o artistiaid yn perfformio un ar ôl y llall, ar yn ail, ar ddau lwyfan, os ydi pob un yn rhedeg ychydig funudau'n hwyr mae hynny'n golygu y bydd y band olaf yn dod i'r llwyfan ymhell ar ôl yr amser penodedig. Roeddem ni'n ffodus yn '95 ond gwelais sawl sefyllfa mewn gwyliau tebyg lle mae'r band olaf yn gorfod torri'r set oherwydd fod pethau wedi dechrau rhedeg yn hwyr yn gynharach yn y dydd.

Dolgellau   Gorffennaf 21-23, 1995

SESIWN FAWR 1996

Hyfryd yw'r doniau cyfrin – a welir,
A hwyliog pob stondin;
Haul neu law, dowch draw i drin
Gwaraidd hen ddoniau gwerin.

Cynnes yw croeso'r Sesiwn – a'i araul
Gerddorion a'u byrdwn,
Am hynny fe ymunwn
Yn hud y ddawns y dydd hwn.

Hidlwn hen hud y ffidlau – a liwia
Alawon y pibau,
Romanî ar Sgwâr Mwynhau
A'u hudol swynol seiniau.

Tecwyn Owen

Yn '96 roedd teimlad eithaf Celtaidd i'r Sesiwn wrth i
Ddolgellau groesawu Gaelforce o'r Alban, Diduell o Lydaw a
Cluain Tarbh o Iwerddon ymysg eraill. Roedd Cluain Tarbh
(Clontarf: ardal o Ddulyn) yn gangen o Comhaltas Ceoltóirí
Éireann, sef cymdeithas a sefydlwyd yn Iwerddon i hybu'r

traddodiad cerddorol a dawns. Dyma'r
gymdeithas sy'n trefnu'r Fleadh Cheoil ac
sydd yn bennaf gyfrifol am yr adfywiad a
gafwyd mewn cerddoriaeth draddodiadol
yn Iwerddon ers y 60au. Bu Cluain Tarbh
drosodd yn yr Ŵyl Werin Geltaidd rai
blynyddoedd ynghynt. Roedd yr adloniant yn
cychwyn am 11.00 y bore ac i redeg yn ddi-
dor tan 10.00 yr hwyr, ond unwaith eto aeth
hi'n hwyrach arnom ni'n gorffen.

Roedd y Sesiwn Fawr bellach wedi hen
sefydlu ei hun ar y calendr, a byddai'r
tyrfaoedd yn teithio i Ddolgellau'n flynyddol.
Byddai'r dorf, a eisteddai ar y sgwâr trwy'r
dydd, yn gadael cryn lanast ar eu hôl. Yn
aml wrth gerdded adref yn oriau mân y bore
roedd cerdded trwy'r sgwâr fel troedio drwy afon o sbwriel.
Yn rhyfeddol, byddai'r cyfan wedi ei cael ei glirio'n wyrthiol
gan weithwyr y Cyngor Sir a fyddai'n ymddangos fel tylwyth
teg i'w glirio dros nos. Wrth reswm cododd problem arall.
Wrth i'r holl gwrw gael ei yfed amlygwyd prinder tai bach yn
y dref ac yn anffodus ar fore Llun clywyd am rai profiadau
annifyr a ddioddefodd rhai trigolion lleol wrth i ambell
fynychwr fynd i'w gardd ar alwad natur. Roedd hyn yn ofid
mawr i ni fel trefnwyr, wedi'r cyfan roeddem ni'n byw yn y
dref ac yn gorfod wynebu'r bobl yma'n ddyddiol.

Wrth edrych drwy raglen Sesiwn '96, gwelaf fod 'Sesiwn
Frecwast' neu 'Barbeciw, baled a bodhrans' efo Delwyn
Siôn i'w chynnal yn y Stag amser cinio dydd Sul. Rhaid
cyfaddef nad oes gen i unrhyw gof o hon, sy'n awgrymu fod
nos Sadwrn wedi bod yn noson go lew! Daeth y cyfan i ben
yng Ngwesty Fronolau efo Sesiwn Gloi.

Wrth i'r Sesiwn Fawr fynd o nerth i nerth roedd yn amlwg
yn dod i sylw cenedlaethol. Yn 1997 cysylltodd Trystan
Iorwerth o BBC Radio Cymru â ni yn gofyn am gael dod i
ddarlledu o'r Ŵyl. Wrth reswm doedd dim rheswm i wrthod,
ond wrth eu gwahodd i ddarlledu gorfodwyd ni fel trefnwyr
i godi'n gêm.

Roedd yn rhaid cadw at yr amserlen benodedig. Doedd
dim modd caniatáu i unrhyw fand wneud 'un arall' bellach.
Arferiad gwerth chweil sydd wedi aros tan heddiw. Yn syml,

roedd yn rhaid cael rheolwyr llwyfan a fyddai'n sicrhau fod yr amserlen yn cael ei chadw. Os oedd band rai munudau'n hwyr yn cychwyn byddai rhaid iddynt orffen eu set yn unol â'r amserlen.

Yn ogystal roedd yn rhaid gwella ar yr ochr dechnegol ar y ddau lwyfan. I symleiddio pethau, byddai'r sain yn dod o un ffynhonnell ac wedyn yn cael ei rannu'n ddau, un i'r radio ac un i'r gynulleidfa. Roedd mantais yn hyn wrth reswm gan fod technegwyr Radio Cymru bellach ar y llwyfan yn ogystal, a oedd i bob pwrpas yn ychwanegu at ein criw sain ni. Roedd

Taflen hysbysebu 1997

Neuadd Idris (Tŷ Siamas bellach) yn cael ei defnyddio gan griw technegol Radio Cymru i ddarlledu 10 awr o'r Sesiwn Fawr ar hyd y tonfeddi i Gymru gyfan.

Sefydlwyd perthynas braf iawn efo criw BBC Radio Cymru, perthynas a oedd i barhau am ddegawd a mwy.

Yn sesiwn '97 gwelwyd ymddangosiad cyntaf Ryland Teifi wrth iddo ymddangos efo'i grŵp Yr Hergwd. Cafwyd set wych gan Rock, Salt and Nails o Ynysoedd y Shetland yng ngwres y prynhawn ac mae gen i gof sefyll efo Dylan yn gwylio'r band yn perfformio i'r gynulleidfa mewn gwres tanbaid ac roedden ill dau yn teimlo'r un boddhad. Daeth nos Sadwrn i ben wrth i Burrach o'r Alban ddilyn Iwcs a Doyle a oedd wedi swyno'r dorf o'u blaen.

Hefyd yn gwylio Sesiwn Fawr '97 oedd Emyr Afan a Med Parri o Gwmni Avanti. Roeddynt yno i weld a oedd y Sesiwn Fawr yn addas ar gyfer ei darlledu ar deledu S4C. Roedd y ddau yn hoffi'r hyn a welson a chyn pen dim roedd trafodaethau wedi cychwyn efo'r cwmni ynglŷn â darlledu Sesiwn Fawr 1998 ar y sianel. Rhaid canmol brwdfrydedd y ddau, byddent yn dreifio i fyny o Gaerdydd i ymuno mewn pwyllgor yng ngwesty'r Ship ac yna yn cychwyn nôl am y brifddinas yn syth wedyn.

Roedd y trafodaethau yn mynd yn dda a'r bwriad oedd cynhyrchu rhaglen o uchafbwyntiau'r Sesiwn. Serch hynny, roedd Avanti yn awyddus i 'godi'r bar' o safbwynt artistiaid fel petai. Roedd o'n ddewis cymharol hawdd i'r pwyllgor. Doedd dim rhaid i'r Sesiwn 'godi'r bar'; wedi'r cyfan roedd gennym ŵyl lwyddiannus oedd yn mynd o nerth i nerth. Yn syml, os oedd Avanti am 'godi'r bar' byddai hynny'n digwydd ar eu costau hwy. Er na welwyd arian mawr am yr hawliau darlledu, roedd y Sesiwn yn mynd i fanteisio ar artist a oedd yn 'enw'. Byddai gwelliannau i'r systemau sain yn angenrheidiol, efo'r gost i'w rhannu, a byddai gwelliannau sylweddol i'r hyn oedd gennym fel goleuadau. Byddai rig oleuo teledu yn cymryd lle ein tair lamp baraffin ni!

Ers ei sefydlu roedd y pwyllgor trefnu wedi mynd allan o'i ffordd i ddatblygu'r ŵyl mewn rhyw fodd yn flynyddol. Roedd yn hollol groes i'r graen gennym i aros yn ein hunfan. Os cafwyd blwyddyn dda, eid ati i gynllunio i wella ar hynny. Mae hyn yn rhywbeth sy'n aros tan heddiw. Roedd y rhai ohonom oedd yn aelodau o Gwerinos yn teithio'n fynych i Galway ac wedi dod yn gyfeillion â chriw a fu'n trefnu'r

Brecwast yn Galway efo Gwerinos

Mynta

Mike Peters

Ŵyl Ban Geltaidd pan oedd yn y ddinas. Trefnwyd taith i ni bob Pasg a mawr oedd y croeso mewn lleoliadau megis y Quays, Roisin Dubh, King's Head neu Glwb Pêl-droed Claddagh Rovers.

Tra yno ar daith cafwyd sgwrs a'n cyfaill Oisín Fennell, a ddywedodd wrthym taw deng mlynedd ar y mwyaf oedd bywyd gŵyl. Tair blynedd i sefydlu, pedair blynedd yn ei hanterth a thair ar y ffordd i lawr i'w therfyn. Os oedd hyn yn wir yn achos y Sesiwn Fawr, byddai'r Sesiwn yn cychwyn ar i lawr yn fuan, a doedd neb am weld hynny'n digwydd.

Roedd felly'n benderfyniad digon hawdd i'w neud pan ddeallwyd fod Avanti wedi sicrhau gwasanaeth Mike Peters a'r Alarm ar gyfer cyngerdd nos Wener y Sesiwn. Doeddem erioed wedi cynnal y Sesiwn ar y sgwâr ar nos Wener o'r blaen. Ond hefo enw fel Mike Peters, a oedd siawns yn mynd i dynnu tyrfa go lew, beth oedd i'w golli?

Yn ystod y misoedd a'r wythnosau yn arwain i fyny at y Sesiwn roedd yn amlwg fod yna gynnwrf ynglŷn ag ymddangosiad Mike. Roedd ganddo ddilynwyr oedd am deithio i Ddolgellau o bellafoedd. Paratowyd trwy sicrhau gwasanaeth mwy na'r arfer o wirfoddolwyr i stiwardio.

Cychwynnodd y noson yn reit dawel; dim ond un llwyfan felly byddai egwyl rhwng pob band. Roedd Iwcs a Doyle wedi gwahanu yn ystod y flwyddyn ac roedd Iwcs wedi rhoi band at ei gilydd ar gyfer y gig. Yna daeth Gwerinos, ac wedyn wedi egwyl hir daeth Mike Peters i'r llwyfan. Rhaid cyfaddef, roeddwn ychydig yn siomedig â maint y dyrfa. Roeddem 'wedi disgwyl mwy rhywsut'. Ond yna llenwyd y sgwâr â chriw a ruthrodd o'r tafarndai o glywed nodau cyntaf gitâr Mike Peters.

Roedd yr awr nesaf yn un hir iawn i'r stiwardiaid a oedd o flaen y llwyfan. Oedd, roedd rhwystrau diogelwch yn eu lle ac nid rhaff a pholion, ond roedd delio â chynulleidfa

cyngerdd roc yn wahanol iawn i gynulleidfa arferol gŵyl werin. Mae cynulleidfa mewn cyngerdd roc yn pwyso'n ddi-baid yn erbyn y rhwystrau ac yn ymgolli yng ngherddoriaeth eu harwyr. Rhaid cyfaddef fod hyn yn brofiad diarth ac amhleserus iawn i'n gwirfoddolwyr ni.

Bu sawl trafodaeth danbaid yn dilyn y gig yma gyda ambell un o'r pwyllgor yn amheus o gyfeiriad newydd y Sesiwn. Oeddem ni am werthu'n henaid am arian teledu?

Wrth edrych yn ôl, bu '98 yn ŵyl hynod o lwyddiannus. Gwelwyd pedwar llwyfan ar y Sadwrn, gydag ymddangosiad Llwyfan Bysgio swyddogol a defnydd o'r clwb Rygbi ar gyfer grwpiau roc. Roedd y band Mynta wedi plesio'n arw, grŵp a gynhwysai aelodau o Sweden ac o India. Roedd perfformiad Solas, Americanwyr o dras Gwyddelig, yn gofiadwy iawn, a gwelwyd ymddangosiad cyntaf Fernhill mewn Sesiwn Fawr. Hefyd, am y tro cyntaf gwelwyd llwyfan yn y clwb Rygbi ar brynhawn Sul.

Bellach roedd y Sesiwn Fawr yn mynd allan yn fyw ar BBC Radio Cymru ac roedd rhaglen o uchafbwyntiau yn cael ei darlledu ar S4C. Wrth reswm roedd y cyfryngau yma'n hysbysebu eu rhaglenni hwy eu hunain ymlaen llaw ond hefyd trwy wneud hyn yn hysbysebu'r Sesiwn. Roedd yn rhaid i chi fod yn byw mewn ogof neu ar ben mynydd os nad oeddech wedi clywed am y Sesiwn Fawr ym mis Gorffennaf ddiwedd y 90au. Mewn gwirionedd roedd yr ŵyl yn mynd o nerth i nerth. Rhaid cofio fod llawer o'r trefnwyr bellach wedi bod wrthi ers saith mlynedd, ond babi newydd oedd y Sesiwn i'r cyfryngau hyn, rhywbeth roeddynt newydd ei ddarganfod – eu tegan newydd, ond rhywbeth roeddem ni wedi'i feithrin yn ofalus trwy flynyddoedd cyntaf digon anodd.

Roedd presenoldeb BBC Radio Cymru ac Avanti yn ei gwneud hi'n llawer iawn haws denu noddwyr i'r ŵyl ac roedd haelioni'r noddwyr hynny a chyfraniad y darlledwyr yn lleihau ein pryderon ariannol. Er, rhaid cofio fod y Sesiwn Fawr yn parhau i fod yn ŵyl rhad ag am ddim i'r cyhoedd, a bron yn anorfod roedd y costau'n cynyddu'n flynyddol. Fel dywed y Cadeirydd Huw Dylan yn rhaglen yr ŵyl:

'Mae Sesiwn Fawr Dolgellau wedi tyfu ac yn dal i dyfu'n flynyddol. Mae'r ŵyl a gostiodd £5,000 i'w chynnal yn y flwyddyn gyntaf wedi dyblu, dyblu a dyblu eto. Eleni mae'n costio dros £25,000. Tipyn o lwyddiant i bwyllgor

Devil's Dyke Morris

sy'n gweithio'n effeithiol er budd gŵyl gymunedol di-elw.'

Mae Dylan hefyd yn cyhoeddi mai 1998 fydd ei flwyddyn olaf fel Cadeirydd ac mae'n mynd ymlaen i ddweud:

'Erbyn hyn mae rhan helaeth o amser pwyllgor y Sesiwn Fawr yn cael ei gymryd gan drafodaethau am arian a nawdd. O lle y daw'r arian? Yna daw'r drafodaeth ar doiledau, maes pebyll, contractau a threfnu llety i'r artistiaid i gyd. Dyma gwaetha'r modd yw realiti trefnu gŵyl werin.'

Mae'n gorffen trwy ddweud. 'Bydd y darllenydd craff yn sylwi fod y Sesiwn yn dal i dyfu a datblygu! Yn tyfu ac yn datblygu gan ddal at yr un egwyddorion a'r bwriadau gwreiddiol.'

Wrth i'r Sesiwn Fawr ennill ei phlwyf a ninnau'n mentro mwy fyth efo cerddoriaeth y byd, daeth slogan bach i'n meddwl fel pwyllgor sef 'dod a'r byd i Gymru a roi Cymru ar lwyfan y byd'.

Yn y deng mlynedd a fu rhwng tranc yr Ŵyl Werin a dyfodiad Sesiwn Fawr roedd cerddoriaeth Geltaidd wedi mynd allan o ffasiwn. Yn y byd mawr newydd, roedd yn rhy gyfyng, yn rhy blwyfol o bosib. Bellach roedd gennym enw newydd ar gerddoriaeth werin sef cerddoriaeth byd: 'world music' fel y'i gelwir. Ac i'r cyfeiriad yma y datblygodd y Sesiwn Fawr yn araf bach.

Mae pob band sydd 'wedi'i gwneud hi' fel petai, bandiau fel Catatonia a'r Super Furries wedi dewis troi at ganu yn Saesneg er mwyn cyrraedd marchnad ehangach dros y ffin a thrwy hynny gyrraedd gweddill y byd. Dydy hynny ddim yn wir o safbwynt cerddoriaeth byd. Mae enghreifftiau fyrdd o artistiaid sydd wedi'i 'gwneud hi' a hynny trwy gyfrwng eu hiaith eu hunain, heb werthu eu heneidiau i'r peiriant pres Anglo-Americanaidd fel petai. Drwy ddefnyddio eu traddodiadau cynhenid, ac efallai defnyddio dylanwadau eraill i asio'r cyfanwaith, mae modd osgoi'r 'anghenfil' a chyrraedd gweddill y byd. O ystyried hyn, roedd yn rhan o'n gweledigaeth i ddenu sylw'r byd trwy roi artistiaid gorau'r byd ar lwyfan yng Nghymru tra bod mwyafrif y 'leinyp' yn fandiau o Gymru. Rwy'n hyderus fod y Sesiwn Fawr dros

Y diweddar Arthur Tomos

y blynyddoedd wedi cychwyn ambell i yrfa a helpu a hybu eraill. Wrth edrych ar lwyddiant byd-eang grwpiau fel Calan a 9Bach rwy'n gobeithio fod gan Sesiwn Fawr Dolgellau ran bach yn hynny.

Ym Mai 1998 sefydlwyd cwmni cydweithredol Sesiwn Fawr Dolgellau Cyf. Huw Dylan awgrymodd hyn, ac roedd yn benderfyniad doeth iawn gan y pwyllgor ar y pryd gan y golygai na fyddai unrhyw oblygiadau ariannol personol i'r aelodau.

Wrth greu cwmni, roedd cyfle i ni roi mewnbwn i gynnwys erthyglau'r Cwmni. Ychwanegwyd dau gymal, sef:

3.1 a) I hybu'r diwylliant gwerin Cymraeg yn ardal Dolgellau, a elwir o hyn ymlaen "yr ardal".

b) I hybu'r iaith Gymraeg.

Credaf ein bod fel 'Cwmni' wedi bod yn driw i'r erthyglau hyn dros y blynyddoedd, ond mewn gwirionedd, nid bod yn 'driw i'r erthyglau' oeddem ni fel criw. Fel plant a dyfodd i fyny yn y 60au a'r 70au roedd y cymalau uchod wedi eu saernïo ynom. Roeddem wedi arfer brwydro i gyfiawnhau ein bodolaeth fel Cymry Cymraeg ac ychwanegiad i hynny oedd sefydlu'r Sesiwn Fawr. Da ni'n dal yma, a beth am ddangos hynny i'r byd.

TRWBADŴR (HANESION HUW DYLAN OWEN)

Roedd dipyn o ddrwgdeimlad gan rai ohonom, fel trefnwyr y Sesiwn Fawr gyntaf, fod un cerddor arbennig wedi methu troi fyny i'w gig yn yr ŵyl werin olaf, sawl blwyddyn ynghynt. O'r herwydd, dim ond un rheol oedd ar gyfer yr ŵyl newydd hon – nid oeddem i wahodd y cerddor hwn ar unrhyw gyfrif. Roedd hynny'n siom, wrth reswm, gan ein bod i gyd wrth ein boddau gyda'i gerddoriaeth. Ond roedd angen sicrhau cerddorion dibynadwy a doedd neb am fod yn ffŵl yr eildro...

Nos Wener y Sesiwn Fawr gyntaf. Dipyn o hwyliau o gwmpas y dref, a dyma gerdded i mewn i dafarn y Stag. Yno, yn y gornel, yn canu gyda gitâr oedd y cerddor gwaharddedig hwnnw! Aeth Emyr Lloyd i fynnu sgwrs ag ef a chanfod ei fod yn Nolgellau am y penwythnos i fwynhau'r ŵyl! A hynny heb wahoddiad!

Huw Dylan Owen efo'r grŵp Defaid

Roedd hi'n amlwg fod penderfyniad i'w wneud. Cytunwyd mai'r ateb cywir oedd ei wahodd i ganu ar y sgwâr ar y Sadwrn, ond yn gynnar iawn yn y bore, cyn i'r tafarndai agor. A dyna fu.

A dyna'r gig gorau brofais i yn Nolgellau erioed, ac yn sicr y gig gorau gan y cerddor hwnnw. Caneuon Cymraeg ond gwerinol Lydewig eu naws ar y sgwâr o flaen pobl y dref a'r holl dre'n gwrando'n astud. Yn yr eiliad anhrefnus, ogoneddus honno bu esgor ar enaid Sesiwn Fawr Dolgellau.

Lleidr

Y Sesiwn Fawr gyntaf un a Gwerinos a'r Moniars yn rhannu'r llwyfan yn Neuadd Idris (Tŷ Siamas erbyn hyn) i gyfeilio twmpath. Nid dawns werin gyffredin mo hon, ond twmpath mawr, gwyllt, meddw a'r lle'n bownsio. Welais i ddim erioed y fath hwyl twmpathlyd cyn hynny nac wedi hynny. Gwallgof-wyllt oedd dawns y ddafad gorniog a phob cyfle i gael "Troelli! Troelli! Troelli!" yn rheswm digonol i un partner hedfan o amgylch heb gyffwrdd llawr bron. Mae'n rhyfeddol na fu unrhyw anafiadau damweiniol na niwed corfforol yno'r noson honno.

Am unwaith roedd hi'n hwyl bod yn y band mewn twmpath hefyd. Gyda'r lle'n sbarcio gan gynnwrf a hwyl yr ŵyl, roedd cyfle i ni fynd i hwyliau hefyd ac roedd Dan Morris (y ffidlwr gwyllt o uffern, chwedl ambell Wyddel) yn hedfan drwy alawon megis Rîl Gymreig Llanofer ar wib nas profwyd erioed o'r blaen. Mi fyddai wedi bod yn anodd iawn gwahaniaethu rhwng Gwerinos a cherddoriaeth pync yr Anhrefn y noson honno.

Safai ambell wirfoddolwr ar ben grisiau Neuadd Idris yn codi tâl mynediad ac yn gwarchod yr arian mewn caead bin mawr. Gwyliai'r porthorion hyn y grŵp a'r dawnsio, ac i fod yn deg, byddai wedi bod bron yn amhosib iddynt beidio. Tra roedd Ywain Myfyr a minnau'n hanner dawnsio a hanner wneud y pogo ar y llwyfan gyda'n gitâr a mandolin yng nghanol jig neu rîl afreolus, ymddangosodd llaw ddichellgar o gyfeiriad y grisiau, gafaelodd yng nghaead y bin oedd yn llawn arian (gwerth rhai cannoedd o dâl mynediad) a'i baglu hi oddi yno cyn i'r ddawns ddod i stop. Gwyliodd y ddau ohonom yr holl beth yn digwydd heb allu gwneud dim amdano. Ni welwyd yr arian wedi hynny... ond gorweddai caead y bin dan fwâu Neuadd Idris wedi'r ddawns.

Ni fu atal ar hwyliau'r noson a daeth clo cofiadwy efo oddeutu pymtheg o gerddorion gwerin ar y llwyfan a llond neuadd o bobl yn lluchio'i gilydd o amgylch y neuadd. Ni fu amharu. Ond allwn ni 'mond dychmygu'r noson wych gafwyd gan leidr noson gyntaf Sesiwn Fawr Dolgellau!

Ffostrasol i Clonmel

Byddai'n amhosibl ystyried geni'r Sesiwn Fawr heb gydnabod y dylanwadau sylweddol fu ar y trefnwyr, rhai pell ac agos.

Mae'n anodd credu erbyn hyn pa mor wych ac enfawr oedd Gŵyl Werin y Cnapan. Cofiaf i rai o drefnwyr yr ŵyl honno gydnabod mai un o'u dylanwadau hwythau oedd Gŵyl Werin Geltaidd Dolgellau rai blynyddoedd ynghynt. Ond yno, ym mhentref bach Ffostrasol yn flynyddol, roedd y miloedd yn tyrru i fwynhau cerddoriaeth, haul a chwrw traddodiadol Gymraeg (Gymreig) yn yr ŵyl werin a'r ŵyl roc. Drwy ganol yr 80au a'r 90au a thros troad y ganrif heidiai'r miloedd i fwynhau grwpiau gwerin gorau'r byd Celtaidd a chymdeithasu. Ni allwn i fyth wneud cyfiawnder â'r dylanwadu mawr a fu ar Gymro ifanc drwy'r Cnapan ac mae atgofion cynnes iawn gen i am y cyfnod, yr ŵyl a'r criw o drefnwyr rhadlon o Gymry Ceredigion.

Roedd Iwerddon yn ddylanwad parhaol, hyd yn oed ar wahân i'r Fleadh. Aeth Alun (Bontddu) Owen, Emlyn Gomer a minnau ar dramp yno ryw dro a chyrraedd dociau Dulyn tua wyth y bore. Roedd y dafarn yno'n orlawn a ninnau'n dechrau ar shifft diwrnod cyn dal y llong yn ôl am 11 y noson honno. Yn y tŷ bach roedd ci mawr bygythiol yn cerdded ar hyd y to plastig/gwydr clir ac yn chwyrnu ar ddefnyddwyr y geudy; yn y bar roedd gyrwyr bysiau yn mwynhau peint neu ddau o Guinness cyn dechrau ar eu gwaith am y dydd; ac yn bwysicach na hyn oll roedd ffidlwr yn chwarae alawon efo gitarydd yn y gornel. Dydd Mawrth yn Nulyn. Ein breuddwyd oedd ail-greu hyn yn Nolgellau, jest am benwythnos, ond heb y ci blin yn prowlan uwchlaw'r tom-dai, wrth gwrs!

Ond y dylanwad mwyaf arna i, ac mae'n siŵr ar ambell un arall o griw y Sesiwn wreiddiol, oedd y Fleadh Cheoil na hÉireann. Dyma'r ŵyl symudol flynyddol yn yr Iwerddon rydd gyfle i'r Gwyddelod hyderus ddawnus hudolus chwarae sesiynau a bysgio yn eu cannoedd o filoedd ar stryd fawr pa bynnag dref y lleolir yr ŵyl ynddi y flwyddyn honno. Os na fuoch chi yn y Fleadh (yngenir fel Fflâ), ewch da chi, mae profiad yn eich aros.

Ymwelais â'r ŵyl eto, ryw flwyddyn cyn y Gofid Mawr, a gwirioni nad yw'r Fleadh wedi newid. Roedd cerdded stryd fawr Drogheda rhwng 11 y bore a hanner nos yn

Fleadh Clonmel

wefreiddiol. Amhosibl yw gwir-ddisgrifio'r profiad o wylio miloedd o gerddorion yn bysgio ar ochr stryd (sesiwn werin bob degllath ar bob ochr i'r strydoedd niferus), siopau offerynnau cerdd 'pop-yp', dawnswyr, cantorion, a Guinness.

Er fod y Gwyddelod mor hyderus yn eu diwylliant ac mor gerddorol ddawnus, pery rhyw ddiniweidrwydd hyfryd i'r holl beth ac roeddwn i ac ambell un arall yn ysu am ŵyl gyffelyb yng Nghymru. Cofiaf fod yn y Fleadh yn Sligo ryw dro a gwirioni ar ŵr gyda boncyff coeden ar ganol y stryd oedd yn herio pawb, o dalu punt iddo (cyn dyddiau'r Ewro) i daro hoelen dair gwaith gyda morthwyl nes fod yr hoelen yn hollol llyfn yn y pren er mwyn ennill can punt. Roedd gŵr y gêm, wrth reswm, yn gallu ei wneud bob tro, ond ni lwyddodd yr un o lanciau na llancesi yr ŵyl wneud. Sefais yno, gyda channoedd eraill, bron mewn llesmair yn gwylio'r cyfan. Gwnâi'r cyfan i mi ystyried mai felly y byddai'r hwyl wedi bod yn ffeiriau Dolgellau ganrif ynghynt. Does dim gŵyl well yn y byd na'r Fleadh i mi, ar wahân, wrth gwrs, i Sesiwn Fawr Dolgellau.

Eifion

Dim ond am dair blynedd y bu Eifion yn ffermwr alpaca ym Mheriw, ond bob blwyddyn, ar y trydydd penwythnos ym mis Gorffennaf byddai'n dal trên i ŵyl flynyddol enfawr y Fiesta de la Virgen del Carmen yn Lima.

Er gwaetha dylanwad plant Mari ar yr ŵyl, roedd hi'n amhosibl gwadu'r miri a'r llawenydd ddeillia o'r parti gwyllt, y cwsg dan y lloer, a'r gwisgoedd lliwgar hanesyddol. Felly, roedd hi'n anochel, ar ddychwelyd i'r Ganllwyd i fyw, y byddai'n dod â'r dylanwad hwnnw gydag ef. O bosib mai dyna'r dylanwad mwyaf ar y Sesiwn Fawr ers ei dechrau. Nid oedd llawer o alpacas ym Meirionnydd, ond roedd modd defnyddio'r sgiliau cneifio a godro gyda phoblogaeth defaid yr ardal.

Nid rhyfedd felly fod Defaid yn perfformio yn y Sesiwn Fawr gyntaf, ynghyd â chaneuon am Ddefaid Wiliam Morgan ac ysgyfarnogod, a sawl bref ar y sgwâr yn hwyr i'r nos. Ac ymlaen drwy'r degawdau, pery'r dylanwad anifeilaidd ar wahân i'r alpacas, gydag Anifeiliaid Blewog Gwych, Gwibdeithiau Brain Hen, Ceffylau Glas, Cwymp Draig, Sesiynau Eliffantod, Derwyddon a dawnswyr Môn.

Cyflwynodd Eifion gneifio alpaca i'r ŵyl a bu'n adloniant poblogaidd tu hwnt am sawl blwyddyn. Trueni iddo ymadael i deithio Lloegr ac ni welwyd mohono wedi hynny. Diolch iddo.

Y Comitî

Felly, pwy oedd trefnwyr y Sesiwn Fawr yn y blynyddoedd cyntaf hynny? Yn ôl eu galwedigaeth roedd derbynnydd swyddfa, saer maen, athrawon (un uwchradd a dau gynradd), gyrrwr bysiau, coedwigwr, cantores, gwerthwr petrol, gweithwraig gymdeithasol, cogydd, cyfieithydd, pensaer, garddwr, a dwy fyfyrwraig. A dyna i chi griw! Roedden ni'n byw y Sesiwn Fawr. Nid gwaith oedd y trefnu. Nid pwyllgora oedd y cyfarfodydd, ond hwyl. Roedd ambell i gyfarfod yn gorffen gydag ambell un wedi cael ambell wydryn (ac ambell un yn dechrau felly hefyd!).

I'r criw yma roedd dau uchafbwynt blynyddol. Y cyntaf oedd y pnawn Sul ar ddiwedd y Sesiwn. Cyfle i'r pwyllgor gael ymlacio a chael hwyl. Bu ymrysonau barddonol yn boblogaidd am gyfnod ar y pnawn Sul cyn teithio'r tafarndai. Cofiaf un achlysur o chwerthin di-reol gyda phnawn stand-yp Cymraeg.

Ond yr ail uchafbwynt oedd y cinio Dolig. Ym mwyty Fronolau yn flynyddol ac roedd y croeso yn wych yno. Noson lawen a phawb mewn cylch yn cymryd tro i ddiddanu, cwrw o flaen y tân ac yna, tua hanner ffordd drwy'r cinio chwaethus, ffŵd-ffait! Ysgewyll a moron yn hedfan yn ôl a blaen a'r rhai call yn clirio! Ac yna, wrth gwrs, i'r rhai sy'n adnabod yr ardal, roedd rhaid oedd cerdded lawr y bryn serth yn ôl i'r dref. Cewch ddefnyddio'ch dychymyg heb fawr o drafferth mae'n siŵr am anturiaethau'r daith honno. Llwyddai rhai i gyrraedd yn ddianaf a'i throi hi am barti yn Erw Wen hyd yr oriau mân. Dyna i chi beth oedd sesiwn fawr!

Atgofion Hen Sesiynwr

Bûm yn canu yn y Sesiwn Fawr ar sawl achlysur gydag amryw grŵp: Defaid, Gwerinos, a'r Alltud. Bu'r Defaid yn herio clustiau pobl y Sesiwn Fawr sawl tro, a Gwerinos yn codi pobl i ddawnsio. Canais ddwywaith fy hunan hefyd (unwaith yn Nhŷ Siamas ac unwaith yn rhithiol (ym mlwyddyn y Gofid Mawr 2021). Achubwyd ar y cyfle, yn Nhŷ Siamas, yn ystod Sesiwn Fawr 2015 i lansio'r gyfrol Sesiwn yng Nghymru yng nghwmni cerddorion o Abertawe a'r ardal. Roedd hynny'n hwyl. Ffraeo ymysg ein gilydd ar y llwyfan am ba alaw i ganu nesaf oedd hanes yr Alltud flynyddoedd yn ddiweddarach!

Ond uchafbwynt canu yn y Sesiwn Fawr? Y sesiynau gwerin wrth gwrs. Sesiynau'r Stag yn y blynyddoedd cynnar; sesiynau'r Uncorn a'r Torrent yn fwy diweddar; a sesiynau y Cross Keys yn llawn direidi a swae. Roedd y sesiwn yn y Cross Keys yn 2019 yn hollol ryfeddol - gallwch wylio fideo o ran ohoni ar YouTube. Yno yn y canol yn taro'r bodhran mae Mabon ap Gwynfor yn mwynhau, Aelod Senedd Cymru yr ardal bellach.

Yn 2018 cofiaf gerdded heibio'r Cross Keys ac roedd sesiynau yn y ddau far yno; ymlaen at y Torrent ac roedd sesiwn yn y bar ac un arall tu allan; ac yna ar draws y ffordd yn yr Uncorn roedd sesiwn arall. 5 sesiwn o fewn taith o lai na 50 metr o hyd, a phob un yn uchel ei safon. Meddyliais am funud fy mod yn y Fleadh yn Iwerddon. Daeth y Sesiwn Fawr i'w hoed.

Â haul y nen daw gwenau - yn lluoedd
    Mor llawen eu campau
    A'u mynnu hwyl a'u mwynhau
    Yn allwedd i Ddolgellau.

Calan

Pwy Fydd Yma 'Mhen Can Mlynedd?

Roedd yr enw 'sesiwn' yn un go heriol ar y dechrau. Nid pawb oedd yn gwybod beth oedd sesiwn werin ac, wrth gwrs, roedd elfen o fwynhau'r amwyster. Aethom ati, i ddweud y gwir, i herio mwy a mwy! Yn y flwyddyn gyntaf honno cynhyrchwyd crysau T gyda llun o hen wragedd Ysgol Sul o dan "Sasiwn Fawr", gyda llinell drwy'r "a" ac "e" wedi ei roi yn ei le. Bu'n ddechrau ar ddegau o grysau-t cyffelyb.

Cafwyd cryn hwyl yn defnyddio hysbysebion cwmnïau rhyngwladol mawr a newid ambell lythyren i'w troi'n hysbyseb slei i'r Sesiwn. Efallai mai doeth fyddai peidio gosod enghreifftiau yma!

Ond fy ffefryn i oedd pan ddaeth Eisteddfod Genedlaethol yr Urdd i Ddolgellau. Cytunais i gefnogi'r Urdd a gwisgo fyny fel cymeriad Wnionyn (chwarae ar enw afon Wnion) a mynd ar daith o amgylch pob un o ysgolion cynradd Meirionnydd. Dyna i chi brofiad! Cannoedd o blant bach yn unai gwirioni neu fy nghuro drwy'r dydd bob dydd am wythnos a minnau mewn gwisg gonc! Ar ôl ambell beint rhyw noson penderfynodd Emlyn Gomer mai Wnionyn Picld ddylai'r cymeriad fod. Ni werthwyd llawer o'r crys-t hwnnw, ond bu cryn chwerthin a chrio!

Dolgellau v. Gweddill y Byd

Bore Sul y Sesiwn Fawr - brecwast mawr yn cael ei baratoi gan wirfoddolwyr prysur yn y clwb rygbi ac yna tîm o griw'r Sesiwn Fawr yn chwarae pêl-droed yn erbyn 'Gweddill y Byd', sef tîm wedi ei greu o gerddorion tramor fu'n canu yn yr ŵyl dros y penwythnos. A dyna i chi dimau a hanner! Roedd golwr tîm y Sesiwn yn sefyll yn eistedd a'i gefn ar y postyn yn yfed potel o Newcastle Brown Ale, tra roedd yr amddiffyn yn ysmygu sigarennau rizla rôl-yps ac yn methu pob tacl.

Rhyfeddod llwyr oedd fod Gweddill y Byd yn rhoi cweir flynyddol i'w gwrthwynebwyr.

Calan

Bu cannoedd o grwpiau yn y Sesiwn Fawr. Sesiwn Fawr y sgwâr a'r hwyl, Sesiwn Fawr y marian a'r miri, Sesiwn Fawr y ganolfan hamdden, Neuadd Idris a'r Clwb Rygbi, a Sesiwn Fawr cefn y Ship. Gwirionais ar grwpiau enwog ac anenwog, grwpiau o safon ac fel arall.

Yn ystod y cyfnod cynnar roedd consurwyr a chlowns ac ati ar y sgwâr hefyd. A pheidied ag anghofio am gyflwyno penigamp Jo'r Llwyn a'i wahoddiad i'r dorf i roi "LLAW FAWR" i'r grwpiau.

Ond er gwychder sawl un a cherddoriaeth ardderchog, yn y 5 mlynedd ddiwethaf y gwelais y perfformiad gorau. Doeddwn i ddim wir eisiau mynd i gefn y Ship y flwyddyn honno. Ond roeddwn yng nghwmni fy merched, Heledd a Mirain, yn eu Sesiwn Fawr gyntaf o ran iddyn nhw fod yn canu mewn sesiynau. Felly i mewn a mi sefyll i wylio a gwrando.

Alla i ddim gor-ddweud pa mor wych oedd Calan y noson honno. Crëwyd awyrgylch gystal â gig roc a rôl o ddifri. Roedd y lle yn bownsio a'r awyrgylch ar dân. Am y tro cyntaf erioed teimlais fod cerddoriaeth draddodiadol Cymru wedi cyrraedd safon grwpiau'r Alban ac Iwerddon. Nid oedd drwm na bas, ond roedd y seiniau'n llawn a'r hwyl yn taflu gwreichion.

Siop Fach y Sesiwn Fawr

Am oddeutu pythefnos cyn y sesiwn arferid agor siop y Sesiwn Fawr. Dewisid siop wag a'i rhentu. Yno byddem yn gwerthu rhaglenni, dillad y Sesiwn, CDs, posteri ac ati. Ac roedd yn rhaid wrth agoriad swyddogol i'r siop wrth reswm.

Un flwyddyn, a'r siop o dan Neuadd Idris cafwyd nawdd gan fragdy lleol byrhoedlog, Cwrw Cambrian. Yno, yn y siop yn ein disgwyl, roedd casgen o Gwrw Cader ac yno y'i hyfwyd yn sych mewn noson gan y criw bach o wirfoddolwyr! Roedd trefnu Sesiwn Fawr yn waith sychedig.

Bu cryn drafod a dadlau ynglŷn â rhan

alcohol yn y Sesiwn yn y blynyddoedd cynnar ac mae'n braf gweld fod hynny wedi cilio. Erbyn hyn un o'r uchafbwyntiau blynyddol yw Gŵyl Gwrw y Sesiwn Fawr ar benwythnos y Grand National. Cyfle gwych i gymdeithasu a mwynhau yn Nhŷ Siamas i gyfeiliant y gerddoriaeth orau.

Folyntîars

Criw o wirfoddolwyr gwahanol iawn oedd yn codi llwyfannau'r Sesiwn Fawr yn y blynyddoedd cynnar. Sgaffald a phreniau ac ambell gefn lori oedd y cyfan ac roedd y criw yn rai gwahanol i'r gwirfoddolwyr arferol. Daeth un dywediad chwedlonol wrth i un o'r folyntîars holi "Where's Jimmy?" drosodd a throsodd. Yn y diwedd o'i holi pam ei fod angen gwybod, "his wife's asking where he is". Gwadu gwybod oedd pawb ac felly cariodd y "Where's Jimmy?" yn ei flaen am oriau. Ni chanfuwyd lle'r oedd Jimmy! Ond roedd pawb yn gwybod...

[newidiwyd yr enw i ddiogelu'r euog]

Cân i Rwanda

Un da oedd Tony Hodgson a chafodd gweld yr hil-laddiad yn Rwanda drwy sgrin y teledu gryn effaith arno.

Tony Hodgson

Penderfynodd fynd ati i drefnu gŵyl ychwanegol yn benodol i godi arian at waith dyngarol yn y wlad a daeth criw y Sesiwn Fawr i'r adwy. Llogwyd canolfan hamdden Glan Wnion yng Nghae Chwech, Dolgellau, a chytunodd nifer fawr o grwpiau a bois PA ac ati i ddod yn rhad i berfformio.

Yn anffodus, ni ddaeth y tyrfaoedd i gefnogi fel y gobeithiwyd a swm bychan o arian lwyddwyd i'w anfon i Rwanda. Ond roedd yn weithred symbolaidd o bwys a'n baner wedi ei hoelio i'r mast.

Lleuad Lawn

Cwmni teledu'n cyrraedd y Ship i drin a thrafod ffilmio a darlledu yn y Sesiwn Fawr. Yng nghanol y cyfarfod fe'u holwyd - "allwch chi ein sicrhau ni nad ydych chi'n bwriadu ffilmio porn yn y

Sesiwn?". Roedd hi'n werth gofyn jest i gael mwynhau'r syndod ar eu hwynebau cyn y gwadu!

Ond gall bywyd efelychu ffuglen ambell waith a gwelwyd stripars (answyddogol ond nid anweledig!) ar y prif lwyfan un tro ac ar achlysur arall bu i un o brif gantorion Cymru gymryd y cyfle i ddiosg ei glôs a dangos ei dîn i'r byd a'r betws ar sgwâr Dolgellau yng nghanol haf am un funud fach!

Amffitheatr

Roedd hi'n amser ymadael â'r sesiwn werin wythnosol yn y Stag yn Nolgellau ar nos Wener a'i chychwyn hi am adre. Prin gan llath o'r Stag ar waelod y sgwâr, cymryd hoe ac Ywain Myfyr yn pwyntio at yr olygfa. Y sgwâr a'r adeiladau o gerrig llwyd, y creigiau uwchlaw at Mynydd Moel, a'r

Ymlacio ar bnawn Sul

Y Maes pebyll

lleuad llawn yn goleuo'r cyfan. "Mae hwn yn amffitheatr naturiol," meddai, "a dychmyga sut le fasa yn fa'ma tasa na ŵyl fatha'r fleadh yma. Meddylia! Llwyfan ar y pen a'r gynulleidfa ar draws y sgwâr".

Sesiwn Fach

Trefnwyd degau o ddigwyddiadau llai ar hyd y blynyddoedd, cyn dyddiau Tŷ Siamas. Gigs yn y clwb rygbi fel arfer. Daeth Martin Carthy i ganu yno a minnau'n meddwl y byddai'r lle'n wag, ond ar wahân i Ifan Puw a minnau yn y bar ochr, roedd y lle'n llawn. Llawn o ddieithriaid hipïaidd yr olwg a dim gair o Gymraeg i'w glywed. Roedd yn ddeffroad. Sylweddoli bod yn ein mysg lawer iawn o bobl ddiarth wedi ymsefydlu, yn aml mewn bythynnod diarffordd, ac roedd cerddoriaeth werin Seisnig wedi eu denu.

Doedd y Sesiwn Fawr ddim yn ddigwyddiad gwleidyddol o fath yn y byd, ond wrth gwrs, roedd yr holl beth mor wleidyddol.

Hogia Ni

Mae'r fro Gymraeg dan warchae a'r Gymraeg dan fygythiad parhaol ers canrifoedd. Gall y frwydr deimlo'n faich a'r pryder am ein cymunedau yn fwrn. Dyna pam mae hi'n hollbwysig fod digwyddiadau fel y Sesiwn Fawr yn bodoli. Cyfle i gael hwyl, mwynhau a dathlu. **Hir oes i Sesiwn Fawr Dolgellau!**

A hir oes i'r trefnwyr! "Rhowch Law Fawr iddyn nhw!"

> Daw inni rhwng dau Ionawr - un tridiau
> I'w troedio'n ddi-oriawr,
> Tridiau anferth a gwerthfawr
> Hyfryd fyd y Sesiwn Fawr.

Huw Dylan Owen

Dal i dyfu!

Erbyn 1999 roedd y Sesiwn wedi tyfu'n FAWR!

Bellach yn ychwanegol i'r ddau lwyfan ar y sgwâr roedd 'llwyfan C' ar ddarn o dir ger y Marian lle mae garej Gwyndaf Evans heddiw. Roedd llwyfan acwstig yn y Theatr Fach yng Nghae Tanws Bach ac roedd llwyfan

Anweledig ifanc iawn

Gwerinos

bysgio ar Heol y Bont. Yn ogystal daeth S4C â llwyfan a'i leoli ger mynedfa iard y Llew.

Ar gyfer 2000 fe dyfodd eto! Yn ychwanegol i'r uchod defnyddiwyd Y Marian ar gyfer pabell syrcas, tipi dweud stori, llwyfan dawns ac ail lwyfan bysgio. Roedd hefyd ffair grefftau ac am y tro cyntaf bar. Neu 'Clwb y Sesiwn' fel y'i gelwid.

Yn 2001 daeth Champion FM â llwyfan ychwanegol i'r uchod.

Rhaid cyfaddef bod edrych yn ôl ar y blynyddoedd yma yn braf iawn. Roedd gennym ŵyl hynod broffesiynol oedd yn cwmpasu'r dref. Roeddem wedi llwyddo i ddenu rhai o brif grwpiau gwerin y byd i ganu ar sgwâr Dolgellau – Capercaillie, Kila, Cian, Oysterband, Jazz Jamaica a chyflwynwyd Dolgellau i gerddoriaeth bhangra am y tro cyntaf wrth i Achanak swyno'r gynulleidfa. Os oedd yn Ŵyl Werin Geltaidd a'r Sesiwn Fawr gynnar wedi dilyn trywydd 'Celtaidd' efo'r adloniant, roeddem bellach wedi ehangu i roi'r byd cyfan ar ein canfas. Gallech ddod ar draws amrywiaeth

Steve Eaves

mawr o gerddoriaeth yn y Sesiwn Fawr o'r reggae, y felan, klezmer, zydeco, cajun, roc ac wrth gwrs y traddodiadol a hynny o lawer gwlad.

Byddai modd i chi fynd i weithdy gitâr neu ddrymio Affricanaidd, gwrando ar storïau amrywiol, ddysgu triciau syrcas, mentro i Ymryson y Beirdd, ymuno mewn sesiwn werin yng Nghlwb y Sesiwn, a hynny heb fentro'n agos at un o'r prif lwyfannau. A hynny am ddim cofiwch! Rhywsut, roeddem yn llwyddo i gadw'r pen uwchben y dŵr yn flynyddol.

Os nad oeddech yn gallu cyrraedd Dolgellau, byddai modd i chi wrando ar y cyfan ar BBC Radio Cymru, a bellach gallech wylio'r Sesiwn yn fyw ar S4C wrth i Gwmni Avanti ddarlledu rhannau o'r ŵyl yn fyw ar y sianel yn ogystal â rhaglenni o'r uchafbwyntiau.

Fel cydnabyddiaeth am y llwyddiant, yn 2001 enillodd Sesiwn Fawr Dolgellau wobr 'Digwyddiad y Flwyddyn' yng Ngwobrau Twristiaeth Cymru.

Sesiwn Fawr yn ddeg ar hugain – sut ddigwyddodd hynny? Mererid Watt

Su'ma'i chaf? Jyst gofynnyd. Dyna un slogan oedd ar un o grysau T cynharaf y Sesiwn Fawr. Cafwyd sawl Crys T a phoster nodedig wedi hynny. Go brin y byddem wedi meddwl wrth drafod y syniad o gynnal 'Gŵyl Werin' newydd yn Nolgellau y byddem yn dathlu pen-blwydd y Sesiwn Fawr yn 30 oed. Dwn i ddim i ble aeth yr amser! Bryd hynny doedd gennym ni mo'r we, ambell un efo ebost ac yn sicr doedd gennym ni ddim ffonau 'clyfar'. Bellach, mae hi yn anodd iawn meddwl sut yn y byd yr oeddem yn gallu trefnu gŵyl o gwbl. Mae caethiwed y cyfnod clo wedi gwneud i ni gyd werthfawrogi beth sydd gennym yn lleol, wrth ein traed a pha mor odidog a lwcus yr ydym o'n hardal leol.

Ar y dechrau cynhaliwyd y Sesiwn yn y sgwâr ac roeddem yn ffodus iawn o'r tywydd. Yn fuan iawn daeth yn ddyddiad o bwys yn y calendr – y penwythnos wedi i'r ysgolion gau a chyn y Sioe Fawr. Roedd pawb eisiau mynd i'r Sesiwn Fawr. Roedd yn ŵyl i bawb - o blant mân i rai mewn gwth o oedran - gydag awyrgylch arbennig, hapus a chartrefol. Tyfodd y Sesiwn fel caseg eira ac yn fuan iawn 'doedd y sgwâr ddim yn ddigon mawr'!

Esyllt Jones a Mererid Watt

Cafwyd artistiaid o fri yn y sesiwn a'r rhai sy'n dod i gof ydi Tecwyn Ifan a Meic Stevens yn canu ganol bore ar y sgwâr, gweithdai celf yn y Llyfrgell Rydd, dawnsio gwerin, ymryson ar y nos Wener a bandiau fel Gwerinos wrth gwrs, Anweledig, The Oysterband, Steve Eaves, Saw Doctors, Maffia, a'r Alarm yn deffro Dolgellau! Jo Llwyn a'i 'law fawr' wrth ei fodd yn diddanu a chyflwyno'r bandiau, Geraint Lovgreen a'i hiwmor dihafal a Chowbois Rhos Botwnnog yn canu a dawnsio yn y glaw. Cafwyd ambell anffawd efo rhai aelodau o'r Pwyllgor yn dawnsio wrth gludo bwrdd ac un yn troi ei throed! Llond gwlad o chwerthin a llawenydd. Ambell aelod o fand yn teimlo rheidrwydd i ddangos eu hunain – yn llythrennol! Mae'r posteri, y crysau T a'r crysau chwys yn dal yn eiconig ac os oes gennych boster o Sesiwn 1994 – cadwch afael arno – mae yn brin fel aur. Dwi'n falch o gael dweud i mi gael rhan fach i'w chwarae yn y Sesiwn. Hir oes i'r ŵyl.

Esyllt Jones – Cadeirydd y Pwyllgor Trefnu 1998 - 2003

Oeddwn, mi oeddwn i yno, rownd y bwrdd yn y Stag yn trafod atgyfodi'r hen Ŵyl Werin; criw bach oeddem ni, criw sydd wedi tyfu llawer ers y dyddiau hynny.

Dw i'n cofio'r bore cyntaf yna ar y sgwâr, neb gyda fawr o syniad be i ddisgwyl a dim artist i ddechrau'r ŵyl! Mi oedd rhywun wedi gweld Meic Stevens mewn bar y noson cynt a gofyn fyddai o yn gwneud, ond yr un ohonom yn meddwl am eiliad y byddai'n troi fyny... Y ni o ychydig ffydd. Pwy drodd i fyny ar yr union amser cychwyn, ond Mr Meic Stevens ei hun! Felly geiriau cyntaf yr ŵyl gyntaf honno oedd rhai Meic: "Helo bore da…. W, fi rio'd 'di chware'n sobor o'r bla'n!"

Dwi'n meddwl mai bore'r ail ŵyl oedd hi lle nes i droi fy nhroed yn ddrwg a threulio'r rhan fwyaf o'r dydd gyda fy nhroed yn styc mewn bwced o rew… Dyna wers i chi yn fanna - peidiwch byth â dawnsio wrth geisio cario bwrdd, mae peryg i chi faglu i dwll, yn enwedig os mai chi sydd yn bacio am yn ôl!

Am rai blynyddoedd, fi oedd yn gyfrifol am adloniant plant yr ŵyl a daeth storïwyr, dawnswyr, dewiniaid a beirdd o bob math i'w diddanu. Bu Mari Elain yn brysur yn creu Cader Idris (cadair enfawr!), esgidiau i Idris Gawr a drwm o ddefnyddiau ailgylchu - roedd yn bwysig i'r ŵyl ddenu'r ifanc. Gŵyl i'r teulu cyfan ydi'r Sesiwn ac mae yna rywbeth at ddant pawb.

Pleser a phoendod i mi oedd derbyn swydd i Gadeirio'r Pwyllgor trefnu yn 1998 ond dwi yn ddiolchgar iawn am y cyfle, ac wedi dod yn berson lot mwy hyderus o gael gwneud.

Mae sawl tro trwstan a chyfle i lawenhau wedi bod dros y blynyddoedd. Llawenhau yn llwyddiant nosweithiau megis Super Furry Animals, Cerys Matthews a'r Saw Doctors dim ond i enwi rhai. Bu ambell ddigwyddiad trwstan hefyd wrth drio delio gydag ambell i artist, eu *riders* gwallgo a *guest list* di-ddiwedd - dw i wedi gorfod cael pob math o bethau iddynt, o gwrw lleol i *nappies* organig. Ond yn sicr, y tywydd fyddai'n penderfynu tynged unrhyw ŵyl. Byddai cael wythnos lawog cyn y Sesiwn yn ein digalonni ni fel Pwyllgor, ond dod i fwynhau fyddai pawb, glaw neu heulwen, a fuon ni'n lwcus o gefnogaeth bobl leol a thu hwnt yn y modd yna.

Fel y datblygodd yr ŵyl, cynyddu wnaeth y llwyfannau, ond yr un oedd y nod - sef hybu a rhoi cyfle i artistiaid a bandiau newydd, a nifer wedi dechrau eu siŵrne neu wedi cael cyfle yn gynnar yn eu gyrfa ar lwyfan Clwb Rygbi Dolgellau ar ddydd Sadwrn y Sesiwn. Y rhai mwyaf cofiadwy gen i yw: Cowbois Rhos Botwnnog, Derwyddon Dr Gonzo, Pala, Plant Duw, Pwsi Meri Mew, Bob, Yr Ods (eu set gyntaf fel band llawn - deuawd oeddent cyn hynny), Threatmantics, a Yucatan.

Un o'r prif uchafbwyntiau i mi oedd derbyn gwobr "Digwyddiad Byw" gan Fwrdd Twristiaeth Cymru a chael ein henwebu'n flynyddol gan wrandawyr BBC Radio Cymru fel "Digwyddiad Byw Gorau" a chipio'r teitl ddwywaith. Mae'r nosweithiau gwobrwyo rheiny yn aros yn y cof am sawl rheswm - ond i mi, y balchder oedd o, o gael bod yn rhan o rywbeth mor hanesyddol a oedd wedi rhoi Dolgellau ar fap cerddorol y byd.

Ces fy ngeni yn y Brithdir ac roedd fy nhad yn dod o Lanelltyd, ac er na fues i'n byw yn y dre erioed, mae Dolgellau yn agos iawn at fy nghalon. Yn yr hen Neuadd Idris, sef Tŷ Siamas rŵan, bu i fy rhieni gyfarfod gyntaf a hynny mewn dawns werin yn ôl yn y 60au, ac roedd y ddau yn hynod gefnogol i'r Ŵyl Werin pan oeddem ni'n blant. Dw i hefyd wedi gweithio yn y dref ac wedi dod i adnabod cymeriadau a phobl wych y lle. Wrth groesi'r Bont Fawr, dwi yn gwybod fy mod wedi cyrraedd adre. A pha le gwell na Dolgellau am Sesiwn?

TRYSORI (Elfed ap Gomer)
Cyn Gadeirydd a Thrysorydd

Mi gymerodd hi dipyn o amser i mi ddechrau hoffi cerddoriaeth werin. Rhywbeth oedd yn perthyn i fyd eisteddfodau a thwmpathau dawns oedd o i mi – a doeddwn i ddim yn eisteddfodwr. On'd oedd gen i (hanner) gradd mewn cerddoriaeth; yn gallu gwerthfawrogi gweithiau Bach a Beethoven, Stockhausen a Scriabin? Cerddoriaeth i'w fwynhau oedd Genesis, Simple Minds ac U2. (Peidiwch â sôn wrtha i am Pync!) Ond, yn raddol, torrodd gwawr gwerin, a dechreuais agor fy nghlustiau i'r synau hynny y gwnaeth y Diwygiad Methodistaidd gymaint o ymdrech i'w tewi.

Wedi dweud hynny, nid fi oedd yr unig un o'm bath chwaith. I lawer o'm cyd-Gymry, daeth cerddoriaeth dda i ben pan dawodd Edward H Dafis ac esblygu i fod yn Injaroc. Ond roedd llawer oedd â meddylfryd Celtaidd cryf wedi croesi Môr Iwerddon ac wedi drachtio o swyn y Dubliners, De Dannan a Christy Moore – heb sôn am y Guinness! Yn yr Alban roedd pobl fel Dick Gaughan ac Aly Bain yn symud eu dehongliadau yn bell o rai Jimmy Shand. Roedd gennyn ni ein band gwerin 'lleol', sef Cilmeri, a wnaeth gymaint i boblogeiddio sain gwerin Gymraeg, ac roedd nifer o artistiaid eraill drwy Gymru wedi dygnu arni dros y blynyddoedd, er mor galed oedd y talcen.

Hogyn o'r ardal ydw i, o Lanfachreth, ond cefais fy 'alltudio' am dros bymtheg mlynedd, a thrwy hynny golli 'nabod ar y rhai oedd 'run oed â mi. Pan briodais i Rhiannon a dod i fyw i Dai Cynhaeaf, roedd fel dychwelyd adref. Roedd criw ymroddedig ac ifanc oedd am greu bywyd diwylliannol cyffrous yn yr ardal. Dramâu a phantomeim oedd y cyfrwng cyntaf. Cynhaliwyd Gŵyl Werin Dolgellau am bum mlynedd, ond doeddwn i ddim yn un o'r criw a'i trefnodd. Er cystal yr arlwy, efallai fod y ffaith fod torf gymaint, os nad mwy, y tu allan i'r babell ag oedd tu mewn, ac heb dalu, yn tanseilio pa mor hyfyw allai'r ŵyl fod.

Wedi iddi ddarfod, ac wedi i rawd Cilmeri gael ei redeg, daeth nifer ohonom at ein gilydd i redeg y Cwlwm Gwerin, sef

rhaglen o gyfarfodydd gwerin eu naws mewn tafarnau lleol, megis Y Llong. Tua'r un amser, roeddwn yn un o'r criw ddaeth at ei gilydd dan yr enw anfarwol Alff Alffa a'r Soia Bîns. Band cyfeilio twmpath oedd hwn yn ei hanfod hefo Celt Roberts yn galw'r dawnsfeydd, fel arfer. Yn raddol, esblygodd i fod yn fand oedd am gyfeilio llai a chanu mwy. Newidiodd ei enw i Gwerinos, ac aelodau o Gwerinos – ynghyd ag eraill, oedd yn allweddol i greu Sesiwn Fawr Dolgellau.

Rhaid fy mod wedi gwneud argraff ddigon da fel trysorydd y Cwlwm Gwerin, oherwydd cefais fod yn drysorydd i'r babi newydd hefyd. A dyna ddechrau 'rolar-costar' o reid am y deng mlynedd nesaf.

Os cofia i'n iawn (ac mae arna i ofn nad ydw i'n cofio'n iawn gan i'r holl Sesiynau doddi i'w gilydd braidd), un llwyfan oedd yn y Sesiwn Fawr gyntaf, gyda'r gynulleidfa wedi'u corlannu tu ôl i 'fariars' symudol a cherbydau p'nawn Sadwrn Dolgellau'n gyrru heibio'n barhaus. Dechreuodd y sioe ar ôl cinio a gorffen yn daclus erbyn amser swper. Roedd yr artistiaid wedi cytuno i chwarae am bris gostyngedig er mwyn 'helpu'r achos' a llwyddwyd i gynnal yr ŵyl am ychydig filoedd. Cychwyn digon syml, ond llawn addewid at y dyfodol.

Y flwyddyn wedyn, gwelwyd dechrau'r arferiad o gael dau lwyfan, un ym mhob pen i'r Sgwâr, pan rowliodd lori ar-tic Slot Sadwrn S4C i'r dre. Wedi i'r rhaglen fore Sadwrn i blant gael ei darlledu'n fyw, roedd y llwyfan-ar-gefn-lori ar gael i ni i'w ddefnyddio drwy'r dydd ar yn ail hefo'r un o flaen Tŷ

Meirion, fel yr oedd bryd hynny. Roeddem wedi llwyddo i gael gorchymyn cau'r sgwâr i drafnidiaeth am y diwrnod, ac felly roedd y gynulleidfa'n rhydd i symud fel ag y mynnent. Dwi'n cofio meddwl, tra'n clirio ar ddiwedd y noson, a gweld rhai o 'hen stêjars' y dre yn dal yno'n sgwrsio, yn amlwg wedi mwynhau'r awyrgylch – a'r gerddoriaeth, gobeithio – ein bod wedi llwyddo i greu rhywbeth arbennig iawn. Ac roedd y teimlad hwnnw'n parhau i sesiwn llai ffurfiol y Sul draw yn y Clwb Rygbi, lle'r oedd cyfle i selogion yr ŵyl, a ninnau, i 'weindio i lawr' yn sŵn ambell fand.

Dwi ddim yn cofio pryd dechreuodd Radio Cymru ddarlledu'n fyw o'r Sesiwn ond roedd yn gynnar iawn yn ei hanes. Byddai fan y BBC wedi'i pharcio wrth ochr Llwyfan 1 ar dop y sgwâr yn flynyddol hefo Trystan (Iorwerth) a'i griw o gyflwynwyr a thechnegwyr yn dilyn amserlen y dydd yn sylwgar. Yn fuan iawn, daethant i sylweddoli (a gwerthfawrogi, gobeithio) fod amserlen y Sesiwn Fawr yn rhywbeth i ddibynnu'n llwyr arni. Roedd gennym arwyr yn rheoli'r ddau lwyfan; yn ei gwneud yn glir i bob band pan fyddai hi'n amser i'w set ddod i ben, yn gofalu fod popeth yn cael ei glirio ar ôl un band ac yn cael ei osod ar gyfer y band nesaf tra byddai'r llwyfan arall yn 'fyw', ac yn gofalu fod pawb mewn tiwn – heb wneud smic o sŵn!

Gofynnwch i rywun oedd yn y Sesiwn yn y deng mlynedd cyntaf rheini ac mi wranta yr ân nhw i berlewyg wrth atgofio'r awyrgylch, y dyrfa o bob oed, teuluoedd cyfan yno am y p'nawn, Cwmni'r Cortyn yn diddanu'r plant, y tywydd braf

(diarhebol o ddibynadwy) a'r olygfa o Gader Idris yn gefndir dramatig uwchben Llwyfan 1. Oedd, roedd y sgwâr yn lle delfrydol i gynnal gŵyl o'r fath. Medrai pobl fynd a dod fel ag y mynnent, ymweld â'r arlwy oedd ar lwyfannau bychain yma ac acw drwy'r dref, torri eu syched yn y tafarnau tra'n gwrando ar y sesiynau byrfyfyr fyddai'n digwydd ynddynt, ac - fel mewn unrhyw ŵyl Gymraeg arall, cyfarch a sgwrsio hefo rhai nad oeddent wedi'u gweld ers amser. Byddai llawer o 'blant' y dref yn trefnu i ddod adref at eu teuluoedd yn un swydd i fod yn y Sesiwn. Tyfodd yn fuan iawn i fod yn un o'r llefydd hynny I FOD ac i gael eich gweld yno.

Ond roedd agweddau eraill i'r sgwâr nad oedd o fantais i ni. O'r cychwyn, roeddem wedi penderfynu mai gŵyl rad ac am ddim oedd hon i fod, ond – hyd yn oed pe na byddem wedi gwneud hynny, fyddai hi ddim yn bosib i ni godi am fynediad gan ei fod yn fan cyhoeddus, a byddai plismona'r holl fynedfeydd iddo tu hwnt i'n gallu. Hefyd, dros y blynyddoedd ac wrth i'r Sesiwn dyfu a denu bandiau 'mawr', deuai'n fwy a mwy amlwg fod ein stiwardiaid yn llawer rhy brin petai argyfwng neu helynt o unrhyw fath yn codi. Roedd ceisio cael rhestr ddyletswydd o wirfoddolwyr i stiwardio yn her go iawn; on'd oedd pawb eisiau bod yn rhan o'r gynulleidfa a mwynhau eu hunain? Yn ffodus, roedd gennym hefyd nifer o wroniaid fyddai'n cynnig eu gwasanaeth yn flynyddol am eu bod yn gefnogol i lwyddiant y Sesiwn, a diolch amdanynt.

Fel y soniais eisoes, roeddwn yn aelod o Gwerinos yn ogystal â bod ynglŷn â threfnu'r Sesiwn. Daeth yn un o draddodiadau'r ŵyl i Gwerinos chwarae'n flynyddol, fel arfer ar y nos Wener. Gan fod y Sesiwn yn digwydd ar ddiwedd wythnos olaf tymor haf yr ysgolion, byddai hyn yn creu teimlad o gyffro yn ogystal â thensiwn wrth drïo cau pen mwdwl yr ysgol, cyfarfod bob nos i gael popeth i'w le a bod ar y llwyfan ar yr amser iawn i berfformio. Cawsom lawer o berfformiadau cofiadwy a daeth 'Hogia Ni' yn anthem i selogion yr ŵyl. Roedd un flwyddyn yn ddramatig iawn gan fod Gwerinos, yn syth ar ôl perfformio ar y sgwâr, yn gorfod neidio i mewn i fws mini a'i heglu hi i ddal cwch i Normandi, lle roeddem yn 'hedleinio' mewn gŵyl ar yr arfordir yno.

Fel trysorydd, roedd pob blwyddyn yn ailadrodd yr angen cyson i chwilio am nawdd o wahanol ffynonellau. Gan fod yr ŵyl am ddim i'r gynulleidfa, roedd hyn yn hollbwysig. Dros y blynyddoedd buom yn cydweithio â nifer o asiantaethau oedd yn bodoli ar y pryd, a'u cael – yn ddieithriad bron, yn hawdd iawn gweithio â nhw, ond bod eu ffurflenni cais yn ddiddiwedd. Hefyd, roedden nhw'n disgwyl rhyw ddatblygiad parhaus o flwyddyn i flwyddyn. Roedd arian darlledu, yn radio ac yna'n deledu, yn ychwanegu at y coffrau. Wrth gwrs, rhaid oedd torri'r gôt yn ôl y brethyn a cheisio gofalu nad oedd uchelgais yn anwybyddu realiti'r gyllideb, ond yn y cyfnod hwnnw llwyddwyd i ddenu bandiau sylweddol a chyffrous o wahanol wledydd 'Celtaidd' ein byd. Rhaid dweud mai un o'r pethau mwyaf calonogol oedd ymateb busnesau'r dref oedd yn barod iawn i gynnig nawdd i'r Sesiwn, ond rhywbeth oedd ddim mor galonogol oedd ymateb pobl yn y sgwâr pan oeddem yn gofyn iddynt gyfrannu punt at yr achos – ymateb siomedig iawn ar y cyfan. Rhywbeth arall oedd yn siomedig oedd yr argraff a gaem fod gwyliau eraill, megis Gŵyl y Faenol, i'w gweld yn derbyn llawer iawn mwy o nawdd o'r pwrs cyhoeddus a'r elw wedyn yn diflannu o'r ardal os nad o'r wlad.

Roedd hybu ein tref a'n bro yn flaenllaw yn ein bwriadau fel pwyllgor. Daeth twf y Sesiwn â llwyddiant ariannol i lawer o fusnesau'r dref, roedd bandiau ifanc lleol yn cael cyfle i chwarae o flaen cynulleidfaoedd byw a gwerthfawrogol, câi Dolgellau sylw amlwg yn y wasg a'r cyfryngau ac roedd y byd i gyd yn dod i wybod am y lle a'r ŵyl drwy gyfrwng y We fyd-eang. Rhywbeth arall oedd yn gwneud argraff oedd posteri blynyddol hysbysebu'r Sesiwn, a chynhyrchwyd cyfres o ddyluniadau trawiadol a hardd gan amryw o artistiaid talentog.

Enillodd y Sesiwn Fawr nifer o wobrau pwysig yn ei
thro. Yn Rhagfyr 2000, hi oedd Digwyddiad y Flwyddyn
yn Seremoni Gwobrwyo Twristiaeth Cymru gan guro
Eisteddfod Ryngwladol Llangollen, Pencampwriaeth
Golff Agored Cymru yn y Celtic Manor a Gŵyl Big Cheese
Caerffili. Anfonodd ein Prif Weinidog bryd hynny, y
diweddar Rhodri Morgan, lythyr i'n llongyfarch. Daeth y
Sesiwn i'r brig hefyd yng Ngwobrau RAP Radio Cymru.

Bu'r Sesiwn Fawr, o'r dechrau, yn ŵyl hapus a di-helynt. Bron
yn ddieithriad, byddai'r haul yn gwenu, byddai'r tyrfaoedd yn
ymgasglu ar y sgwâr a thrwy'r dref a phawb â'r un bwriad,
sef – mwynhau! Doedd yna fyth sôn am helynt, ond wedi
deng mlynedd o dyfu parhaol, teimlid na fedrem ddal i gynnal
y Sesiwn yn y sgwâr yn ddiogel hefo cyn lleied o stiwardiaid.
Felly, gyda theimladau cymysg iawn, penderfynodd y pwyllgor
symud i faes caeedig ar y Marian. Yn syth bin, newidiodd hyn
lawer o bethau – gan gynnwys y tywydd! O hyn ymlaen byddai
raid i'r gynulleidfa brynu tocynnau a thalu i gael mynediad.
Roedd rhaid cyflogi stiwardiaid proffesiynol i ofalu am y safle
a'r dyrfa a chyfyngwyd maint y dyrfa gan drwydded y Cyngor.
I rwbio halen i'r briw, ar ben bil gan y Gwasanaeth Ambiwlans,
dyma'r Heddlu'n cyflwyno bil o £10,000 heb unrhyw rybudd
o gwbl. Daeth hyn i fod yn rhywbeth cyffredin yn y cyfnod
hwnnw, a suddodd nifer o wyliau poblogaidd y cyfnod,
megis Pesda Roc a Gŵyl y Gwyniad, dan bwysau'r costau
ychwanegol hyn. Roedd y Sesiwn, bellach, mewn trap 'Catch-
22'-aidd. Gan mai nifer cyfyngedig gâi fynediad i'r maes
byddai angen bandiau fyddai'n siŵr o ddenu cymaint o'r nifer
hwnnw â phosib. Y drwg oedd fod bandiau o'r fath yn ddrud
ac yn mynnu llawer o offer neilltuol hefyd. Gyda'r costau
wedi tyfu dros y blynyddoedd o tua £3,000 i £300,000, doedd
dim ond angen ychydig i droi'r drol ac, yn anffodus, dyna fu
hanes y Sesiwn hithau, pan gafwyd nid un, ond dwy flynedd
o dywydd gwlyb a'r dyrfa yn cadw draw. Roedd y ddyled yn
ormod a bu'n rhaid rhoi'r ffidil yn y to. Ond, fel y gwyddom, nid
dyna oedd diwedd Sesiwn Fawr Dolgellau . . .

Ar waetha'r methiant yn y Marian, mae gen i atgofion
melys iawn o'r gwahanol Sesiynau, rhai fydd gen i am byth.
Fel trysorydd ac, yn ddiweddarach, fel cadeirydd, does gen i
ond y parch mwyaf i'r rheini fu'n aelodau o'r pwyllgor trefnu
drwy'r blynyddoedd. Ar hyd yr amser bu criw ifanc yn ddygn

a ffyddlon yn cyd-ddyheu a chyd-ymdrechu i greu rhywbeth
oedd yn fwy na swm yr unigolion. Gwelwyd nifer yn ymuno
ac yn ymadael wrth i rawd eu bywydau fynd â nhw o'r ardal,
ond mae rhai sydd wedi bod yn gyson gadarn: Esyllt, fu'n
gadeirydd o'm blaen i; Alun ac Aled, am eu gwrhydri ar y maes
a'r llwyfannau; Huw Aled, oedd yn gofalu am y maes ar ran
y cwmni teledu ond a fu'n gymaint o gefn i ninnau hefyd; y
bythol-wyrdd a'r bythol-ddoeth Emyr Lloyd, am fod yn, wel -
Emyr Lloyd; Llion, a ddaeth yn drysorydd ar fy ôl i; Teleri, a fu'n
cofnodi'n ffyddlon holl drafodaethau'r pwyllgor; a Myfyr, wrth
gwrs – fyddai'r Sesiwn ddim byd tebyg hebddo fo.

Gan mai fi oedd yn eu talu gan amlaf, cefais y pleser o
sgwrsio hefo nifer fawr o artistiaid o'r gwahanol fandiau a
pherfformwyr eraill. Yr hyn oedd yn fy nharo – yn ddieithriad
bron, oedd mor glên a bonheddig oedden nhw. Un o'r pethau

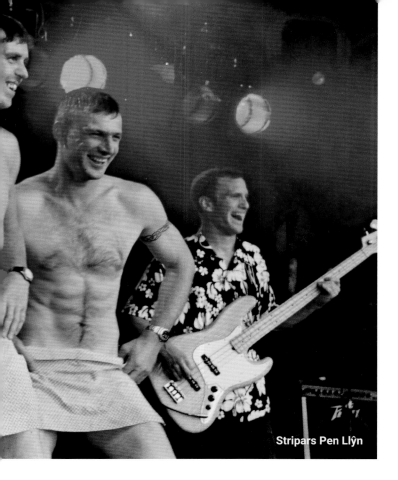

Stripars Pen Llŷn

oedd yn ychwanegu at y costau a phwysau gwaith y trefnu a'r gofalu oedd *riders* y prif fandiau. Rhestr oedd hon o'r bwyd a'r diod – yn enwedig y diod, ynghyd â phethau eraill fel tyweli ac ati, y byddai rheolwr band gan amlaf yn eu mynnu iddyn nhw. Yn aml iawn doedd gan y band fawr o syniad fod y rhestr yn bod a byddai rheolwr yn cymryd y peth fel *perk* personol. Ond, dro arall, dyma un band oedd wedi cloi'r ŵyl yn rhannu eu *rider* gyfan hefo ni yn 'ystafell werdd' Neuadd Idris wrth iddyn nhw ymlacio ar ôl eu perfformiad. 1999 oedd y flwyddyn ac Oysterband oedden nhw.

Y wefr fwyaf ges i oedd Endaf Emlyn yn perfformio *Salem* yn fyw ar lwyfan – ein llwyfan ni! - a chael siarad hefo fo wedyn. Fy arwr! Hoff fandiau eraill oedd Saw Doctors, Achanak, yr Ukulele Orchestra a Hayseed Dixie, a fynnodd gist yn llawn o boteli cwrw a rhew ar y llwyfan

tra'n chwarae. Uchafbwynt arall, a chryn ddoniolwch, oedd Anweledig yn trïo cadw'n hollol sobor pan oedden nhw'n 'hedleinio' ar ôl cael siars y flwyddyn cynt, yn llwyddo i wneud ac yn rhoi un o'u perfformiadau gorau erioed. Y siom mwyaf oedd diffyg cynhesrwydd un o'm hoff fandiau ar y pryd, sef Capercaillie. Pethau eraill sydd wedi aros ydi ffyddlondeb Meic Stevens i'r ŵyl, cyngerdd yr Holmes Brothers yn yr eglwys i godi arian at elusen ac, wrth gwrs, Jo Llwyn a'i 'law fawr'.

Ar ddiwedd pob Sesiwn, byddai'n arferiad gen Myf a fi (ac eraill, mae'n siŵr) i sefyll ar Lwyfan 2, fyddai'n wag erbyn hynny, a syllu dros filoedd y dyrfa at y band oedd yn cloi, drachtio'r awyrgylch, holl waith yr ŵyl wedi'i orffen (as uff!) a gweld . . . 'mai da ydoedd'. Piti na rois i'r teimlad hwnnw mewn potel a'i gadw.

O ganol y 90au ymlaen fy ngorchwyl blynyddol fyddai rheoli llwyfan B ar waelod y sgwâr, ac roeddwn yn mwynhau gwneud hyn. Roedd Dafydd, un o'm meibion, wrth ei fodd yn dod lawr efo fi i helpu a byddai'n aml yn gweithio fel 'runner' efo neges yma ac acw os na allwn i adael y llwyfan. Roedd cyfle i gael sgwrs ag artistiaid, edrych a gweld beth oedd yn digwydd ar y prif lwyfan tra'n sicrhau fod pob dim yn rhedeg ar amser.

Un atgof hyfryd o'r cyfnod yma ydi gweld criw o wragedd hŷn y dref yn gwneud eu ffordd at flaen y llwyfan yn unswydd i wrando ar Yr Hennessys yn perfformio. Roedd yn hyfryd, ac rwy'n cofio meddwl ar y pryd fod y Sesiwn yn gallu cynnig rhywbeth i bawb.

Efallai bod Dafydd yn 'runner' effeithiol iawn, ond yn 2000 roeddwn wedi gorfod gadael y llwyfan ar ryw orchwyl neu'i gilydd. Tra'n ceisio cerdded trwy'r dyrfa, gan gyfarch neu sgwrsio'n sydyn â hwn a'r llall ar fy ffordd yn ôl i lawr at y llwyfan yng ngwaelod y sgwâr, daeth yn amlwg fod rhywbeth yn digwydd ar y prif lwyfan tu cefn i mi. 'Sbia' gwaeddodd rhywun, ond erbyn i mi droi roedd y cyfan drosodd! Roeddwn wedi colli 'strip tease' gan ddau o ben Llŷn a ddaeth i'r llwyfan efo Anweledig.

Efallai mod i wedi'u methu, ond doedd y camerâu ddim, ac roedd y Sesiwn Fawr wedi cyrraedd tudalen flaen y Daily Post fore Llun.

45

digwyddiad Cymreig y flwyddyn

SESIWN FAWR

2001

DOLGELLAU

£2

Ymryson y Sesiwn

Twm Morus

Llaw Fawr

Tra bu'r Sesiwn Fawr ar sgwâr Dolgellau, bu Jo'r Llwyn yn ran ohoni. Fel JO Jones roedd gweddill Cymru yn ei nabod gan iddo actio ar lawer i gynhyrchiad teledu Cymraeg yn y 60au a'r 70au. Yn ogystal, bu'n rhan o sawl cynhyrchiad llwyddiannus i'r S4C cynnar. Mae ei berfformiad fel Now'r Hendre yng nghlasur Rhydderch Jones *Gwenoliaid* yn aros yn y cof.

Ymddangosodd ar *C'mon Midffîld* a *Pobol y Cwm* yn ogystal. Doedd JO ddim o bosib yn 'enw mawr', ond os oedd angen rhywun efo acen naturiol Dolgellau, JO oedd y dyn.

Roedd JO yn dipyn o gymeriad lleol, yn fab i fferm Y Llwyn, ac yn ddyn rygbi o'i gorun i'w draed a fu'n dyfarnu ar lefel leol. Roedd bob amser yn gwmni difyr, yn byrlymu o storïau a hanesion am fyd rygbi neu ei brofiadau fel actor.

A ninnau'n griw trefnu ifanc, wrth feddwl am rywun i gyflwyno'r Sesiwn roedd yn ddewis naturiol. Er nad oeddem ar y pryd yn nabod JO yn dda, deuthum i'w adnabod a hynny fel ffrind da a daeth y Sesiwn Fawr yn agos iawn at ei galon yntau.

Rhaid cyfaddef pan glywais i JO yn bloeddio 'llaw fawr iddyn nhw' o'r llwyfan am y tro cyntaf wrth annog y gynulleidfa i gymeradwyo, roedd yn ryfedd i'r glust. Cyfieithiad pur wael o 'big hand' ydi o, ond fe anwylodd y dorf i'w eiriau a rhywsut fe wnaeth cymeriad JO a'i 'law fawr', ei het gowboi a'i grafat ddod yn rhan bwysig o'r Sesiwn Fawr.

Chydig o atgofion Alun Bontddu am y Sesiwn Fawr

Mi roeddwn yn rhan o'r criw fu'n trefnu yr Ŵyl Werin yn y 70au a'r 80au ac er bod honno wedi dod i ben mi roedd

JO Jones

Alun ac Emyr Owen

'na deimlad o hyd ymysg rhai o'r criw fu'n trefnu yr ŵyl honno mai da o beth fyddai cael rhyw fath o ŵyl yn Nolgellau. Aeth criw ohonom i'r Fleadh yn Cluain Meala (Clonmel) yn Iwerddon ac wedi dychwelyd roedd awydd mawr unwaith eto i gynnal gŵyl werin a Huw Dylan yn arbennig o daer. A dyna ddechrau ar drefnu Sesiwn Fawr yn Nolgellau.

Er fy mod yn hoff iawn o gerddoriaeth werin, tydw i ddim yn gerddor o fath yn y byd, a fyddwn i'm yn un da iawn i wneud unrhyw fath o waith gweinyddol, felly y ffordd roeddwn i yn cyfrannu oedd drwy helpu i godi'r llwyfan(nau) ar y sgwâr. Roeddem yn cael benthyg sgaffaldiau gan Nigel Evans, y plastrwr, ac mi fyddai criw o bobl leol yn dod at ei gilydd i neud y gwaith o greu llwyfan(nau) perfformio. Byddem yn cludo llwythi o bethau - llwyfan symudol o Goleg Meirion Dwyfor, 'stwff' oedd wedi ei greu ar gyfer yr hen Ŵyl Werin oedd yn cael ei storio yn yr hen 'Drill Hall', ac ati - ar gefn lori fechan Tony Hodgson. Byddwn yn cymryd tridiau o ngwaith i helpu cyn ac ar ôl y Sesiwn - achos byddai'n rhaid tynnu popeth i lawr a'i dychwelyd hefyd wrth gwrs! Ar ddiwedd y Sesiwn ar nos Sadwrn mi fyddai 'na griw ohonom yn clirio a sgubo a ll'nau y sgwâr fel bod y lle yn weddol daclus erbyn bore Sul.

Dwi'n cofio'r cyfnod fel amser hapus iawn a phawb yn cydweithio - lot o chwerthin a miri. Roedd y gymuned yn derbyn y Sesiwn Fawr efo agwedd gadarnhaol ar y cyfan ac yn gweld yr ŵyl o fudd i'r dre. Dwi'n cofio mai un nodwedd i'r Sesiwn Fawr yn y blynyddoedd cynnar oedd bod 'na ystod eang iawn o ran oedran i'w gweld ar y sgwâr, yn enwedig yn y prynhawniau. O'r henoed i'r babanod a phawb i'w gweld yn mwynhau. Roedd popeth am ddim wrth gwrs - doedd dim angen tocyn i weld y grwpiau fel yn nyddiau yr Ŵyl Werin - ac mi fyddai pobl yn mynd o gwmpas efo bwcedi yn gofyn am gyfraniadau. Roedd 'na deimlad o ysgafnder hwyliog a diogel yn perthyn i'r dyddiau cynnar.

Ond wrth i'r Sesiwn Fawr fynd yn fwy poblogaidd roedd yn anochel y byddai'r awyrgylch yn newid a'r ŵyl ei hun hefyd wrth gwrs, wrth i'r anorfod ddigwydd a'r Sesiwn yn gorfod symud i'r Marian.

Bellach mae wedi newid eto, a dal ati i esblygu wnaiff hi, gobeithio, efo criw brwdfrydig o'r genhedlaeth iau wrth y llyw.

Alun Owen

Andrew Roberts Evans – Swyddog Datblygu 2001-2003

2001: Nos Sadwrn olaf Sesiwn Fawr ar y Sgwâr. Celt ar y llwyfan. Am noson. Roedd yr ŵyl bellach wedi tyfu yn ei phoblogrwydd, ac fel aelod o'r pwyllgor, fy swydd "anrhydeddus" i oedd iechyd a diogelwch! Llwyddiant enfawr oedd gwyl 2001 heb os nac oni bai. I raddau, mi roedd y Sesiwn Fawr bellach yn dioddef o'i llwyddiant ei hun.

Penderfynodd y pwyllgor, dan bwysau gan yr awdurdodau, wneud newidiadau sylweddol i strwythur yr ŵyl. Un oedd ei symud o'r Sgwâr i'r Marian, a'r ail, cyflogi cydgordydd digwyddiadau.

Mmmmmm, amser newid gyrfa????

Gyda dim ond pedwar mis i fynd tan y penwythnos arbennig blynyddol, mi wnes gais llwyddiannus, a dyma swydd a gyrfa newydd sbon yn cychwyn i mi ynghanol mis Mawrth. Sefydlwyd swyddfa yn Ninas Mawddwy. Roedd pob dim yno yn barod i daro'r llawr yn rhedeg.

Peth gyntaf, gyda chymorth rhai o fy nghyd-bwyllgorwyr (wel, Ywain Myfyr i fod yn onest), mi greom fap o'r Marian, a lle roedd pob dim i fynd.

Yna, ffwrdd â fi – creu safle diogel a hwylus i gynnal Sesiwn Fawr Dolgellau am flynyddoedd i ddod. Bu llawer o gyfarfodydd ar y Marian gyda phob awdurdod y gall rhywun ei enwi, a dim un yn llai na'r ffarm bysgod tua milltir i lawr Afon Wnion o safle'r Marian, lle roedd pryder am wenwyn yn llifo i'r afon a chreu problemau anferthol i'r bysgodfa.

Andrew Roberts Evans ein Swyddog Datblygu yn 2002

Pwyllgor 2001

Dim gwenwyn!

Yna, cymdogion yr ardal leol yn poeni am broblemau ymddygiad afreolus. Hefyd, yr awdurdod ambiwlans yn mynnu bod theatr ar gyfer llawdriniaethau wrth ochr y prif lwyfan!

Dim ymddygiad afreolus a dim llawdriniaethau!

Hyd yn hyn, cofiwch, da ni heb ddechrau ar y rhaglen adloniant.

Atebwyd pob gofyn a gorchymyn a roddwyd arnom gan yr awdurdodau. Gyda hyn i gyd, daeth costau aruthrol.

Yna dyma'r cyfryngau yn cychwyn – 'pam da chi'n codi ffi mynediad i ŵyl sydd yn draddodiadol wedi bod am ddim?'

Ac yna delio efo'r ateb.

Dau fis i fynd. Mae'r adnoddau wedi eu bwcio a'r cynllun wedi ei gytuno. Marchnata rwan – posteri, taflenni, gwyliau eraill, radio, teledu, papurau newydd. Dyddiau olaf ein hoes cyn cyfryngau cymdeithasol.

'Mae'r heddlu yn mynnu ffensio y *by-pass* hefyd!' – Iawn – ychwanegu'r ordor. Be di dau gant darn arall o ffens pan mae mil a hanner ar y ffordd prun bynnag?

Rhaglen adloniant. Pwy sy'n mynd i gloi nos Sadwrn? Faint o doiledau da ni angen? Ti di ordro'r *flood lights*? - DOOOOOOOOO!!!

Mis i fynd. Cyfarfod argyfwng. Pob awdurdod gallwch chi feddwl amdano fo. Pob contractwr oedd am ddarparu strwythurau. Ac un neu ddau o gymdogion dyfig (*nimby* yn Saesneg). Anghofia i byth sylwadau swyddog iechyd yr amgylchedd yn ateb i gwestiwn gan y cadeirydd: "Oes pryder am broblemau sŵn gennych?" "Oes," meddai. (o na, meddyliais.) "Gobeithio fod gennych system sain ddigonol i chwythu'r to fyny. Allai ddim aros am y penwythnos!" Dyma'r tro cyntaf i mi deimlo bod rhywun ar fy ochr i.

Pythefnos i fynd. Dechrau cyffroi. Cytundebau yn eu lle. Y wefr yn dechrau codi stêm trwy'r dref a thu hwnt. *Headliners* wedi eu cyhoeddi. Be di hyn? Ydi Bono yn dod go iawn? "I couldn't possibly comment!"

A dyma hi. Bore dydd Llun. Y Marian yn cau ar gyfer y trawsnewidiad o fod yn faes parcio i faes yr ŵyl. Y ffensys yn dechrau mynd fyny. Loris yn cyrraedd. Be sy ar hon? Siwgwr i un o'r ffatrïoedd – dim byd i wneud efo fi!

Mam yn rhedeg y swyddfa yn Dinas. Hitha'n ffonio – "Mae llwyfan C ar lori tu allan i'r swyddfa ma" – oh **** sakes! Martin John, cer yn yng nghar i, i ddangos y ffordd o Dinas!

Lle mae'r toiledau ma i fynd – wel yn fana siŵr Dduw!

Pnawn dydd Mercher, y prif lwyfannau yn cyrraedd. Mae'r maes yn dechrau cymryd siâp. Edrych yn dda.

Dydd Iau – dwi'm yn cofio.

Dydd Gwener – trycs teledu S4C a BBC Radio Cymru yn cyrraedd. Gwynebau cyfarwydd yn dechrau crwydro'r maes. Pnawn dydd Gwener – tynnu'n agos – gatia yn agor am bump. Reit, amser clirio'r trycs ma i gyd.

Picio fyny i Gae Penarlâg er mwyn cael y drwydded – let's party!!!

Swyddfeydd tocynnau yn agor.

A dyma'r dorf yn cychwyn dod mewn.

Munud i feddwl – tybed be mae nhw'n feddwl – 'dyn nhw'n cael eu plesio?

Problem efo sain llwyfan B – mae rhaglen heno yn mynd allan ar lwyfan A ond fyddwn yn rhedeg yn hwyr!

Wow – rhaglen yn rhedeg hanner awr yn hwyr erbyn unarddeg. Y fraint o gyflwyno'r *headliner* i'r llwyfan – Burning Spear o Jamaica – am olygfa oddi ar y llwyfan – mae'r Marian yn llawn dop. Wow.

Rwan – rhedeg yn hwyr, a'r drwydded yn dweud dim sŵn ar ôl hanner awr 'di unarddeg.

Inspector Meirion Ellis – gennai broblem – dwi newydd rhoid yr *headliner* ar llwyfan, a dim ond ugain munud sydd i fynd – os dynnai'r plyg ar amser, bydd tua pum mil o fobol yn rhedeg reiot. Ateb Meirion – simple – you do that and I'll arrest you!

Perffaith – noson gynta ar ei newydd wedd, mae Sesiwn Fawr yma i aros.

SYMUD TŶ

Ddaeth llwyddiant cynnar y Sesiwn Fawr ddim heb ei broblemau. Erbyn troad y ganrif roeddem fel trefnwyr yn dal ei gwynt erbyn nos Sadwrn na fyddai unrhyw helynt yn codi. Roedd awyrgylch hapus deuluol y prynhawn yn newid wrth i'r strydoedd lenwi efo pobl 'fin nos' a'u boliau hwythau wedi llenwi efo cwrw! Yn ffodus, ni fu unrhyw ddigwyddiad arwyddocaol ond nid aeth llwyddiant y Sesiwn allan o sylw'r awdurdodau. Roedd ein stiwardiaid i gyd yn wirfoddolwyr nad oedd â phrofiad o ddelio efo'r fath dyrfa, ac roedd natur Dolgellau a'i strydoedd culion yn amlwg yn ychwanegu at y broblem.

Yn 2001 a ninnau ynghanol epidemig clwy traed a'r genau aeth y Sesiwn Fawr yn ei blaen. Er fod nifer fawr o ddigwyddiadau'r flwyddyn honno wedi'u gohirio, gan nad oedd y Sesiwn yn cael ei chynnal ar wair aed ymlaen â'r trefnu. Fel gallwch ddisgwyl, efo'r Sioe anifeiliaid wedi'i gohirio daeth miloedd am sesh i'r Sesiwn. Yno hefyd roedd Keith Allen o Allen Drake Management a fyddai'n adrodd yn ôl i Gyngor Gwynedd am ddiogelwch y digwyddiad.

Fe basiodd y Sesiwn heb unrhyw gythrwfl unwaith eto, ond roeddem fel gŵyl wedi cyrraedd croesffordd.

Roedd adroddiad Keith Allen yn awgrymu y dylid gwario'n sylweddol fwy ar ddiogelwch ar gyfer y digwyddiad. Roedd gan y Sesiwn benderfyniad anodd i'w wneud. Naill ai gwario arian sylweddol ar ddiogelwch, arian nad oedd gan ddigwyddiad a oedd yn rhad ac am ddim i'r cyhoedd, rhoi'r gorau iddi, neu o bosib newid lleoliad.

Yna daeth clwy traed a'r genau i'r adwy! A ninnau fel trefnwyr yn trafod y ffordd ymlaen os oedd un o gwbl, daeth Cyngor Gwynedd i'r adwy a chynnig grant sylweddol ar gyfer cyflogi swyddog i'r digwyddiad. Daeth yr arian o gronfa i helpu ail-sefydlu digwyddiadau yn dilyn y clwy. I ryw raddau roedd yr arian yma wedi gwneud y penderfyniad drosom, ac aed ati i hysbysebu am swyddog ac ar yr un pryd ystyried beth oedd yr opsiynau o safbwynt symud yr ŵyl.

Roedd hi fatha 'Dolig! Penodwyd Andrew Roberts Evans yn drefnydd, cafwyd swyddfa yn Ninas Mawddwy ac aeth Andrew efo cymorth Allen Drake Management a Chyngor Gwynedd ati i drefnu Sesiwn Fawr 2002. Ynghanol hyn i gyd mae'n bur sicr i'r pwyllgor dynnu eu llygaid oddi ar y bêl. Wedi'r cyfan roedd gennym bellach swyddog i wneud yr holl waith droson ni. Y cyfan oedd yn rhaid i'r pwyllgor wneud oedd gwneud penderfyniadau, a byddai'r penderfyniadau hynny'n cael eu gweithredu. Ond roeddem hefyd yn cymryd cam i'r tywyllwch.

Wedi trafod sawl lleoliad posib, penderfynwyd adleoli'r Sesiwn Fawr i faes parcio Cae'r Marian. Byddem yn parhau efo'r arferiad o gael dau lwyfan i gael cerddoriaeth ddi-dor. Byddai'r cyhoedd yn talu am diced i ddod i'r digwyddiad a fyddai'n creu incwm ar gyfer yr holl gostau ychwanegol - llwyfannau, sain, stiwardiaid, diogelwch ayyb. Roedd yn swnio'n hawdd, yn ddelfrydol bron.

Roedd gan y Sesiwn Fawr gyntaf ar y Marian bob dim bron! Artistiaid gwych byd-enwog fel Burning Spear, Levellers, The Alarm a Sharon Shannon, a fyddai'n perfformio ar dri llwyfan mawr, proffesiynol a safonol. Roedd diogelwch wedi cael sylw rhyfeddol. Roedd ffens ddiogelwch yn rhedeg i fyny'r Bont Fawr ac ar hyd Ffordd Bermo ac wedyn am tua can metr ar hyd y ffordd osgoi! Roedd byddin o stiwardiaid proffesiynol ynghyd â gwasanaeth yr Heddlu! Roedd pabell ymgynnull yr artistiaid fel pabell grand ar gyfer priodas ac roedd hyd yn oed y

rhaglen yn llawer mwy nag arfer.

Does dim dwywaith ein bod fel pwyllgor wedi tynnu ein llygaid oddi ar y bêl fel petai a rhoi rhwydd hynt i'n swyddog datblygu newydd drefnu fel y gwelai orau mewn ymgynghoriad â phwyllgorau diogelwch ac eraill. Serch hynny, doeddem ni ddim yn gwybod faint fyddai'n troi fyny i dalu am yr holl wariant.

Roedd y Sesiwn Fawr yma yn ŵyl newydd i bob pwrpas. Oedd, roedd tyrfa o hyd at 15,000 wedi bod yn dod i Ddolgellau yn ôl ffigyrau'r heddlu ond fyddai rhain yn dal i ddod gan fod gofyn bellach i dalu am docyn? Roedd y brif arena ar y Marian yn gallu dal hyd at 6,000, ond a fyddem yn ei llenwi? Gan fod cynulleidfaoedd Cymru yn rhai gwael iawn am brynu tocynnau ymlaen llaw, doedd dim modd gwybod sut fyddai pethau'n mynd.

Felly, wrth adael lleoliad fy ngwaith yn y Bermo'r p'nawn dydd Gwener hwnnw ac anelu am y Marian yn Nolgellau, roeddwn i fel gweddill y trefnwyr yn cymryd cam i'r tywyllwch i bob pwrpas.

Cafwyd penwythnos gwych. Roedd yr haul yn gwenu arnom trwy'r penwythnos, ond yn anffodus ni ddaeth digon trwy'r clwydi ac fe wnaed colled ar y penwythnos.

Yn anffodus, stori debyg oedd hi'r flwyddyn ganlynol, ac os oeddem fel pwyllgor wedi tynnu'n llygaid oddi ar y bêl, daeth yn amser i ni gael gafael iawn yn y bêl a pheidio gadael iddi fynd!

Roedd Cwmni Avanti wedi sicrhau y byddent yn dod â 'backline' newydd sbon efo nhw at ddefnydd y bandiau a fyddai'n ymddangos ar y prif lwyfan. Kit drymiau, stac gitâr Marshall a stac gitâr bas Marshall newydd sbon.

Y flwyddyn honno roedd y chwedlonol Burning Spear yn brif artist nos Wener. Yr un Burning Spear, neu Winston Rodney i roi ei enw iawn, a ryddhaodd yr albym reggae chwedlonol *Marcus Garvey* yn 1975. Wedi setlo yn eu gwesty daeth y band i lawr i'r Marian diwedd p'nawn Gwener ar gyfer eu 'sound check'. Roedd gennym yrrwr yn gyrru bws mini Gwerinos i'w hebrwng nôl ac ymlaen.

Dyma eu hebrwng i'r llwyfan lle roedd y 'backline' yn eu haros. Dyma Winston yn edrych ac yn troi ataf a dweud – 'You can't play reggae through Marshall amps maaan!'

Doedd dim amdani ond mynd yn ôl i'r gwesty lle roedd y 'tour-bus' a'u hoffer hwy a dod â chabinet Ampeg anferthol

Saw Doctors

Burning Spear

Neil Young a Los Pamaminos

Y Chwiorydd Bisserov

Y mur o ddur!

Anweledig yn chwarae i dorf enfawr

i lawr i'r Marian.

Wrth gwrs mae sŵn arbennig yr Ampeg yn hollol nodweddiadol o sain reggae. Roedd hi'n noson hyfryd ym mis Gorffennaf a dywedir fod Burning Spear i'w glywed ar y Garneddwen y noson honno.

Alan Stivell

Roedd Alan Stivell yn un o'm harwyr cyntaf. Dwi'n cofio'i weld ar 'Disc a Dawn' ar ddechrau'r 70au. Cefais afael ar *Renaissance of the Celtic Harp* ac *A l'olympia* yn Recordiau'r Cob a'u chwarae nhw'n dwll! Yna, yn 1972, diolch i'r diweddar Dafydd Wyn Jones, daeth Alan Stivell a'i fand i chwarae gig yn Theatr Ardudwy ac roeddwn i yno! Yn syml, roedd Alan Stivell yn rhan bwysig iawn o'm harddegau. Yn naturiol felly, roedd cael Alan Stivell i ymddangos yn y Sesiwn Fawr yn dipyn o freuddwyd. Yn 2003 bu bron i hynny ddigwydd!

Roedd gan y Sesiwn bryd hynny drefnydd cyflogedig llawn amser sef Andrew Roberts Evans. Roedd Andrew wedi gwneud cyswllt ag asiant Stivell ym Mharis ac roedd wedi cytuno i deithio i Ddolgellau. Gallwch feddwl bod hyn wedi creu dipyn o gynnwrf gan mai nid y fi yn unig a gafodd ei ddylanwadu gan Stivell yn y 70au. Cafodd cenhedlaeth o Gymry eu swyno efo Celtia Roc Stivell a bu'n ddylanwad

mawr ar grwpiau megis Ac Eraill a'r Edward H cynnar.

Roeddem wedi trefnu bod Niclas a Gwawr Davalan yn mynd i nôl y band o faes awyr Manceinion gan ddefnyddio bws Gwerinos. Roedd yn ddewis amlwg gan fod Niclas yn Llydawr a'i fod ef a'i wraig yn rhugl mewn Llydaweg a Ffrangeg. Yn anffodus cafwyd galwad ganddynt ganol dydd Sadwrn. Roedd yr osgordd wedi cyrraedd Manceinion ond roedd peth o'u hoffer yn dal ym Mharis.

Alan Stivell

Roeddwn i'n rheoli Llwyfan A ar y pryd, ac yn gwneud hynny efo Steve 'Rooster' Davies oedd yn gweithio i'r Stereophonics. Adroddais yr hanes wrtho a daeth y ddau ohonom i'r casgliad ein bod yn y lle perffaith i gael gafael ar yr offer angenrheidiol drwy fenthyg gan fandiau oedd yn chwarae yn y Sesiwn, ac felly y bu.

Erbyn i Gwawr a Niclas gyrraedd roeddem wedi llwyddo i gael pob dim oedd ar eu rhestr. Efallai dim yr union un ond rhywbeth oedd yn gwneud yr un gwaith. Wedi mynd â'r band i'w gwesty aeth tri o'u cerddorion i lawr i'r Marian efo Gwawr a Niclas. Trodd 'Rooster' ataf ar ôl iddynt gyrraedd ac yngan, "They don't want to play!" Wrth i ni ddatrys un problem, fe osodwyd un arall o'n blaenau, ond yn rhyfeddol roeddem yn symud i'r cyfeiriad iawn. Yna cyrhaeddodd Madame Stivell!

Os oedd ei fand yn anodd - roedd hon yn amhosibl!

Rhaid cofio fod y Sesiwn Fawr yn cael ei darlledu ar Radio Cymru ac S4C yn y cyfnod yma, a bwriad S4C oedd cychwyn darllediadau teledu byw nos Sadwrn gyda set Alan Stivell a hynny am 9.00. Roedd Madame Stivell yn amhosib ac wrth i'r cloc araf symud tuag at 9.00 roedd mwy o anawsterau yn cael eu gosod. Yr un olaf a gofiaf oedd bod y 'llwyfan yn rhy fach i Stivell!'

Erbyn tua 8.15 roedd pwysau mawr o bob cyfeiriad. Roedd y cynhyrchwyr teledu eisiau gwybod os oedd Stivell am gychwyn eu darllediad byw. Roedd dal posibilrwydd y byddem yn gallu perswadio'r band i chwarae, ond dim am 9.00. Bellach roedd yn hollol amlwg fod y dorf wedi dechrau chwyddo efo criw oedd am weld eu harwr, a minnau yn y canol! Wrth i'r cloc agosáu at 8.30, daeth yn amser i wneud penderfyniad. Roedd yn rhaid i'r darllediad byw gychwyn am 9.00. Efallai y byddem wedi gallu dwyn

Kate Rusby

perswâd ar Madame Stivell i'r band chwarae yn hwyrach, ond byddai hynny wedi'n gorfodi ni i newid amserlen gweddill y noson, artistiaid oedd wedi'u cytundebu i ymddangos ar amser penodedig! Yn y diwedd roedd yn benderfyniad hawdd, fyddai Stivell ddim yn ymddangos yn y Sesiwn Fawr!

'The show must go on,' ydi'r hen ystrydeb a chafwyd band oedd wedi creu argraff ar lwyfan arall i gymryd lle Stivell cyn i'r hudolus Kate Rusby barhau efo'r rhaglen. Rhaid cyfaddef fod helbulon Stivell wedi tynnu sglein oddi ar bethau i mi y noson honno. Mae Kate Rusby yn ferch hyfryd ac yn un o'm hoff gantorion gwerin ond methodd hyd yn oed Kate wneud i fyny am siom Stivell.

Yr eironi yn hyn i gyd ydi na welwyd mo'r dyn ei hun! Daeth ei gerddorion a'i wraig i'r safle ac efo nhw y buom yn ceisio dwyn perswâd ond roedd Alan Stivell yn ei westy. Mae'n debyg iddo gael ei weld yn bodio efo'i delyn am Fanceinion y bore trannoeth!

Saw Doctors

Hen hogia' iawn ydi'r Saw Doctors. Daethon nhw ddwywaith i'r Sesiwn Fawr a wnaethon nhw ddim siomi.

Y tro cyntaf iddyn nhw ddod i Ddolgellau oedd yn 2003, ac roeddynt wedi cyrraedd efo'u bws rai diwrnodau cyn y gig ar y nos Sul. Roedd yr hogiau'n mwynhau mynd am beint a chymysgu'n lleol, doedd dim byd yn fawreddog ynddyn nhw.

Tra'n cael peint un noson roedd Davy Carton, eu prif leisydd, wedi sôn y byddai'n hoffi trio'i law ar bysgota nos. A dyma rywun yn crybwyll y dylai ofyn i mi, gan mod i'n mwynhau pysgota ac yn drysorydd Cymdeithas Enweirwyr Dolgellau.

Sesiwn Fawr Dolgellau
gorffennaf 16 • 17 july 2004

Mozaic

Meinir Gwilym

Bryn Fôn

Susheela Raman

Daeth ataf i holi os oedd hyn yn bosib, a dyma fi yn mynd i siarad efo ambell un yn y clwb i ofyn os oedd caniatâd i Davy fynd i sgota. Doedd dim problem, a dyma ei gyfeirio at Lyn Halen Bach ger cymer yr Wnion â'r Fawddach lle treuliodd y noson yn pysgota.

Mae'n debyg iddo gael dipyn o lwc a bachu ambell 'sgodyn gan iddo ddiolch i mi o'r llwyfan yn ystod y gig ynghanol y glaw ar y nos Sul.

Llion James

Pan ddaeth Bryn Fôn i'r llwyfan i ganu ei encôr yn Sesiwn Fawr Dolgellau eleni, does gen i ddim cywilydd cyfaddef fod deigryn wedi cronni yn fy llygaid. Roedd yn foment emosiynol iawn i holl drefnwyr yr ŵyl. Roeddem oll erbyn hyn yn gwybod fod Sesiwn Fawr 2004 wedi bod yn llwyddiannus ac roedd gwên lydan ar wynebau'r rhai a gariodd ymlaen yn ystod blwyddyn hunllefus!

Ysgrifennwyd y geiriau uchod nôl yn 2004 yn dilyn cyfnod cythryblus iawn yn hanes y Sesiwn Fawr.

Wedi symud safle ac i bob pwrpas newid yr ŵyl yn llwyr, cawson ddwy flynedd o golledion. Yn sicr, roeddem fel trefnwyr yn naïf i feddwl y byddem yn gallu crafu colled 2002 yn ôl yn 2003. Ni wnaed digon o newidiadau sylfaenol i batrwm yr ŵyl i alluogi hyn. Yn syml, ychwanegwyd at y golled yn 2003. Tra roeddem ag adnabyddiaeth dda o'r ŵyl a drefnwyd yn ddi-golled am flynyddoedd ar y sgwâr, roedd hon yn fabi newydd. Roedd yr anghenion, y gorchmynion a'r disgwyliadau yn hollol wahanol, ac roedd pris mawr i'w dalu am bob dim. Yn syml, doedden ni ddim yn adnabod y plentyn eto. Roedd yr ŵyl hefyd yn gyflogwr ac roedd yr ail swyddog datblygu newydd ei benodi.

Yn anffodus iawn, arweiniodd ein sefyllfa ariannol at raniadau ymysg y trefnwyr. Fe gollais i a'r trefnwyr nifer o ffrindiau da yn y cyfnod yma. Ffrindiau a oedd wedi bod yn asgwrn cefn i'r Sesiwn Fawr o'r dechrau. Nid fy lle i ydi dweud pwy oedd yn iawn yma, rhydd i bob dyn ei farn ac i bob barn ei llafar. Yn gam neu'n gymwys roeddwn i, fel mwyafrif y pwyllgor, yn gweld y dylem wneud pob dim o fewn ein gallu i dalu ein dyledion. Efallai mai fy magwraeth i neu beth bynnag oedd yn mynnu hyn, ond i Emyr, Llion, Esyllt, Elfed, a minnau a nifer eraill o'r pwyllgor dyma oedd y trywydd cywir i'w gymryd. Byddai cerdded i ffwrdd a gwneud y cwmni'n fethdalwr yn anghywir yn ein tyb ni. Yn anghywir, ac yn frad i'r cwmnïau a oedd wedi ein cefnogi ar hyd y blynyddoedd.

Roedd gan y Sesiwn Fawr ddyledion ac roedd ystyried cynnal gŵyl yn 2004

Llion James

yn risg yn sicr, efallai'n 'wiriondeb'. Ym mis Chwefror 2004, daeth dau o swyddogion Cyngor Gwynedd i bwyllgor i'n rhybuddio o'r peryglon hyn, ond hefyd i roi cyngor i ni am y ffordd ymlaen. Yn ddiarwybod i'r mwyafrif recordiwyd y cyfarfod hwnnw!

Cychwynnodd hyn ar gyfnod pur annifyr. Cyfnod o dderbyn honiadau mewn ebyst yn nosweithiol. Cyfnod o fod yn destun gemau seicolegol. Rhaid cyfaddef, roedd yn gyfnod pan oeddwn yn y diwedd wedi mynd i amau os oeddem wedi cymryd y llwybr cywir. Roedd honiadau yn cyrraedd yn ddyddiol a chlywyd fod BBC Radio Cymru am wneud rhaglen ar drafferthion ariannol y Sesiwn Fawr. Dylid cofio mai amaturiaid yn gwneud gwaith gwirfoddol oeddem ni wedi'r cyfan. Doedd neb ond y swyddog yn derbyn unrhyw dâl ac roeddem oll yn rhoi o'n hamser ac yn gwneud ein gorau am ein bod yn credu fod yr hyn yr oeddem yn ei wneud yn gwneud gwahaniaeth. Roedd unrhyw arbenigedd oedd gennym wedi ei feithrin yn y 'swydd' drwy ysgol brofiad. Roedd gennym oll swyddi llawn amser ac wrth edrych yn ôl roedd hyn oll yn dreth arnom.

Bu cryn dipyn o hysbysebu ar y radio am 'drafferthion yn Sesiwn Fawr' wrth hysbysebu'r rhaglen. Yn bersonol ni allwn wrando arno, roedd cymaint o honiadau celwyddog wedi'u gwneud yn barod ni allwn wynebu gwrando ar y rhaglen ac es allan am dro tra darlledwyd y rhaglen.

Yn y diwedd, wrth gwrs, doedd dim i'w ddatgelu, doedd dim honiadau ac mae'n debyg i'r rhaglen ddweud dim mewn gwirionedd. Ond fe chwaraewyd rhan o'r tâp a recordiwyd

nôl ym mis Chwefror, a gwnaed honiadau hollol annheg ac allan o'u cyd-destun yn erbyn un o swyddogion Gwynedd.

Roedd y rhaglen yn rhyw fath o drobwynt yn sicr. Tawelodd yr honiadau a dechreuodd pawb ganolbwyntio ar yr hyn yr oeddem i fod i wneud, sef trefnu Gŵyl! Rhoddwyd cynllun busnes hyfyw a realistig yn ei le, cwtogwyd yn sylweddol ar ein gwariant drwy leihau'r arlwy yn sylweddol ond heb golli naws unigryw yr ŵyl. Cafwyd sawl cyfarfod lle roedd cryn waith dwyn perswâd ar gefnogwyr o'n hochr ni o'r stori fel petai. Yn y diwedd roedd y cynllun, ein gweledigaeth ac o bosib ein ffydd yn ddigon i blesio ein harianwyr. Gyda chymorth Cwmni Avanti, sicrhawyd gwasanaeth Cerys Matthews, a oedd yn byw yn yr Unol Daleithiau ar y pryd, fel prif artist. Hon fyddai ei gig unigol gyntaf yng Nghymru yn dilyn llwyddiant ei halbym unigol cyntaf *Cock a Hoop*. I orffen pethau ar nos Sadwrn aed am ffefryn mawr y Cymry, Bryn Fôn. Roeddem wedi torri nôl i'r bôn, ond wedi gwneud hynny mewn gwirionedd trwy leihau ar agweddau diangen. Doedd dim angen milltiroedd o ffensys, na phebyll crand. Unrhyw beth a allem ni fel trefnwyr ei wneud, byddem yn ei wneud i arbed talu i gontractwyr. Daeth Aled Griffith a'i frawd i'r adwy i osod y ffensys diogelwch, lleihawyd yma ac acw heb wneud cymaint o wahaniaeth i'r pecyn terfynol.

Cafwyd penwythnos perffaith! Cerddoriaeth wych, tywydd da ond yn fwy pwysig fyth daeth y tyrfaoedd yn eu miloedd a llwyddwyd i glirio'r holl ddyledion a gwneud elw bychan. Roedd ein 'gwiriondeb' wedi talu ar ei ganfed. Nid fy lle i yma yw dweud pwy oedd yn iawn a phwy oedd ddim; mae gennym oll resymau dros ein gweithredoedd, ond roedd y cyfarwyddwyr a'r pwyllgor yn bobl hapus iawn ar ddiwedd Sesiwn Fawr 2004.

Talu Cerys Matthews

Roeddwn i'n drysorydd y Sesiwn Fawr rhwng 2002 a 2008 ac roedd yn gyfnod braf iawn. A finnau'n cadw busnes yn y dref doedd ochr ariannol pethau ddim yn ddieithr i mi, ond roedd y busnas 'rock and roll' 'ma'n hollol ddieithr. Gan mai fi oedd yn talu, a chyn dyddie'r *online banking* 'ma, roeddwn yn cael cyfle i gyfarfod a siarad efo'r artistiaid 'ma ac roedd Gwenan fy ngwraig wrth ei bodd yn eu cyfarfod hefyd.

Dwi'n cofio'r pnawn pan gyrhaeddodd Cerys Matthews i'r Sesiwn Fawr yn 2004, roeddwn i a Gwenan gefn llwyfan pan ofynnodd Gwenan i mi.

"Ti di talu Cerys Matthews?"

"Do," atebais innau. Siŵr Dduw mod i wedi talu, ond roedd Gwenan yn chwilio am esgus i fynd draw at Cerys.

"Ti'n siŵr...ella sa'n well i ti jecio bod pob dim yn iawn?"

A ffwrdd â ni i garafán Cerys Matthews lle cawsom groeso.

"Pob dim yn iawn, gobeithio?"

"Ydi, ond does neb wedi bod yma i weld os dwi angen rhywbeth."

Dyma Gwenan yn edrych arna'i...

"Dos di wan Llion, wna'i aros i edrych ar ôl Cerys..."

Ac yno y bu am y pnawn yn gweini ar Cerys ac wrth ei bodd.

Llion James

Yn dilyn llwyddiant 2004, roedd teimlad braf iawn ymysg y trefnwyr wrth ddechrau ymrafael â trefniadau 2005. Wedi ymddangosiad Cerys Matthews y flwyddyn cynt roeddem yn awyddus i ddilyn y llwybr yma a cheisio denu un arall o enwau mawr 'cool Cymru' i'r Sesiwn.

Gyda chydweithrediad Avanti llwyddwyd i sicrhau gwasanaeth neb llai na'r Super Furry Animals. Ar gyfer cau nos Sadwrn, daeth Anweledig, Estella a Vates dan yr enw Estynedig a mentrwyd i fyd rap a beat bocsio am y tro

T yn ogystal. Roedd y Simpsons yn boblogaidd iawn yn y 90au ac roedd Gruff yn sicr yn 'ffan'. Gwnaeth lun o Homer yn chwarae banjo efo tant yn torri ac yntau'n yngan y geiriau 'didl di didli di DOH!' Profodd y crys yma'n boblogaidd iawn ar y pryd.

Mae llawer o'r crysau wedi'u cynllunio'n seiliedig ar boster y flwyddyn a throdd aelodau o'r pwyllgor neu eu teuluoedd eu llaw at ddylunio crys neu ddau.

Pobl crys T a jîns ydy pwyllgor y Sesiwn at ei gilydd ond cofiaf un flwyddyn i aelod o'r pwyllgor fynnu ein bod yn archebu crysau polo! Doedden nhw ddim yr un peth rhywsut... mwy parchus!

Yn fwy ddiweddar defnyddiwyd y ffaith fod Ewro 16 yn cael ei gynnal a dyluniwyd crys ar ffurf crys pêl-droed coch a brofodd yn llwyddiannus iawn. Yn yr un modd dangosodd y Sesiwn Fawr ei chefnogaeth i'r frwydr dros annibyniaeth Cymru trwy gynhyrchu crys 'Yes Sesiwn' sy'n boblogaidd iawn.

yn methu rheoli eu chwerthin! Roedd y cwmni yn dal yn y broses o leoli y toiledau o amgylch y maes ac roedd y portaloo a ddewisodd o wedi cael ei godi a'i adleoli gerfydd craen!

Dim trefn, gwallgofrwydd, chwys, a sŵn!

Geraint 'Taid' Edwards

Yn ôl yn 2004, cefais wahoddiad i ymuno â'r Pwyllgor, ac roedd yn gryn agoriad llygaid. Roedd gweld y fath drefniadau ar waith gan griw bychan o wirfoddolwyr yn anodd i'w amgyffred i hogyn 16 oed. Wedi blwyddyn o wylio trefniadau a syniadau yn symud o ryw sgribl ar bapur, yn gymal yn y cofnodion ac yna yn fand ar lwyfan, yn 2006, gofynnwyd a hoffwn drefnu llwyfan draw yn y Clwb Rygbi, gan ddenu bandiau newydd y Sîn Roc Gymraeg – doedd dim llaesu dwylo i fod i unrhyw un ar Bwyllgor y Sesiwn!

Roedd y dychymyg ar drên! Treuliwyd nosweithiau yn twrio drwy dudalennau Maes-e yn chwilio am y gig nesaf a pha enwau oedd yn creu rhyw gyffro ar lawr gwlad. Roeddwn yn crwydro'r sir a chrwydro Cymru yn mynd o un gig i'r llall yn chwilio am fandiau ac enwau anghyfarwydd i minnau ond oedd yn amlwg â dilyniant cryf yn eu hardal. Os oedd drysau gig yn agor am 7yh, roeddwn yno mewn da bryd i weld bandiau cyntaf y noson, ac yn aml yn sefyll mewn ystafell gefn tafarn ar ben fy hun bach â pheint o Guinness mewn llaw nes i bawb arall gyrraedd o'u pybcrôls tua'r 9. Roedd amryw o fandiau yn danfon CDs ataf, ges ambell lythyr gan eraill yn gofyn imi wrando ar eu caneuon ar eu tudalen MySpace - y ffyrdd hynny o wrando cerddoriaeth ymron yn angof bellach!

Roedd cryn chwilio, gwrando, meddwl, gwrando mwy, dewis a dethol cyn cyhoeddi pwy oedd ar lein-yp y llwyfan, ac o edrych yn ôl, roedd llu o fandiau a cherddorion cwbl wych, Cowbois Rhos Botwnnog, Pala, Derwyddon Dr

Ger Taid

Gonzo, Bob, Plant Duw, Eryr, Threatmantics, Pwsi Meri Mew, Yr Ods, Yucatan, Y Gwyddel, a mwy.

Roedd y cynllun yn syml, ond go wallgof: deg i ddeuddeg band rhwng 1.00 a 9.00; setiau byr a chyflym; *chenjofyr* o 10 munud rhwng pob band; gwasgu pawb fewn drwy'r drws. Os oedd rhywun isio *soundcheck*, 'jyst dechreuwch ganu, wneith y dyn sain sortio popeth arall' oedd y neges. Roedd y tempo'n uchel a phopeth ar ras wyllt, y dorf yn mynd a dod yn llanw mawr a thrai, y cwrw'n llifo fesul casgen dros y bar mewn gwydrau oedd yn cael eu tywallt i bobman wrth i bawb neidio i guriad y gân - doedd dim un crys sych ar gefn neb, roedd yr aer yn drwm o fwg sigaréts a bandiau yn aml yn gorfod brwydro drwy'r gynulleidfa i gyrraedd y llwyfan.

Yn 2006, roedd Cowbois Rhos Botwnnog ar y lein-yp, a rhaid imi gyfaddef nad oeddwn yn sylwi mor boblogaidd oeddynt ym Mhen Llŷn ar y pryd (mae'r nosweithiau yn Nhŷ Newydd Sarn yn chwedlonol bellach). Heidiodd tyrfa draw i'r Clwb Rygbi i'w gweld, ac yn fuan iawn sylwyd fod llawer mwy yn yr ystafell nag oedd i fod yno, doedd neb yn gallu symud mwy na chwe modfedd i unrhyw gyfeiriad. Dyma roi stop ar ragor yn dod fewn, rhyw ymdrech ar drio adfer mymryn o reolaeth a threfn ar bethau, cyn imi glywed llais Gareth Titch o'r bar yn gweiddi "Ger, be' blydi hel ti'n neud? Mae pobl yn dal i ddod fewn!" Dyma ddringo i ben bwrdd i drio gweld beth aflwydd oedd yn digwydd, a sylwi fod y dorf wedi agor y ffenestri led y pen a phobl yn dringo fewn drwyddynt! Dechreuodd set Cowbois, ac aeth hi'n ferw yno. Roedd y dorf yn un haid blêr o ddawnsio ac yn morio canu 'Musus Glaw', 'Dim digon o bres i brynu cocên yn Botwnnog', a 'Y Moch'. Roedd setiau'r Cowbois bryd hynny'n bur egnïol, rhyw bymtheg cân mewn namyn 25 munud a dim siarad rhyngddynt, fe siwtiodd y llwyfan i'r dim.

Roedd fy niffyg profiad o drefnu digwyddiadau yn arwain at ddiffyg trefn llwyr ar brydiau, ond roedd hynny hefyd rywsut yn llwyddo i weithio o mhlaid. Yn 2007, fe ddaeth y glaw yn donnau Mabinogaidd dros Ddolgellau. Roedd digwyddiadau hyd Cymru benbaladr wedi eu gohirio, heblaw am y Sesiwn. Ar lein-yp y prif lwyfan y flwyddyn honno oedd Derwyddon Dr Gonzo, a siŵr eu bod yn hogiau oedd yn byw mewn gobaith rownd y rîl, gan eu bod yn

bwriadu canu yn Wakestock Abersoch tua'r hanner dydd, ac ar lwyfan mawr y Sesiwn tua 4. Fodd bynnag, wedi dilyw nos Wener, penderfynodd trefnwyr Wakestock ohirio'r Sadwrn yn llwyr gan arwain at filoedd yn gadael yr ŵyl yn un dagfa ar y lôn o Lŷn, a'r Derwyddon yn eu mysg. Yn anochel, methwyd cyrraedd Dolgellau mewn pryd. Draw yn y Clwb, doeddan ni ddim am eu gweld yn dychwelyd i Gaernarfon yn ddi-gig, a threfnom efo'r bandiau eraill fod y Cowbois am ddechrau eu set 15 munud yn hwyrach, a fod y ddau fand cynt yn cwtogi eu set o ryw 10 munud ac efo chenjofyr anhygoel o chwim, a llwyddwyd i wasgu'r Derwyddon i'r lein-yp.

Rhaid cyfaddef, o edrych yn ôl, mai prin iawn oedd y merched ar y llwyfan ar y pryd. Allai'm cofio na meddwl am reswm dros hyn. 'Dwnim os mai sîn oedd 'llawn hogiau' oedd hi ar y pryd, neu os mai rhyw sain penodol roeddwn yn chwilio amdano, neu os mai diffyg profiad a bod yn ddifeddwl o'm rhan innau oedd ar fai, ond mae'r peth wastad wedi bod yn rhywbeth sydd wedi bod yn crafu yng nghefn fy mhen ac yn destun cywilydd gennyf. O weld enwau'r sîn heddiw, byddwn wrth fy modd yn rhoi cynnig ar drefnu llwyfan o'i fath eto a gwneud 'yn iawn' am fy ngham bymtheg mlynedd yn ôl. Yn ystod y blynyddoedd diwethaf, mae Casi Wyn, Adwaith, Georgia Ruth, Serol Serol, Ani Glass, Cadno, Eädyth, Anelog, Eve Goodman ac Alys Williams oll yn leisiau gwefreiddiol, a dwi'n teimlo mai ganddynt hwythau mae'r gerddoriaeth a'r sain fwyaf cyffrous ar hyn o bryd, sy'n sicr yn haeddu mwy o sylw ymysg cyfryngau a gwyliau Cymru.

Ond ia, o gofio nôl, roedd hi'n lwyfan fach wych, yn guddfan i bobl ifanc, yn ynys fach o leisiau newydd yng nghanol yr enwau mawr oedd yn canu ar lwyfannau'r Sesiwn bryd hynny. Roedd y diffyg trefn, yr afon o gwrw ar lawr y Clwb, y sŵn byddarol ar brydiau, yr heidiau mewn un ystafell fach, a'r disgwyliadau hurt bost y gall bandiau o hanner dwsin a mwy gyfnewid eu hoffer ar y llwyfan mewn llai na 10 munud a dim dewis ond bwrw ati a chanu, roedd y pethau hyn oll yn creu llwyfan go unigryw a chyffrous. Ond un rôl bach yw'r gwaith o drefnu; yn y pendraw, rhaid imi fod yn ddiolchgar i'r bandiau am ddilyn y drefn (neu'r diffyg trefn!), ac i'r torfeydd a greodd anhrefn!

2007 – HWYLIO YN ERBYN Y GWYNT

Roedd y proffwydi wedi gaddo! Roeddwn innau wedi bod yn syllu ar y glaw trwy ffenest fy swyddfa trwy'r dydd! Bron yn ymbil ar y glaw i beidio. Roedd diwrnod olaf y tymor ysgol yn gallu bod yn rhwystredig iawn ar adegau. Cymaint i'w wneud ond eto doedd y meddwl ddim 100% yn y swyddfa. Wedi clirio fy nesg – o fath – naid i'r car ac am Ddolgellau.

Roedd hi tua hanner awr wedi pedwar ar b'nawn dydd Gwener, Gorffennaf 20^{fed} 2007. Roeddwn i ac Emyr yn eistedd yn y swyddfa docynnau ger prif fynedfa'r Sesiwn Fawr. Roedd hi wedi bod yn bwrw hen wragedd a ffyn drwy'r dydd. Roedd llifogydd mawr ymhob rhan o'r wlad. Dim rhyw gawod oedd hon ond modfeddi o law a oedd wedi bod yn disgyn drwy'r dydd.

Fel arfer yr adeg yma byddai pobl wedi bod yn prynu tocynnau drwy'r dydd a byddai'r dref bellach yn dechrau llenwi. Ond heno roedd hi'n dawel ar wahân i guro'r glaw ar do dur y swyddfa.

Roeddem yn gwybod bryd hynny ein bod yn wynebu colledion mawr dros y penwythnos.

"Be da ni'n mynd i wneud?" oedd y cwestiwn oedd ar wefusau'r ddau ohonom. Ond mewn gwirionedd doedd gennym ddim dewis. Roedd cytundebau wedi'u harwyddo, roedd pob dim technegol yn ei le, roedd yn rhaid cario mlaen ac roedd ein arena ni ar dir cadarn, dim ar wair a fyddai'n troi'n fôr o fwd. Byddai gohirio'r Sesiwn yn golygu colled enfawr. O leiaf wrth gario mlaen roedd gobaith i gynulleidfa droi fyny a thalu ar y giât.

Dyna brif broblem digwyddiadau yng Nghymru ar y pryd. Ychydig iawn o docynnau a werthid ymlaen llaw. Roedd cymaint o'r feddylfryd 'O, wna'i dalu ar y drws'. Wrth gwrs os oedd rhywbeth fel y tywydd yn troi fydden nhw ddim yn dod.

Roedd y glaw wedi'i broffwydo ac am unwaith roedd y proffwydi'n gywir. A hithau'n ddiwrnod olaf y tymor ysgol, rhaid cyfaddef i mi dreulio cryn dipyn o'r diwrnod yn edrych allan drwy'r ffenestr, ond doedd dim paid ar y llifeiriant.

Roeddem yn gyffrous iawn am y rhaglen y flwyddyn honno. Roedd y trwbadŵr o'r Unol Daleithiau, Steve Earle,

Steve Earl a Allison Moorer

Gohirio Wakestock ond Sesiwn Fawr yn brwydro mlaen drwy'r dŵr

gan Fflur Rees Williams

am ymddangos, y chwedlonol Dubliners, ac roedd Genod Droog am orffen i ni nos Sadwrn. Rhaid cyfeirio at Damien Dempsey yma. Roedd o a'i fand wedi teithio o Lundain i Ddolgellau y diwrnod hwnnw. Roeddynt wedi gorfod cael eu dargyfeirio sawl gwaith oherwydd llifogydd ac wedi dreifio drwy ddŵr ar sawl achlysur. Ond roeddent wedi cyrraedd, a chafwyd sioe

Genod Droog

arbennig ganddo ef a'i fand. Wrth gwrs roedd nifer wedi sicrhau eu tocynnau ymlaen llaw i weld Steve Earle ac roedd tyrfa ddigon teilwng yn ei wylio yn wlyb at eu crwyn. Yr hyn na ddigwyddodd oedd y cannoedd a fyddai fel arfer yn troi fyny a phrynu tocyn ar y giât. Ystyriwch, os ydi tocyn yn, dyweder, £20, ac os oes 100 yn cadw draw, yn syml mae o'n golygu £2,000 yn llai ar y giât. Roedd ein niferoedd i lawr dipyn mwy na 100 y penwythnos hwnnw.

Clywsom fod Gŵyl Wakestock fel llawer digwyddiad y penwythnos hwnnw wedi'i ohirio oherwydd y tywydd. Gorfodwyd i ninnau ohirio digwyddiadau oedd i gymryd lle ar gae y Marian a olygai na welem lawer o artistiaid gan gynnwys Cate Le Bon, Lowri Evans na Gwyneth Glyn y flwyddyn honno. Ond aeth y sioe yn ei blaen. Erbyn diwedd perfformiad arwrol Steve Earle roedd y glaw yn dechrau cilio, ac erbyn i Maffia Mr Huws ddod i'r llwyfan i orffen y noson roedd hi'n sych. Ychydig iawn o'r haul welwyd y penwythnos hwnnw ac roedd cymylau tywyll yn cyniwair uwch ein pennau ni fel trefnwyr yn ogystal.

Torriad papur newydd am y Dubliners

IRISH CHARMERS
The Dubliners are coming to wow the Welsh

Duffy – Gwell aderyn Mewn Llaw...

Yn flynyddol, un o'r tasgau mwyaf pleserus ynglŷn â'r Sesiwn Fawr ydi dewis, cysylltu, trafod a bargeinio efo'r amrywiol artistiaid.

Dros y blynyddoedd bu sawl artist yn agos iawn i berfformio yn y Sesiwn, ond am wahanol resymau ni ddigwyddodd. Yn eu plith Manic Street Preachers, Feeder ac Amy McDonald.

Roedd Duffy yn hynod o agos i berfformio yn y Sesiwn yn 2008. Wedi gwneud colled yn 2007 roedd cael 'line-up' gref yn holl bwysig ar gyfer 2008.

Dwi wastad wedi cadw nghlust i'r daear fel petai-byddwn yn derbyn degau o 'demos' gan wahanol fandiau. Byddwn hefyd yn darllen y wasg gerddorol er mwyn gweld pwy oedd am fod yn

boblogaidd ac ati. Gan ei bod yn dod o Nefyn ac eisoes wedi ymddangos ar Waw Ffactor doedd Duffy ddim yn enw dieithr. Yn ystod haf a hydref 2007 roedd mwy a mwy o sôn am Duffy yn y wasg gerddorol. Wedi perswadio'r pwyllgor, dyma gysylltu â'i hasiant yn yr hydref. Roedd y trafodaethau yn mynd yn dda. Roeddwn reit gyffrous, wedi'r cyfan, dyma artist a allai fod yn dipyn o enw yn 2008.

Yn dilyn cytuno ar ffi, roeddem bron a rhoi pob dim yn ei wely cyn gwyliau'r Nadolig 2007. Roedd erthygl wedi ymddangos yn y Daily Post yn nodi ei bod yn edrych ymlaen at ddod i ganu yn y Sesiwn Fawr. Beth allai fynd o'i le?

"Do you mind if we leave confirmation until January?" gofynnodd yr asiant. Cytunais, gan nad oedd opsiwn mewn gwirionedd.

Wrth gwrs mae beth ddigwyddodd nesaf yn hanes! Rhyddhawyd y sengl Rockferry ym mis Rhagfyr i fawr o sylw, ond fe ymddangosodd ar raglen Later efo Jools Holland cyn y 'Dolig ac eto wedyn ar ei sioe Hootenanny nos Galan. Dros nos roedd y ferch o Nefyn wedi mynd

Endaf Emlyn

yn enw mawr. Pan gysylltwyd â'r asiant yn Ionawr roedd pethau wedi newid wrth gwrs.

Roedd yr hyn ddigwyddodd i Duffy wedi'i gynllunio'n ofalus gan ei thîm, a phan ryddhawyd yr albwm Rockferry ym mis Mawrth 2008 roedd eisoes yn seren, a saethodd yr albwm i fyny'r siartiau. Aeth bob dim fel watch iddi.

Wrth gwrs fe adawodd hyn y Sesiwn Fawr efo tipyn o fwlch i'w lenwi mewn blwyddyn a allai fod yn dyngedfennol.

Gwnaed y golled ddisgwyliedig yn 2007. Roedd yn rhaid adfer y sefyllfa rywsut, a'r ffordd orau i wneud hynny yn ein tyb ni oedd drwy gynnal gŵyl arall yn 2008. Roeddem eisoes wedi gwneud hynny, a theimlem yn hyderus y gallem lwyddo eto. Yn anffodus roedd gan dywydd Cymru syniadau eraill.

Roedd blas gogledd Affrica a'r Sahara i arlwy nos Wener y flwyddyn honno efo'r Bedouin Jerry Can Band ac hefyd Justin Adams a Juldeh Camara yn ymddangos. Yn anffodus ni chafwyd tywydd tebyg i'r ardal honno o'r byd. Cofiaf wylio Justin a Juldeh yn chwarae drwy'r gwynt a'r glaw a Juldeh wedi'i wisgo mewn kefiyyeh traddodiadol. Dwi'n siŵr bod y creadur yn rhynnu!

Doedd pethau ddim wedi gwella erbyn i Natacha Atlas gamu i'r llwyfan. Roedd hi'n dal yn oer, yn gwneud cawodydd digon gaeafol er iddi hi geisio'i gorau i gynhesu'r dyrfa. Yn anffodus rywsut wnaeth Huw Chiswell ddim taro'r nod chwaith. Roedd niferoedd wedi cadw draw oherwydd y tywydd ac roeddem bellach yn dibynnu ar gynulleidfa fawr dydd Sadwrn.

Fe welwyd ychydig o'r haul ar y Sadwrn ac yn sicr cafwyd perfformiadau cofiadwy iawn. Wedi sawl ymgais aflwyddiannus roeddem wedi llwyddo i berswadio Endaf Emlyn i ymddangos ac i gynnwys perfformiad o *Salem* yn ei set. I un a dyfodd i fyny ar ddechrau'r 70au, roedd rhyddhau *Salem* yn foment bwysig iawn i gerddoriaeth Gymraeg. Roedd yn albwm ddylanwadol iawn ac yn un a dorrodd dir newydd ar y pryd, ond doedd hi 'rioed wedi cael ei chwarae'n fyw. Roedd Endaf wedi dod â band oedd yn cynnwys 'who's who' cerddoriaeth Cymru ar y pryd a wnaeth o ddim siomi. O nodau cyntaf yr organ yn 'Oedfa'r Bore' roedd y gynulleidfa wedi'u hudo efo Endaf draw i Ardudwy. Un o'r eiliadau yna sy'n mynd i aros yn y cof. Aeth Endaf ymlaen i berfformio'r albym yn ei chyfanrwydd ac wedyn ymlaen at glasuron eraill gan gynnwys nifer oddi ar *Dawnsionara*, un arall o'r albyms gorau yn y Gymraeg.

Roedd y Saw Doctors wedi eu gwadd yn ôl i orffen nos Sadwrn i ni, ac wrth gwrs wnaethon nhw ddim siomi. Ond, erbyn hyn roedd realiti'r sefyllfa yn dechrau gwawrio arnom ni'r trefnwyr wrth i ni ddechrau clywed y niferoedd a ddaeth drwy'r giât. Hanner gwylio'u set ar fonitor cefn llwyfan oedd hi i ni, tra'n pwyllgora a phoeni am y dyfodol.

A finne'n ifanc a brwdfrydig i gychwyn gwahanol fentrau lleol byddai fy mam yn dweud yn aml:

"Mae ddigon hawdd i ti gychwyn y pethau 'ma, eu cadw nhw fynd ydi'r gwaith caled."

Roedd mam yn iawn wrth gwrs. Ac roedd y blynyddoedd nesaf am wneud i ni wynebu realiti'r geiriau yn fwy nag erioed.

Yn dilyn Sesiwn Fawr 2008, ar ei gwaethaf roedd dyled yr Ŵyl yn sefyll ar £78,000! Roedd penderfyniad y Cyfarwyddwyr i beidio cynnal gŵyl yn 2009 yn un hawdd. Penderfyniad anoddach oedd yr un i gario mlaen a cheisio talu'n dyledion.

Roedd hwn yn gyfnod pryderus dros ben, cyfnod o geisio'n gorau i gadw'r blaidd o'r drws neu yn yr achos yma y bwmbeili o'r drws! Cyfnod o siarad efo'n credydwyr gan obeithio dod i gytundeb oedd hwn. Roeddem yn nabod, ac wedi cydweithio efo'r bobl yma dros gyfnod o flynyddoedd ac roeddem yn awyddus i'n perthynas barhau. Roedd y mwyafrif llethol yn deall ein sefyllfa ac yn cydymdeimlo, ond wrth gwrs doedd pawb ddim. Roedd cyrraedd adref o'r gwaith i agor post y dydd yn orchwyl dyddiol, dychrynllyd iawn! Cafwyd sawl llythyr yn bygwth ein galw i'r llys ond rhywsut llwyddwyd i ddwyn perswâd bob tro. Ac yn raddol, o dipyn i beth, diolch i ymdrechion diflino Emyr, y cyfarwyddwyr a minnau llwyddwyd i sefydlogi'r cwmni.

Os oedd y blaidd ddim bellach yn eistedd o flaen y tân, roedd yn sicr yn dal o gwmpas y tŷ, ond wrth i ymdrechion fel Clwb 100 Cyfeillion y Sesiwn, Ocsiwn Addewidion a'u tebyg ddechrau codi arian roedd y ddyled yn cael ei lleihau'n raddol. Rhyddhaodd Celt 'Cash is King' sef albwm fyw o'r Sesiwn Fawr gan gyfrannu eu helw i'n coffrau'r. Ac o un i un roedd y credydwyr yn cael eu talu. Roedd y bleiddiaid yn dechrau cael eu hel o'r ardd!

Ni fu Sesiwn Fawr yn 2009, ond fe gafwyd sesiwn fach! Cyfle i ffrindiau ddod at ei gilydd i chwarae chydig o gerddoriaeth byrfyfyr. Trefnodd Ger Taid Ŵyl y Gadair Goch yn 2010 ar ffurf debyg. Dim gigs fel y cyfryw, ond cyfle i ymlacio ymysg ffrindiau. Rhaid cyfaddef ar nodyn personol, doeddwn i ddim yn cael llawer o gyfle i sesiyna dros benwythnos y Sesiwn Fawr, felly roedd cael diwrnod yn taro'r bodhran ac ymlacio dros beint neu ddau yn beth pleserus iawn.

Er nad oeddynt yn fodlon cyfaddef eu bod yn gwneud llawer o elw dros benwythnos y Sesiwn, roedd y gymuned fusnes leol yn dechrau gweld ei cholli. Roedd arian penwythnos y Sesiwn yn sicr yn help dros fisoedd oer y gaeaf. Yn 2010/11 cynhaliwyd sawl cyfarfod cyhoeddus i drafod os oedd unrhyw ffordd ymlaen i'r Sesiwn Fawr. Byrdwn y cyfarfodydd yma oedd bod teimlad o golled yn dilyn tranc y Sesiwn Fawr ac y byddai'n braf ei hadfer mewn rhyw ffordd. Roedd teimlad hefyd, na fyddai neb o'r pwyllgor yn anghytuno efo, ei bod wedi mynd yn rhy fawr; ei bod wedi colli ei chysylltiad efo'r gymuned, ei bod rhywsut wedi colli ei ffordd a bod angen dod â hi adref!

Tra roedd nifer o'r pwyllgor trefnu wedi gadael yn 2008, daeth nifer o aelodau ifanc newydd i gymryd eu lle. Roedd yma egni a brwdfrydedd o'r newydd a brofodd yn heintus i ambell un a ddylai erbyn hyn wybod yn well! Gwnaed penderfyniad i gynnal Sesiwn Fawr Dolgellau unwaith eto yn 2011.

Mynediad am Ddim

HAWDD CYNNAU TÂN

Felly, ar ôl dwy flynedd o hoe a hynny wedi croesawu llawer o aelodau newydd i'r pwyllgor aed ati i drefnu Sesiwn Fawr 2011. Wrth reswm roedd y rhai ohonom a oedd wedi bod drwy'r felin yn nerfus ac am sicrhau na fyddem yn cymryd unrhyw gam gwag. Ond roedd yn hawdd rhywsut meddwl am hon fel endid newydd. Roedd yma aelodau newydd ifanc ar y pwyllgor, nifer wedi tyfu fyny efo'r Sesiwn Fawr yn rhan o'u bywydau. Roedd yn bwysig nad oeddem ni 'hen stejars' yn harthio 'mlaen am y sesiynau mawr a fu ond yn hytrach yn cychwyn ar daith newydd efo gŵyl newydd i bob pwrpas.

Roedd rhaglen yr Ŵyl, a gynhaliwyd mewn pabell ger y Clwb Rygbi, yn adlewyrchu'r ffresni newydd yma efo nos Wener yn cynnig y gorau o'r SRG – Yr Ods, Candelas, Swnami, Creision Hud a Crash Disco a Cowbois Rhos Botwnnog yn gorffen. Roedd teimlad mwy traddodiadol i'r nos Sadwrn efo Mynediad am Ddim, Steve Eaves a Calan ifanc ar y llwyfan.

Sesiwn Fawr mewn dyled o £52,000

Dyn gwyrdd y Gwernan

Dyn Gwyrdd y Gwernan

fwyell uwch ei ben cyn ei gostwng gyda nerth ei freichiau ifanc i ladd y wiber yn y fan a'r lle.

Bu dathlu mawr yn Llanfachreth yn nhranc Gwiber Coed y Moch

Mae Dyn Gwyrdd y Gwernan yn ôl traddodiad lleol yn trigo yn nyfnderoedd y llyn. Dywedir mai y dyn gwyrdd yma sy'n gyfrifol am dynnu'r niwl i lawr ar Gader Idris.

Felly, ar bnawn Sadwrn ym mis Gorffennaf, Sesiwn Fawr 2011 cafwyd yr ymffrost gyntaf rhwng Dyn Gwyrdd y Gwernan a Gwiber Coed y Moch! Roedd model digon amrwd o'r wiber wedi'i greu ac roedd grŵp o blant yn barod i'w gario. Roedd yr arwr Tony Hodgson wedi cynnull grŵp o ddawnswyr at ei gilydd, i gyd mewn gwisgoedd gwyrdd ac efo un cawr cyhyrog yn eu canol fel y Dyn Gwyrdd ei hun. A dyna fel bu hi, dim ymarfer a dim llawer o drefn ond yn heulwen yn prynhawn hwnnw cafwyd golygfeydd digon rhyfeddol ar sgwâr Dolgellau wrth i'r Dyn Gwyrdd gadw'r Wiber yn dawel am flwyddyn arall.

Dros y ddwy flynedd nesaf cynhaliodd Ben a Jerry Davies o Gorwen weithdai yn yr ysgol gynradd leol i greu modelau gwych o'r Wiber a'r Dyn Gwyrdd a datblygwyd y syniad wrth i Ddawns i Bawb gynnal cyfres o weithdai yn yr ysgolion lleol yn arwain at orymdaith liwgar, wych ar brynhawn Sadwrn yr Ŵyl efo Geraint 'Jacob' Davies a phibwyr o Abertawe yn arwain y cyfan. Rhywbeth a brofodd yn

Dyma'r flwyddyn y gwelwyd Dyn Gwyrdd y Gwernan a Gwiber Coed y Moch am y tro cyntaf. Roeddwn wedi gweld rhaglen deledu yn dangos rhai gwyliau gwerin yn Lloegr oedd yn dathlu chwedl neu ddigwyddiad lleol drwy ddawns neu gân a dyma feddwl, tybed allem ni wneud rhywbeth tebyg. Roedd un ŵyl lle byddai'r dref yn cael ei rhannu'n ddau a byddai ymffrost ddawns flynyddol – y gwyrdd yn erbyn y coch! Dyma ddechrau meddwl am chwedlau lleol i'r ardal, ac er nad oedd perthynas o fath rhwng y ddwy chwedl – pam ddim?

Yn ôl y chwedl roedd gwiber yn byw yng Nghoed y Moch yng nghwmwd Machreth Sant a oedd yn ofid mawr i'r trigolion. Byddai'r anghenfil yn gloddesta'n ddyddiol ar eu hanifeiliaid gan beri ofn a dychryn a thlodi trwy'r ardal.

Un noson roedd bugail ifanc ar ei ffordd adref ac yn cerdded heibio Llyn Cynwch pan welodd y wiber yn cysgu ger y glannau. Roedd y wiber yn amlwg wedi bwyta cymaint yn ystod y dydd fel ei bod wedi syrthio i gysgu ar lan y llyn.

Gwelodd y bugail ei gyfle gan redeg nerth ei draed i'w dyddyn i nôl bwyell. Dychwelodd at lan y llyn gan godi'r

Gwiber Coed y Moch

lwyddiant mawr wrth i rieni ddod i weld eu plant yn cymryd rhan ac ymuno yn yr hwyl.

Roedd y Sesiwn Fawr ar ei newydd wedd yn llwyddiant; bu Cwmni Rondo Media yn ffilmio'r cyfan ac fe ddangoswyd rhaglen o uchafbwyntiau ar S4C. Doedd y babell ddim yn llawn yr un noson, ond gwnaed ychydig o elw oedd yn deimlad braf iawn ynddo'i hun. Roeddem wedi bod trwy'r felin yn llythrennol am dair blynedd a bellach roedd y llygedyn o olau ymhen y twnnel du wedi tyfu'n sylweddol .

riSesiwn!

Yn dilyn llwyddiant cymharol 2011, aed ati'n frwdfrydig i drefnu Sesiwn Fawr 2012 a fyddai'n nodi ugain ers y cychwyn. Byddai'r Ŵyl yn dilyn patrwm tebyg i'r flwyddyn cynt a brofodd yn bur lwyddiannus. Roeddem wedi cysylltu â nifer o fandiau ac wedi gwneud ambell gytundeb mewn egwyddor ar lafar pan glywsom na fyddem yn derbyn y nawdd llawn gan Gyngor Celfyddydau Cymru. Roedd hon yn ergyd, ond nid yn ergyd farwol. Roeddem mewn sefyllfa i gwtogi cryn dipyn ar yr arlwy a rhoi Sesiwn Fawr o fath ymlaen.

Wedi cysylltu â nifer o'r bandiau roeddynt at ei gilydd yn deall y sefyllfa ond roedd un band yn bygwth Undeb y Cerddorion arnom am 'dorri cytundeb'! Ni fyddem, medde nhw, yn cael cynnal gŵyl dan yr enw Sesiwn Fawr Dolgellau yn 2012 gan y byddai hynny'n torri'r cytundeb rhyngom ni a nhw. Bras gytundeb llafar oedd yn bodoli gyda llaw. Dwi'n eithaf sicr mai 'blyff' oedd yr holl beth, ond yn sefyllfa'r Sesiwn Fawr ni allem fentro gamblo.

Felly wedi tipyn go lew o bwyllgora penderfynwyd cynnal 'gŵyl' a chafwyd enw addas ac amserol iawn iddi dan yr amgylchiadau sef – **riSesiwn**. I farchnata, defnyddiwyd y poster enwog hwnnw a ddefnyddiwyd gan y blaid Dorïaidd yn 1970 o'r ciw yn un llinell hir tua allan i'r swyddfa dôl ac yn lle 'Labour isn't Working' cafwyd –

'riSesiwn yn Nolgellau'.

Gan nad oedd cyfalaf i dalu am babell, roedd yn rhaid darganfod lleoliadau eraill addas o fewn Dolgellau. Tu ôl i Westy'r Llong yng nghanol y dref mae cwrt eang sy'n cael ei ddefnyddio fel maes parcio i'r gwesty. Roedd cysgod hefyd ar un pen i'r cwrt oedd yn creu lleoliad sych rhag yr elfennau, a allai fod yn ddelfrydol. Defnyddiwyd y cwrt yma fel lleoliad yn y Sesiwn gyntaf nôl yn 1992.

Wedi trafodaeth efo'r rheolwr, daethpwyd i gytundeb y caem ddefnyddio'r cwrt. Aed ati wedyn i ychwanegu ambell leoliad arall fel Tŷ Siamas ac roedd gennym Ŵyl!

Wrth edrych yn ôl heddiw, mae'r penderfyniadau a wnaed yn 2012 wedi bod yn allweddol i lwyddiant presennol yr Ŵyl. Gan na allem fforddio cynnal 'gŵyl mewn pabell' aed ati i edrych ar Ddolgellau fel lleoliad a gwreiddio'r Sesiwn Fawr yn ôl yn ei chymuned unwaith eto. Dechreuwyd edrych ar bob siop, pob caffi neu dafarn a hyd yn oed pob gardd fel lleoliad posib. Wrth gwrs roedd perchnogion y lleoliadau hyn yn falch iawn o'n croesawu gan y byddai'n denu busnes.

Fel hyn y deuthum i ddarganfod ein 'Cwrt Bach Cudd' tu ôl i Siop Gwyndy a oedd ar y pryd dan berchnogaeth yr hyfryd David a Carol Rossiter. Mae'r lleoliad sydd wedi'i guddio yng nghanol y dref yn union fel gardd fechan ger Môr y Canoldir. Wedi gwahoddiad gan Carol aeth Aron i weld y safle a syrthiodd mewn cariad â'r lleoliad yn syth. Roedd cefnogaeth pobl fel Carol a David yn allweddol i agor drysau eraill i'r Sesiwn ar ei newydd wedd.

Cofiaf yn iawn gyfarfod efo cymuned fusnes y dref yn y cyfnod yma pan nododd un nad oedd ei siop yn gwneud llawer o fusnes dros benwythnos y Sesiwn Fawr. Ymateb Carol Rossiter oedd 'Efallai nad wyt ti fel ni yn gwneud busnes mawr ar y penwythnos, ond mae pobl wedi gweld a mwynhau a fe ddônt yn ôl pan fydd yn dawelach, efallai yn yr hydref neu'r gaeaf ac fe gawn fantais fawr felly.'

Yn sicr nid pryd eildwym oeddem ni! Roedd yma ffresni, asbri, hyder a syniadau newydd wedi rhoi chwistrelliad o waed newydd yng ngwythiennau'r Wŷl. Roedd y Sesiwn Fawr o'r diwedd yn dechrau edrych yn debyg i'r hyn a drafodwyd o amgylch y bwrdd mewn ymarfer Gwerinos yn holl flynyddoedd yn ôl!

Er y cwtogi gorfodol, profodd y riSesiwn yn llwyddiant a rhoddodd ychydig o hyder i ni ddatblygu ychydig ar yr arlwy ar gyfer 2013. Roedd y *line-up* yn cynnwys Cowbois Rhos Botwnnog, H a'r Band, Y Bandana, Steve Eaves a'r Band, Ryland Teifi a Mendocino, Georgia Ruth, Al Lewis Band, Sŵnami, Lleuwen, Manon Steffan Ros, Y Ffug a Calan. Tipyn o restr ac fe ddaeth tyrfa dda ynghyd ar y penwythnos. Roedd 'na rywbeth am y lleoliad newydd ar gyfer y prif lwyfan oedd yn plesio.

Planteg

Bar Magi 2014

Roedd 2014 yn mynd i weld yr ugeinfed Sesiwn Fawr. Ac roedd yr Wŷl bellach, wedi cyfnod digon sigledig, yn dechrau ennill ei phlwy unwaith eto.

Bellach mae gan y Sesiwn Fawr gynulleidfa y gellir dibynnu arni o flwyddyn i flwyddyn. Mae nos Wener yn gallu bod fel aduniad blynyddol wrth gyfarch hen ffrindiau unwaith eto. Daeth cynulleidfa newydd i fwynhau'r arlwy hefyd wrth gwrs, ac yng nghysgod hyn i gyd roedd yr Wŷl yn magu hyder unwaith eto.

Dai Francis

Ar gyfer y parti penblwydd gwahoddwyd Mike Peters yn ôl i'r Sesiwn. Daeth Peatbog Faeries ac Yws Gwynedd i fwy na chynhesu'r dorf nos Wener ac yn gwmni i Mike ar nos Sadwrn roedd Georgia Ruth a Plantec o Lydaw.

Aelodau gwerthfawr o'r pwyllgor trefnu oedd Dai a Maggie Francis. Roedd y ddau yn adnabod yr artist Peter Lord a oedd wedi gwerthu ei waith i bobl fel David Bowie. Roedd wedi cynnig gwneud poster ar gyfer y Sesiwn, felly dyma fynd amdani. Roedd yr artist, yn y cyfnod yma, yn mynd drwy gyfnod o wneud gwaith wedi'i ysbrydoli gan fygydau wrestlars a dyna a gafwyd ar gyfer ein poster. Mae'n boster gwahanol iawn ac yn sicr yn bluen yn het y Sesiwn Fawr i gael gwaith celf gan artist adnabyddus fel hyn. Roedd y gwaith celf yn ymddangos ar y rhaglen arbennig a gynhyrchwyd gan Branwen Dafydd ac Aron John i nodi achlysur yr ugeinfed Sesiwn.

Bellach, wedi cartrefu'r prif lwyfan yng nghwrt Gwesty'r Llong aethpwyd i chwilio am ambell leoliad arall o amgylch y dref. Dyma'r flwyddyn y gwelwyd defnyddio Tŷ Siamas a'r hyfryd Gwrt Bach Cudd am y tro cyntaf; dau leoliad lle cafwyd perfformiadau acwstig hyfryd. Aed ati yn ogystal i gydweithio efo'r criw lleol DolDrum am y tro cyntaf. Roeddynt yn trefnu nosweithiau roc ysbeidiol yn y dref a chafwyd arlwy roc yn Nhafarn y Gader.

Mae Sion Edwards yn ymddiddori ym myd comedi, yn sgriptiwr addawol iawn, ac aeth ati i drefnu ein noson gomedi gyntaf yng Nghaffi TH. Roedd y noson standyp yn llwyddiannus iawn efo Daniel Glyn, Steffan Alun, Beth

Yws Gwynedd

Elidyr Glyn, Gwilym Bowen Rhys a Gethin Griffith

Magi Tudur

Georgia Ruth

Angell a Sion ei hun yn perfformio.

Roedd yr hyder newydd yma wedi gwneud i ni benderfynu cyflogi Swyddog Datblygu am y tro cyntaf ers blynyddoedd. Dafydd Huws neu Dafydd Cowbois oedd y penodiad ac fe ymgymerodd Dafydd at y gwaith fel hwyaden at ddŵr. Er taw cyfystyr â diwrnod yr wythnos oedd ei gyflogaeth, roedd yn cyfrannu cymaint yn fwy na hyn.

Roedd y Sesiwn ar ei newydd wedd yn mynd o nerth i nerth. Roedd y syniad o ddefnyddio lleoliadau bychain o amgylch Dolgellau wedi taro deuddeg. Roedd amrywiaeth mawr yn y rhaglen efo rhywbeth, gobeithio, at ddant pawb.

Roedd Sion Edwards wedi bod yn bennaf gyfrifol am sefydlu'r Noson Gomedi a fo hefyd gafod y syniad ar gyfer y "Stafell Ddirgel". Yn syml, y fformat oedd panel o 'selebs' yn cael eu holi am amrywiol bethau, yn fras ar ffurf y rhaglen deledu boblogaidd *Room 101*. Yn 2015 roedd Elfyn Llwyd ac Elliw Gwawr i ymddangos ar y panel ac roedd edrych ymlaen mawr am glywed rhai cyfrinachau gwleidyddol wrth ymdrybaeddu i wleidyddiaeth San Steffan.

Mae Aron John yn un da am ddod o hyd i ambell grŵp a fyddai'n gweddu i'r Sesiwn ac wnaeth o ddim siomi yn '15 wrth i'r gwefreiddiol Urban Folk Quartet swyno'r gynulleidfa. Band arall a ddaeth i Ddolgellau y flwyddyn yma yn dilyn awgrym Aron oedd Granny's Attic. Tri hogyn ifanc a oedd yn dal yn yr ysgol. Doedden nhw ddim digon hen i ddreifio, felly aed i'w hebrwng o orsaf y trên yn y Bermo. Roedden nhw'n hogiau hyfryd wnaeth gymaint o argraff efo'u chwarae dawnus a'u sesiynau byrfyfyr o amgylch y dref. Cofiaf i un o'r pwyllgor tra'n sgwrsio efo nhw gynnig codi peint iddynt. Dyma nhw'n edrych ar ei gilydd... wrth gwrs roeddynt flynyddoedd o dan oed yfed ac fe droes y cynnig am beint yn sudd oren.

Roedd y gerddoriaeth yn amrywio o'r traddodiadol efo 9Bach a Gwilym Bowen Rhys i Geraint Jarman a'r Cynganeddwyr a Sŵnami. Gwelwyd hefyd amrywiaeth cynulleidfa'r Sesiwn yn dod yn amlwg yn 2015 wrth i dyrfa enfawr a fu'n gwrando ar Steve Eaves gyfnewid lle â chynulleidfa iau a ddaeth i fwynhau Y Ffug. Rhywbeth at ddant pawb!

9Bach

Jarman

Sŵnami

Ymlacio ar ddiwedd penwythnos

Geraint Rhys Edwards (Ger Taid)
Cadeirydd 2011-2013

I hogyn o'r dref, mae'r Sesiwn wedi bod yn ran annatod o fywyd. Mae atgofion o'r 90au yn fyw iawn yn y cof, ac roedd gweld tyrfaoedd yn eu miloedd yn heidio i dref fechan ym Meirionnydd yn brofiad gwefreiddiol i blant yr ardal. Ychydig iawn o drefi sy'n cael eu llyncu'n llwyr gan ŵyl gerddorol â'i sŵn a'i churiad yn llifo drwy strydoedd y dref.

Pan ymunais â'r Pwyllgor yn 2004, roedd y Sesiwn yng nghanol y cyfnod lle'r oedd yr ŵyl 'ar ei mwyaf', y cyfnod hwnnw ar y Marian pan oedd enwau mawr i'w gweld yno'n flynyddol, a rhaid cyfaddef roeddwn yn llawn cyffro wrth wrando ar syniadau ac enwau bandiau yn bownsio oddi ar waliau ystafell gyfarfod y Ship. Ond dwi hefyd yn cofio'r pwysau, y strach a'r pryder oedd wedi treiddio i amryw ohonom pan ddechreuodd pethau fynd yn ein herbyn. Mae llawer i ohebydd yn sôn am ryw 'storom berffaith' ar lwyfan wleidyddol, ac o edrych yn ôl, gellid dweud i hynny ddigwydd i ninnau hefyd i raddau yn ôl yn 2007 a 2008, rhwng y glaw mawr, y costau aruthrol (a chynyddol) o gynnal gŵyl, y twf cyflym, y byd yn camu i gyfnod o ansicrwydd economaidd dwys... âi'r rhestr yn ei flaen.

Yn fuan wedi Sesiwn 2008, gwyddom nad oedd Sesiwn *Fawr* arall am fod. Roedd dyled yr ŵyl yn pwyso'n drwm, a theimlad o flinder ymysg sawl un ohonom ar y Pwyllgor. Awgrymodd ambell un ar y tu allan y bryd hynny y dylem roi'r ffidil yn y to, ond sut allwn ni fynd am beint i'r Torrent ac yfed o flaen rhywun oedd yn dal i aros am ei siec, gan wybod na fyddai'n ei dderbyn?

Trefnom wyliau bychain yn 2009 a 2010 dan enw'r Sesiwn Fach, gyda'r bandiau yn canu'n rhad ac am ddim, ac mae diolch iddynt am awchu i weld parhad i'r ŵyl. Dyma oedd dechrau ar y gwaith o grafu'r pres yn ôl fesul ceiniog.

Ryw bryd tua'r 2011, gofynnwyd imi fod yn Gadeirydd (fedrai'm cofio pa flwyddyn, rhaid cyfaddef, efallai ei fod yn hwyrach!). Doedd dim affliw o brofiad cadeirio unrhyw beth gennyf tan hynny, ac roedd hi'n dipyn o her trio llywio

sgwrs am gyfeiriad y Sesiwn. Ar ôl 2008, fe adawodd ambell aelod a daeth aelodau newydd yn eu lle, a chofiaf grafu fy mhen sawl gwaith o glywed un neu ddau, nad oedd ar y pwyllgor yn hir, ond fu'n trio llywio'r Sesiwn i fod yn ŵyl fwyd. Roedd hyd yn oed ryw bendroni diddiwedd am brynu marcî gan Glwb Pêl Droed Porthmadog a'i logi o amgylch y sir. Ond yn y diwedd, penderfynwyd mai rhoi taw ar drafodaethau o'r math oedd orau, pethau oedd yn tynnu'n sylw oddi wrth y pethau roeddem wir yn ei fwynhau, sef y gerddoriaeth byw, yr hwyl, y *craic* Cymraeg.

Cynhaliwyd Sesiwn Fawr unwaith eto yn 2011, a honno'n ŵyl dan gynfas wen marcî ym maes parcio'r Clwb Rygbi. Er mor braf, a theimlad o ryddhad, oedd gweld y Sesiwn yn dychwelyd, roedd rhyw deimlad fod rhywbeth ar goll yno hefyd. Efallai mai cofio glaw 2007 oeddem, a'r ofn mawr am ddilyw arall wedi gafael ynom fel rhyw bwff o wynt iasol annisgwyl, ond roedd rhyw deimlad mai'r babell fawr honno oedd y peth pwysicaf i'r ŵyl ar y pryd! Rhaid imi gyfaddef fy mod yn casáu'r bali pethau; mae hi'n anodd creu naws ac awyrgylch o unrhyw fath ynddynt a dwi'n cael llond bol o glywed pobl yn cwyno am law mewn gwlad wlyb. Ond fiw imi ddweud, diolch byth fod gweddill y Pwyllgor wedi cael eu ffordd a'n bod wedi llogi un ar y pryd gan fod y glaw a gafwyd yn 2011 o bosib yn drymach nag yn 2007!

Ond, y flwyddyn honno, fe gamodd y Sesiwn yn ôl i'r Sgwâr ar y prynhawn Sadwrn, a hynny am y tro cyntaf ers 2000. Ac yn y fan honno fe'n tarodd ni oll pa gyfeiriad y dylai'r ŵyl ei ddilyn. Roedd un llwyfan fechan ar dop y Sgwâr, gydag amryw o fandiau a cherddorion gwerin arni, roedd twmpath a chriwiau dawnsio gwerin yn y canol, a bar llawn o gasgenni Cwrw Llŷn yn y pen isaf. Er nad oedd hi'n llawn yno, roedd rhyw deimlad gwahanol i bethau rywsut: rhyw naws cartrefol, lled ffwrdd-â-hi, ond cymunedol. Roedd amryw o deuluoedd y dref wedi dod â'u cadeiriau campio ac yn eistedd mewn cylch o amgylch slabiau o gwrw a brechdanau a lemonêd i'r plantos, criw o bobl ifanc yn pwyso ar silffoedd ffenestri'r banc yn hel sgyrsiau drwy prynhawn, a llu o dwristiaid oedd megis taro ar yr hwyl yn ymuno â'r twmpath. Ia, 'cyfeiriad newydd' y Sesiwn oedd yr union hynny roeddem oll yn ei gofio'n y dyddiau a fu pan oedd cerddoriaeth werin yn hawlio'r Sgwâr! Rhyfedd o fyd, weithiau mae angen edrych yn ôl i gamu ymlaen.

Ar gyfer 2012, penderfynwyd mynd â'r Sesiwn yn ôl i'w gwir gartref, sef canol ein tref, trwy gynnal llwyfannau ar y Sgwâr, yn Nhŷ Siamas a chefn y Ship gyda'r hwyr. esiwn yn ogystal â gweithgareddau y gallem eu cynnal yn arbennig i blant a'r gymuned leol.

Ond wedi sawl blwyddyn go betrusgar i'r ŵyl, teg fyddai dweud fod ambell un yn pryderu tros ambell benderfyniad. Rhaid cofio fod dyled y Sesiwn ar y pryd dal yn go sylweddol, felly gellid dallt unrhyw bryder ynghylch gwariant. Ond cofiaf, adeg un pwyllgor penodol ym mar cefn y Ship, pan lithrodd y drafodaeth i ryw gywair go druenus wrth inni holi os lwyddwn fyth i ddenu pobl yn ôl i Ddolgellau, cyn i lais Myf (oedd wedi bod yn eistedd yn gwbl ddistaw yno â'i feiro a llyfr mewn llaw) dorri ar ein traws:

"os nad yda ni'n meddwl allwn ni lenwi cefn y Ship, llenwi'r Sgwâr, yna i be 'dan ni'n trafferthu? Waeth inni fynd yn ôl i'r bar rŵan yr eiliad 'ma ddim...".

Mae'r sylw yna wedi sticio efo fi erioed. Ai potshian ar yr ymylon oeddem am wneud, neu fwrw ati yn iawn? Ai rhyw ddigwyddiad hanner peint neu gŵyl lond casgen oedd y Sesiwn am fod? Mae ysbryd a brwdfrydedd Myf wastad wedi bod yn rhan annatod o'r Pwyllgor, a diolch byth am hynny. Y meddylfryd hwnnw sydd wedi llwyddo i ddechrau'r Sesiwn yn y lle cyntaf, denu enwau na freuddwydiais fyddai wedi t'wyllu ar Ddolgellau, ac yn y pendraw, sicrhau parhad i'r ŵyl.

Tra oeddwn ar y pwyllgor, roeddwn yn hynod ddiolchgar o fod wedi cael rhannu amryw i sgwrs efo Myf, Emyr Lloyd, Alun Owen ac Esyllt. Rhyngddynt, roedd rhyw allu rhyfeddol o dorri un digwyddiad mawr i lawr yn gyfres o benderfyniadau, cyn iddynt fwrw ati a gweithio yn y cysgodion (cofio athro'n gofyn rhyw dro "sut wyt ti'n bwyta eliffant? Efo fforc, fesul tamaid"). Ond yn fwy na dim, maent wedi gwahodd pobl ifanc yr ardal i ymuno â'r Pwyllgor, ac yn hollbwysig, rhoi cyfrifoldebau iddynt nes eu bod yn teimlo perchnogaeth dros yr ŵyl.

Mae Pwyllgor heddiw'n un cwbl gyffrous, yn gwthio'r

Sesiwn yn ei flaen, a cherddoriaeth gwerin yn lledu fesul cainc, jig a rîl drwy drwy strydoedd culion Dolgellau. I unrhyw un sydd wedi bod i'r Sesiwn yn ddiweddar, mae rhyw deimlad fod yr ŵyl mor hen â'r adeiladau llwydion sy'n ei hamgylchynu, ac yno y bydd hi hyd ddaw'r môr dros Gader Idris.

O bydded i'r Sesiwn barhau!

Bu sawl ymdrech i godi arian tuag at achub y Sesiwn Fawr yn y cyfnod yma. Un o'r rhai mwyaf llwyddiannus oedd print lino hyfryd a wnaeth Ger Taid o gywydd Gruffudd Antur. Gwnaeth Ger ddefnyddio'r un dechneg tra'n cynhyrchu poster ar gyfer Sesiwn Fawr 2015.

Y SESIWN FAWR

Ar Farian yr oferedd,
Mae, mi wn ym mlas y medd,
Yr iaith sy'n gymêr o hyd
A'r wên sy'n cipio'r ennyd,
A daw'r byd i eirio barn
Mewn cytgord efo'r dafarn

Unwn i gyd mewn un gân
Uno'n llef ar un llwyfan
I ganfod gwerth ar berthyn
I'r wlad leiaf fwyaf un;
Hyn oll heno sy'n llenwi'r
Sesiwn Fawr sy' ynof fi.

Gruffudd Antur

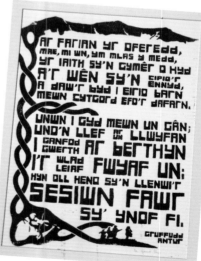

Calan

Gai Toms

Côr Ysgol Bro Idris

Dawnswyr Môn

Branwen Rhys Dafydd

Tacla

Branwen Rhys Dafydd
Cadeirydd y Pwyllgor Trefnu 2014-2019

Dechreuodd fy nghariad tuag at Sesiwn Fawr Dolgellau yn haf 2006. Ro'n i newydd droi yn 17 oed, a diolch i'r nefoedd, roedd gen i ffrindiau â thrwydded yrru ers misoedd – a phob un ohonom ni'n ysu am 'road trip'! Mi oedd ein hoff fand ar y pryd, Frizbee, yn chwarae ar un o brif lwyfannau'r Sesiwn Fawr... felly dyma benderfynu troi trwyn y car am benwythnos o wersylla yn Nolgellau!

Er ein bod ni wedi bod i ambell gig cyn hynny, doedd yr un ohonom wedi bod i ŵyl o'r blaen – a iesgob, gawsom ni ddim ein siomi! Roedd y dref dan ei sang, y dynfa at y Marian yn gryf, a ni'n teimlo fel rêl bois yn cael bod yn rhan o'r cyffro.

Er mai Yws Gwynedd a'r criw a'n denodd ni yno'n wreiddiol, mi fydd y wefr o fod yn y dorf tra'r oedd bandiau fel Goldie Lookin Chain, Hayseed Dixie a Los de Abajo yn perfformio yn aros yn y cof am byth, a chael gwylio bandiau fel Cowbois Rhos Botwnnog am y tro cyntaf erioed mewn Clwb Rygbi gorlawn. 'Na i fyth chwaith anghofio mentro i ganol dre i chwilio am fwyd, mynd ar goll yng nghanol y dre hynafol, cyn digwydd taro ar draws siop sglodion heb ei hail, wedi'i chuddio i lawr un o'r strydoedd culion, chwedlonol rheiny!

Dwy flynedd yn ddiweddarach, ro'n i'n dychwelyd i'r dref fel myfyrwraig oedd yn canlyn hogyn o Ddolgellau - a olygai ypgrêd o babell ger y Marian i wely mewn cartref oedd dafliad carreg o ganol dre! Er gwaetha'r holl nerfusrwydd ddaeth yn sgil cyfarfod teulu estynedig Guto'r penwythnos hwnnw, ges i ymlacio'n llwyr yng nghwmni'r Sibrydion, Gwibdaith Hen Frân, Celt a mwynhau chydig o *craic* o'r Iwerddon gyda'r Saw Doctors.

Ro'n i'n drist o glywed na fyddai yna Sesiwn Fawr y flwyddyn ganlynol. Dydw i ddim yn credu fod y Pwyllgor trefnu wedi cael digon o gydnabyddiaeth am y gwaith caled wnaethon nhw er mwyn bwrw ati, er gwaethaf pawb a phopeth, i ail-gydio ar yr holl waith trefnu sydd ynghlwm â chynnal penwythnos o gerddoriaeth byw yn y dref unwaith eto. Diolch byth amdanynt, oherwydd erbyn 2011, ro'n i'n dychwelyd i gefnogi ffrindiau oedd yn chwarae i'r Ods mewn pabell ar faes parcio'r Clwb Rygbi, a phawb yn teimlo mor werthfawrogol o gael bod yno.

Erbyn haf 2013, ro'n i'n byw yn Nolgellau efo Guto ers bron i flwyddyn, ac yn mynychu cyfarfodydd Pwyllgor y Sesiwn ers 6 mis – diolch i wahoddiad gan Ywain Myfyr un diwrnod i "ddod am beint, a gweld be ti'n feddwl"! Ger Taid oedd yn cadeirio'r cyfarfodydd bryd hynny, a'r ŵyl wedi mynd yn ôl yn fwy at ei gwreiddiau, yn cael ei chynnal yng nghefn y Ship ar nos Wener a Sadwrn, yn y sgwâr ac yn Nhŷ Siamas brynhawn Sadwrn, talwrn ar y Sul cyn gig i gloi'r penwythnos yn y clwb rygbi.

Ar ôl bod yn rhan o'r trefnu'r flwyddyn gyntaf honno, doedd dim troi yn ôl i mi wedyn – gwir dweud fod gafael y Sesiwn yn gryf, ac angerdd y trefnwyr yn heintus! Wedi hynny, yn dilyn ymadawiad Ger Taid i Gaerdydd, ges i'r fraint o gael cadeirio cyfarfodydd y Pwyllgor am gyfnod o 5 mlynedd, a gwneud ffrindiau oes yn y broses.

Ni fyddai byw a bod yn Nolgellau'r un fath heb griw'r Sesiwn - diolch byth amdanynt, eu hanian, eu hysbryd a'u hwyl. Criw bach iawn o wirfoddolwyr sydd wrthi, yn cyfarfod yn ddiwyd bob yn ail wythnos drwy gydol y flwyddyn, yn trafod, hel syniadau a threfnu. Mi ydan ni'n ddigon ffodus i fod wedi medru penodi Swyddog Datblygu yn y blynyddoedd diweddaraf i'n helpu gyda'r gwaith trefnu - Dafydd Hughes (Cowbois Rhos Botwnnog) ddaeth i ddechrau, yna Sara Mai, a bellach Arfon Hughes o Ddinas Mawddwy.

Mi ydan ni hefyd yn hynod ddibynnol ar griw o wirfoddolwyr triw iawn sy'n dod i'n helpu dros benwythnos yr ŵyl, flwyddyn ar ôl blwyddyn, i stiwardio a gwarchod y dorf, boed law neu hindda. Yn ogystal â phobl leol, mae ffrindiau'r Sesiwn yn teithio o Gaerdydd, Ceredigion, Pen Llŷn a Môn yn arbennig i'n helpu, a diolch byth amdanynt.

Mae'r Sesiwn i weld yn mynd o nerth i nerth unwaith eto. Rydym yn cynnal Gŵyl Gwrw bob mis Ebrill ers 2014 er mwyn lansio lein-yp y brif ŵyl, sy'n cynnig digon o gerddoriaeth byw ynghyd â chasgenni cwrw a seidr, ac yn ffordd wych o ddechrau paratoi'r dref at holl hwyl yr haf! Ers sawl blwyddyn bellach, mae pob tocyn i'r gigs yng nghefn gwesty'r Ship wedi'u gwerthu o flaen llaw, a rhaglen y dydd Sul wedi'i hymestyn i gynnwys cerddoriaeth drwy gydol y dydd.

Mae mwy o artistiaid, awduron a chomediwyr yn cael eu denu i lenwi pob math o lwyfannau ar hyd a lled y dref ar y prynhawn Sadwrn, o dafarndai i siopau a chaffis, a'r sgwâr yn llawn pobl o bob oed yn mwynhau arlwy'r ŵyl. Hyd yma, mae'r Sesiwn ar ei newydd wedd wedi gwahodd cerddorion rhyngwladol i berfformio a chynnig uchafbwyntiau mwy annisgwyl i'r pyntars, fel La Inedita o Beriw a'r Peatbog Faeries o'r Alban. Yn bersonol, un o'r gigs gorau erioed oedd dychweliad Anweledig i Ddolgellau yn 2018 - roedd yr awyrgylch yn hollol drydanol, ac mi archebwyd digonedd o sombreros i'w gwisgo yn y glaw!

Mae fy nghalon yn chwyddo â balchder yn flynyddol wrth weld teulu a ffrindiau fel ei gilydd yn mwynhau'r gorau o fyd gwerin a Dolgellau ei hun fel tref, ac erbyn 2019 roedd Guto a fi yn ddigon ffodus o gael cyflwyno'r Sesiwn am y tro cyntaf i'n mab, Caio Rhys, oedd yn 3 wythnos oed ar y pryd.

Yn anffodus, ers hynny, mae Covid wedi golygu peidio cynnal gŵyl yn ôl yr arfer yn 2020 a 2021, ond roedd y Sesiynau "Digidol" yn gyfle i roi blas i gynulleidfa hen a newydd o'r hyn sydd gennym i'w gynnig bob Gorffennaf, ac yn ffordd o ddangos cefnogaeth i'n hartistiaid.

Mae llwyddiant a chyfeiriad newydd y Sesiwn yn ddiolch i'r seiliau cadarn a osodwyd gan y criw dethol sydd wedi bod wrth y llyw ers y cychwyn cyntaf un. A rhaid diolch yn arbennig i ddau unigolyn yn enwedig, sef Ywain Myfyr ac Emyr Lloyd - hebddynt hwy, fyddai'r ŵyl ddim yn bodoli, heb sôn am gyrraedd carreg filltir 30 mlynedd.

Dyma edrych ymlaen, felly, at gael gwahodd y genhedlaeth nesaf i ddathlu dechrau gwyliau'r haf i gyfeiliant gwerinol y Sesiwn Fawr!

Y Sesiwn a'r Ewros 2016

Mae cerddoriaeth wedi chwarae rhan bwysig iawn yn fy mywyd, felly hefyd bêl-droed. Wedi ymddeol yn ddiweddar, cefais y fraint o ddilyn Cymru yng nghystadleuaeth Ewro 2016 drwy ymweld â Gwlad Belg, Israel, Cyprus ac wrth gwrs daeth llwyddiant mawr i'r tîm cenedlaethol wrth i Gymru gyrraedd rowndiau terfynol prif gystadleuaeth pêl-droed am y tro cyntaf ers 1976. Roedd yn rhaid mynd i Ffrainc, ac felly y bu.

Wrth reswm roedd hyn yn achosi problem. Nid fi oedd yr unig un o'r pwyllgor oedd am fod yn Ffrainc! Wrth gwrs roedd yr Ewros ym mis Mehefin a'r Sesiwn Fawr ganol

Talisk

Gwerinos

Mynediad am Ddim

Cowbois Rhos Botwnnog

Gorffennaf. Felly roedd yn rhaid cael cynllun.

Mae'n arferiad i'r pwyllgorau trefnu gychwyn ym mis Medi yn dilyn cnoi cil dros yr Ŵyl flaenorol. Bydd y prif fandiau wedi'u dewis, ac yn fras yn eu lle cyn y Nadolig. Bydd y marchnata wedyn yn cychwyn a'r 'line-up' yn cael ei chyhoeddi â'r tocynnau yn mynd ar werth yn yr Ŵyl Gwrw ym mis Ebrill. O Ebrill tan fis Gorffennaf bydd y marchnata yn cynyddu a deunyddiau marchnata yn cael eu harchebu. Yn 2016 roeddem yn benderfynol o gael pob dim fwy neu lai yn ei le cyn diflannu i Ffrainc, ac felly y bu!

Cofiaf orfod ffonio Tywyn unwaith neu ddwy o'r maes carafannau tu allan i Bordeaux ynglŷn â chadarnhau archeb crysau T, ac roedd ebost yn gwneud pethau'n llawer haws wrth reswm.

Roeddwn i ac Emyr yn ddigon ffodus i dreulio un o fisoedd gorau mywyd yn Ffrainc, a diolch i'r pwyllgor anhygoel sydd gan y Sesiwn Fawr welwyd mo'n colli! Daeth ambell aelod arall o'r pwyllgor a'n swyddog datblygu

drosodd ar gyfer ambell gêm yn ogystal.

Ar ddychwelyd clywyd fod ein prif grŵp The Sidh wedi gorfod tynnu allan. Doedd dim amdani efo amser mor brin ond newid ychydig o drefn y bandiau a llenwodd Gwerinos y bwlch. Rhaid cyfaddef o'r holl droeon yr ymddangosais ar lwyfan y Sesiwn Fawr efo Gwerinos mae'r noson yma'n aros yn y cof. Roedd nifer o'r band a llawer iawn o'r gynulleidfa newydd ddychwelyd o Ffrainc ac roedd rhyw awyrgylch a pherthynas arbennig rhwng y band a'r gynulleidfa y noson honno.

Rhaid cyfeirio at berfformiadau arbennig gan Cowbois Rhos Botwnnog, Talisk a'r Elephant Sessions, a threuliwyd pnawn Sul bythgofiadwy yn seiniau hyfryd Gazhalaw.

Bellach roedd y Sesiwn Fawr wedi datblygu patrwm pur lwyddiannus. Byddai'r rhan fwyaf o'r gwaith trefnu'n cael ei wneud dros y gaeaf a'r hydref ac wedyn byddai'r 'line-up' yn cael ei chyhoeddi mewn Gŵyl Gwrw yn Nhŷ Siamas

Coco and The Butterfields

Huw Roberts – Cilmeri

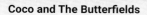

Alun Bontddu

Ail Symudiad

Peatbog Faeries

Sombreros yn y glaw

Dolgellau ganol mis Ebrill, ar ddydd Sadwrn ras geffylau y 'Grand National'. Roedd yr Ŵyl Gwrw ynddi'i hun yn profi'n ddiwrnod llwyddiannus iawn. Roedd tyrfa dda yn dod i Dŷ Siamas i brofi'r amrywiol gwrw ac i fwynhau arlwy cerddorol ac wrth gwrs wrth i artistiaid y Sesiwn Fawr gael eu cyhoeddi'r un diwrnod byddai tocynnau yn mynd ar werth a hynny am bris gostyngol i'r rhai oedd yn bresennol.

Yn 2017 gwerthwyd pob tocyn ar gyfer y Sesiwn Fawr ymlaen llaw am y tro cyntaf erioed. Wrth gwrs cafodd llawer eu siomi gan eu bod wedi'i gadael yn rhy hwyr i gael tocynnau. Rhaid cofio bod maint ein cynulleidfa'n sylweddol lai nag a fu, ond roedd mynd i fewn i benwythnos yr Ŵyl yn gwybod y byddai'n llwyddiannus yn ariannol yn brofiad braf a dweud y lleiaf wedi'r holl ansicrwydd a fu. Yn ogystal â 2017, bu i Sesiynau 2018 a 2019 werthu pob tocyn ymlaen llaw yn ogystal.

Teithiodd llond car ohonom i lawr i Aberhonddu yn yr hydref i fod yn bresennol mewn gig gan Coco and the Butterfields, grwp addawol iawn a oedd wedi tynnu ein sylw. Roedd y gig wedi plesio ac ychwanegwyd Coco a'r criw i'n rhestr artistiaid, rhestr a oedd hefyd yn cynnwys ail ymddangosiad gan y Peatbog Faeries, Calan, Sŵnami a'r Eira. Roedd yn benwythnos hynod lwyddiannus. I mi yn bersonol, roedd yn braf cael Cilmeri yn ôl at ei gilydd unwaith eto ar ôl ysbaid o 34 mlynedd! Roedd y grŵp wedi profi'n bur lwyddiannus am gyfnod ar ddechrau'r 80au gan ryddhau dwy LP. Yn 2018 roedd detholiad o'r ddwy LP wedi cael eu rhyddhau ar gryno ddisg gan Gwmni Sain ac felly daeth y gwahoddiad i ymddangos yn y Sesiwn a hefyd yn Nhŷ Gwerin y 'Steddfod rai wythnosau wedyn.

Band arall a ymddangosodd am y tro cyntaf yn 2017 oedd Tant. Grŵp o ferched wedi eu tynnu ar draws y gogledd ond a ddaeth at ei gilydd yn un o benwythnosau Trac – Gwerin Gwallgo' yng Ngwersyll yr Urdd Glan-llyn.

Roedd Ail Symudiad wedi ymddangos yn y Sesiwn Fawr 2016 a hynny yn ystod glaw mawr ar lwyfan y sgwâr. Yn anffodus oherwydd y tywydd doedd fawr o gynulleidfa

yn bresennol i wrando ar set y band o Aberteifi. Roeddwn wedi dweud wrth Rich a Wyn y byddem yn gwneud yn iawn am hyn ac felly y bu ac ni siomwyd y gynulleidfa. Cafwyd set wych gan yr hogia ac fe fydd hynny'n sicr yn aros yn y cof yn dilyn colli'r ddau frawd yn ddiweddar. Roedd Ail Symudiad yn fand unigryw, caneuon pop bachog ac roedd gwrando ar y band ar lwyfan y Sesiwn y flwyddyn honno fel sefyll ger 'jiwcbocs' a oedd yn chwarae darnau o'ch ieuenctid yn ddi-stop.

Llwyddwyd hefyd i demtio Anweledig yn ôl i'r llwyfan. Mae Anweledig wedi 'bod yno' o gychwyn y Sesiwn Fawr. Roedd llawer o'r hogia' wedi bod yn fyfyrwyr yng Ngholeg Meirion Dwyfor a chafodd y band ifanc nifer o'u gigiau cyntaf yn Nolgellau a hynny yn y Sesiwn. Cafwyd perfformiadau cofiadwy gan y band! Pwy all anghofio'r stripar ar y sgwâr ond i mi un o'm hoff berfformiadau gan yr hogia' oedd honno ar nos Sul yn 2003 a hwythau'n cefnogi'r Saw Doctors a Shooglenifty; cafwyd perfformiad i'w gofio oedd cystal os nad gwell nag unrhyw fand a ymddangosodd yn y sesiwn y flwyddyn honno.

Mae ambell i beth bach weithiau yn gallu gwneud gwahaniaeth. Ac felly y bu y noson honno yn 2018. Roeddem wedi prynu nifer fawr o sombreros i'w rhannu i'r gynulleidfa yn ystod perfformiad Anweledig. Roedd yn bwrw glaw mân yn ystod y gig ac felly'n uchafbwynt perffaith i'r noson fe gafwyd 'sombreros yn y glaw'.

Welsh Whisperer

Cafwyd chwistrelliad mawr i Gymreictod Dolgellau wedi i Gwenno a Mygs Burrough a'r plant gymryd perchnogaeth Tafarn yr Unicorn. Cafwyd llwyfan o flaen y dafarn yn 2017 ac roedd hi'n orlawn yno yn ystod perfformiad y Welsh Whisperer ar y prynhawn Sadwrn. Bellach roedd triongl o leoliadau ymhen ucha'r dref. Y Torrent a'r perchennog Gareth a fu'n gefnogol iawn i'r Sesiwn ers blynyddoedd, Bar Gwin Dylanwad efo Llinos a Dylan a bellach yr Unicorn. Fel trefnwyr mae'n braf gweld busnesau lleol yn manteisio ar y Sesiwn Fawr ac yn yr un modd mae eu hymroddiad hwy yn ein helpu ni.

Y Da, y Drwg a'r Gorllewin Gwyllt
– Rhiell Elidir

O gyrraedd adref yn crynu wedi dychryn ar ôl stiwardio o flaen llwyfan pan roedd yr Alarm yn perfformio, i orfod gwrthod gŵr nid anenwog o Benllyn a oedd eisiau dod i fewn am ddim ar y Marian am ei fod yn 'yrrwr bws', mae'r profiadau dros y blynyddoedd wedi bod yn amrywiol.

Ond elfen sydd wedi rhoi cryn fwynhad i mi wrth i'r Sesiwn ar ei newydd wedd wreiddio yw trefnu arlwy llenyddol y Sesiwn. Yn dilyn derbyn cyllid gan Emyr Lloyd, yr orchwyl flynyddol i'r pwyllgor yw mynd ati i drefnu sesiynau amrywiol ar gyfer y prynhawn Sadwrn yn Nhŷ Siamas. Wrth reswm, un mantais o fod ar y pwyllgor yw bod modd gofyn i'ch hoff awduron a siaradwyr gymryd rhan. Dros y blynyddoedd diwethaf rydym wedi cael ein swyno gan awduron megis Manon Steffan Ros, Haf Llewelyn, Ifor ap Glyn a Beryl Griffiths i enwi dim ond rhai. Siom o'r mwyaf oedd gorfod canslo Sesiwn 2020 pan oedd trefniant i Bethan Gwanas lansio ei llyfr *Merch y Gwyllt*. Roeddem wedi bod yn cynllunio ers wythnosau i berfformio 'Dawns y Gwrachod' ar y stryd ar y prynhawn Sadwrn.

AE ac AS!

I geisio cadw'r Sesiynwyr ifanc yn hapus, mae Cwmni Cortyn wedi bod yn boblogaidd, a hefyd Sioe Mewn Cymeriad. Roedd Llywelyn Fawr yn dipyn o arwr un flwyddyn yn gwneud tri pherfformiad mewn bore!

Mae'n debyg taw uchafbwynt y Sesiwn i nifer dros y blynyddoedd diwethaf yw taith Llwybrau'r Chwedlau. Dyma daith sy'n cychwyn o'r sgwâr ar y bore Sadwrn ac yn mynd i amrywiol lefydd i ddweud hanesion a chwedlau'r dref. Roedd y pwyllgor angen rhywun i chwarae rhan Annie Ellis. Roedd Annie wedi'i geni yn Nolgellau yn y bedwaredd ganrif ar bymtheg ac wedi teithio i'r Amerig pan oedd yn ferch ifanc, ac mae ei stori'n un anhygoel. Mewn munud o wendid dyma gytuno i fod yn Annie Ellis, a cyn i mi ddweud Afon Wnion, roedd gwisg wedi ei archebu ar fy nghyfer, felly doedd dim troi nôl. Gyda Harri Hughes yn arwain y daith, a Gwilym Bowen Rhys ac Elidyr Glyn yn rhoi ambell i gân fan hyn a fan draw, mae'n daith hwyliog ac addysgiadol. A does wybod pwy mae Annie Ellis yn ei gyfarfod nesaf yn ystod y daith. Ond i wybod mwy o'i hanes, bydd yn rhaid i chi ymuno yn y daith.

Rhaid dweud fy mod wrth fy modd gyda chriw hwyliog y pwyllgor llenyddol. Dwi'n falch ei fod yn rhan o'r Sesiwn ac mae digon o le i ddatblygu'r arlwy llenyddol ymhellach.

Ers rhai blynyddoedd bellach mae'r Sesiwn yn cynnal Y Llwybr Chwedlau ar fore Sadwrn yr Ŵyl dan arweiniad Harri Hughes. Cymysgedd o hanesion lleol 'gwahanol' i gyfeiliant cân neu ddwy a glasied neu ddau!

Sesiwn Fawr i mi

Mae'r Sesiwn wedi bod yn atyniad i mi ers yn fach. Yn y gorffennol, diwrnod allan efo'r teulu ar ddolydd Marian oedd y Sesiwn, yn gwrando ar Gwibdaith Hen Frân a'u cân fythgofiadwy "Trôns dy dad", neu yn chwarae efo ffrindiau a miwsig a bwrlwm y prif lwyfan yn gefndir swnllyd.

Ond yn y blynyddoedd diweddar mae'r Sesiwn wedi esblygu i fod yn bwysicach fyth i mi.

Gwilym bowen ac Elidyr Glyn 2018

Owen Glyn 2019

Mewn Cymeriad 2019

Mae'r Sesiwn wedi dod yn ddefod bellach i fy nghriw ffrindiau prifysgol, gan fod y Sesiwn, ers "Down-size'io", yn ŵyl mor hawddgar, lle mae tre Dolgellau bron â bod yn gymaint o atyniad â'r Ŵyl a cherddoriaeth cefn y Ship.

Ond i mi, mae'r Sesiwn yn gyfle blynyddol i hel hanesion. Ers symud i ffwrdd o'r ardal, mae'r cyfleoedd lle mae bron â bod sicrwydd o weld pobl adre yn brin. Ond mae'r Sesiwn yn un o'r achlysuron hynny lle mae pawb a'i gi yn gwneud lle yn eu calendr i ddod allan i dre, a mwynhau yng nghwmni ei gilydd, a siarad am y flwyddyn a fu.

I mi dyma yw mawredd Sesiwn Fawr Dolgellau.

Ydi, mae cerddoriaeth y byd a bandiau lleol anhygoel yn cael eu taflu at ei gilydd yng nghefn y Ship, ond mae'r bobl mae'r Ŵyl yn llwyddo i'w denu mor eang â'r gerddoriaeth, ac i mi dyna be sy'n gwneud y Sesiwn be ydi hi.

Mae'n deg dweud bod y Sesiwn Fawr wedi bod yn fath o gyfeiliant cefndirol i fy mywyd. Fel bachgen o Ddolgellau, wedi fy ngeni a'm magu yma, a bellach wedi dychwelyd i fyw a chychwyn teulu fy hun yn y dref, mae myfyrio ar fy hanes innau â'r ŵyl yn dwyn atgofion rif y gwlith – dim ond bod rhai'n fwy niwlog na'i gilydd!

Wrth feddwl yn ôl i rai o mhrofiadau cynharaf o'r Sesiwn yn y nawdegau cynnar, mae'r atgofion ar y cyfan yn un gybolfa – heblaw am rai fflachiadau a theimladau sy'n fyw yn y cof. Dwi'n cofio bod ar ganol y Sgwâr gyda'r nos, yn eistedd ar ysgwyddau fy nhad fel rhyw gapten llong yn

edrych dros ddyfroedd tymhestlog y dorf. Wn i ddim pa flwyddyn yn union oedd hi, na phwy oedd yn perfformio ar y llwyfan – p'un ai Celt, Steve Eaves neu efallai Dafydd Iwan – ond sdim ots yn y pen draw. I fachgen 7 oed, roedd yr olygfa yn anhygoel. Y llwyfan oedd yn hoelio'r sylw wrth gwrs, fel goleudy ar y gorwel a'i goleuadau llachar yn troelli i'r naill ochr wrth i'r gerddoriaeth daranu. Nid clywed y gerddoriaeth dwi'n ei gofio, ond ei deimlo. Doeddwn i erioed wedi profi'r fath beth, y fflachiadau o olau mewn cytsain â rhythm gitâr neu ffidil, a churiad y drwm yn dirgrynu drwydda'i.

Dw i'n cofio eistedd ar balmant yn bwyta hufen iâ wrth wylio bysgars a bandiau gwerin yn jamio; mynd i wylio sioe bypedau'r cwmni cortyn, neu roi cynnig ar sgiliau syrcas ym mhen isa'r sgwâr. Wrth dyfu fyny, a chael peth rhyddid i grwydro, dwi'n cofio treulio'r prynhawniau gyda ffrindiau yn gwario arian poced ar ddanteithion a manion dibwys o'r stondinau amrywiol; lliwio'n gwalltiau ac ymlwybro'r strydoedd gan wasgu drwy goedwig ddwys o goesau a breichiau. Roedd y dref wedi'i thrawsnewid yn llwyr dros benwythnos y Sesiwn - o ran ei gwedd, ond hefyd o ran ei naws. Dw i'n cofio'r sgwâr yn llawn lliw, chwerthin a chanu, ac roedd arogl nionod a byrgyrs yn ffrio ac ambell beint wedi ei thasgu yn gefndir i'r cyfan.

Cyffro yw'r emosiwn cryfaf ynghlwm â llawer o'r atgofion achos byddai diwrnod cynta'r ŵyl o hyd yn disgyn ar ddydd

Gwener ola'r flwyddyn ysgol. Wrth i'r diwrnod ysgol ddirwyn i ben, roedd ymarferion bandiau i'w clywed yn bloeddio dros y system sain o ben arall y dref, ac felly roedd 'soundchecks' y Sesiwn yn drac sain i ddathlu dechrau'r haf. Dwi'n cofio neidio dros gât gefn yr ysgol ar ddiwedd y dydd a'i heglu hi adre, taflu'r bag ysgol i gefn y cwpwrdd, sglaffio rhywbeth sydyn i de a newid i grys-t a siorts cyn ei throi hi am y dre. Wrth gerdded tua'r Sgwâr, roedd posibiliadau di-ben-draw'r haf yn byrlymu yn fy nychymyg, a sŵn dryms, bas a gitâr drydan yn disodli sgrech y gloch hanner 'di tri yn fy nghlustiau.

Erbyn cyrraedd fy arddegau, a'r ŵyl bellach wedi symud i'r Marian, roedd y Sesiwn yn cynrychioli rhai o mhrofiadau cyntaf o gael mynd 'allan' i fwynhau bywyd nos. Roedden ni'n llwyddo i gael blas ar gwrw weithiau, ac er bod hwnnw'n aml yn fflat a chwerw, doedd dim ots achos roeddem ni'n teimlo'n ran o bethau. Doedd gen i'm llawer o ddiddordeb mewn cerddoriaeth gwerin bryd hynny, ac felly i mi, dyddiau Super Furry Animals, Goldie Lookin Chain, Frizbee, Sibrydion ac Anweledig oedd y rhain. Roedd gen i ganiatâd erbyn hynny i aros tan ddiwedd nos, ac ro'n i'n benderfynol o wasgu pob tamaid allan o'r profiad. Byddwn i'n cicio sodlau ar ôl i'r gerddoriaeth orffen gan aros nes bod bron pawb wedi gadael cyn trampio adre drwy fôr o wydrau plastig, gan ymhyfrydu'n y ffaith na fyddwn i yn fy ngwely tan bron i UN y bore!

Ar ôl gadael adre am y Brifysgol, roedd dychwelyd i Ddolgellau yr haf cyntaf hwnnw'n golygu mod i'n gallu profi'r Sesiwn Fawr fel 'sesiwn' go iawn, a gwahodd ffrindiau newydd draw i ymuno. Ro'n i'n chwyddo efo balchder wrth wylio pawb yn mwynhau, a bod Dolgellau'n gartref i un o wyliau amlycaf Cymru. Erbyn ail flwyddyn y Brifysgol ro'n i wedi cychwyn canlyn merch o Fôn, a rhywsut, llwyddo i gadw gafael arni tan yr haf a'i

pherswadio i ddod adref i gwrdd â'r teulu estynedig yn ystod penwythnos yr ŵyl. Â'r berthynas yn dal yn gymharol ifanc, roedd noson feddwol yn y Sesiwn yng nghwmni Steve Earle, The Dubliners a Radio Luxembourg yn esgus perffaith i fachu snog...!

O fewn dwy flynedd i raddio o'r Brifysgol, penderfynom ni symud i fyw gyda'n gilydd yn Nolgellau "dros dro". Cyn pen dim, cafodd Branwen wahoddiad i ymuno gyda'r pwyllgor trefnu, ac fe gychwynnais i fynychu'n fuan wedyn – heb sylweddoli mor arwyddocaol fyddai'r penderfyniad hwnnw! Oherwydd 9 mlynedd yn ddiweddarach mi ydan ni'n dal wrthi... ac yn y Sesiwn Fawr 'go iawn' ddwetha yn 2019, fe gawsom ni'r fraint o fynd â'n mab i'w Sesiwn Fawr gyntaf erioed, ac yntau ond yn dair wythnos oed.

Os dwi'n bod yn onest, dwi'n credu mai'r prif reswm nes i ymuno gyda phwyllgor y Sesiwn yn wreiddiol oedd fel bod gen i esgus dda i fynd am beint neu ddau ganol wythnos gwaith. Ond yn fuan iawn ar ôl cychwyn, fe sylweddolais pa mor ymroddedig oedd y criw hwn o drefnwyr gwirfoddol, ac mae eu brwdfrydedd ym mhob agwedd o drefnu'r ŵyl yn heintus. Dw i hefyd yn hynod ddiolchgar i'r pwyllgor am ein croesawu ni, ac am helpu Branwen wrth iddi setlo mewn tref newydd.

Mae bod yn rhan o drefniadau gŵyl fel hon yn antur ynddi'i hun ar adegau. Dwi'n cofio codi baneri uwchben prif lwyfan Y Llong ar bnawn Gwener a hithau'n tresio bwrw glaw, a chyfeirio traffig ben bore Sadwrn gyda chur pen a cheg sych, er mwyn i ni gael cau'r Sgwâr i baratoi ar gyfer dathliadau'r dydd. Un blwyddyn, roedd hanner casgen o gwrw dros ben wrth i ni ddatgymalu Bar Magi ddiwedd y pnawn, felly'r unig ddatrysiad oedd drafftio ambell aelod newydd i'r pwyllgor er mwyn ein helpu i'w 'gwagio'. Mae'n sicr yn benwythnos hectig o safbwynt y trefnyddion, a'r pnawn Sadwrn yn arbennig o brysur

Welsh Whisperer yn perfformio tu allan i'r Uncorn

wrth i bawb ruthro o un lleoliad i'r llall i stiwardio, symud nwyddau neu ddarparu rhywbeth i'r dwsinau o artistiaid sy'n cymryd rhan. Ryda ni'n sicr yn creu lot o waith i'n hunain ar adegau, ond mae'r digwyddiadau niferus sydd ymlaen ar y prynhawn Sadwrn ar draws amrywiaeth o leoliadau unigryw, a hwnnw i gyd yn rhad ac am ddim, yn ran allweddol o'r Sesiwn Fawr.

Ar ben popeth, mae'r tŷ acw'n aml yn orlawn dros benwythnos y Sesiwn Fawr hefyd, a phob gwely, soffa neu sgwaryn o lawr digon mawr i sach gysgu wedi'i fachu gan deulu neu ffrindiau. Rhai blynyddoedd yn ôl, gawsom ni westai ychwanegol ar y nos Sadwrn ar ôl i gyfaill i mi gael 'KO' yn y Torrent. Gorfu i ni ei hebrwng nôl i'r tŷ a'i roi i orwedd ar wely gwynt ar lawr y gegin gyda ffrind coleg arall. Pan ddaeth y bore, fe ddeffrodd i sŵn tecell yn berwi, yn hollol ddi-glem. Tarodd un olwg ar y dyn dieithr o'i flaen (fy nhad yng nghyfraith) yn gwneud paned, cyn codi ar ei draed, rhoi ei drowsus ymlaen a brasgamu drwy'r drws ffrynt – a llwyddo i fflagio bws i lawr reit o flaen y tŷ, a neidio arni heb edrych yn ôl unwaith. Roedd hanner ei eiddo dal ar ôl ar lawr y gegin!

Wrth gwrs, mae galw ar arnom ni fel aelodau'r pwyllgor i aros yn gall ac yn gyfrifol (ar y cyfan) dros y penwythnos,

felly'r nos Sul yw ein cyfle i ymlacio ar ôl penwythnos blinedig, gan ymuno mewn ambell gân a sawl peint i ddathlu penwythnos llwyddiannus arall.

Ers tua tair blynedd bellach, dwi wedi bod yn gadeirydd ar y pwyllgor trefnu – er, mae 'cadeirydd' yn teimlo'n deitl braidd yn ffurfiol i ddisgrifio'r rôl. Byddwn ni fel arfer yn cwrdd gyda'r hwyr dros beint yn un o dafarndai'r dref; yn cychwyn drwy falu awyr am bêl-droed am ddeng munud tra bod pawb yn cyrraedd ac yn cyrchu peint, cyn setlo i sgwrs led-anffurfiol ar sut i wneud y Sesiwn Fawr nesaf yn well na'r ddiwethaf. Mae cadw trefn ar y drafodaeth ar adegau'n teimlo fel ceisio corlannu ceffylau gwyllt (dwi'n dyfalu), ond mae'r sgyrsiau'n rhai diddorol a brwd, ac mae'n bleser diffuant cael cydweithio gyda ffrindiau ar brosiect mor arbennig. Mae'r gwaith yn heriol ar achlysuron a weithia'n flinedig, ond byth yn ddiflas.

Mae'r atyniad i barhau i weithio fel rhan o'r ŵyl yn gryf am nifer o resymau, ond yn bennaf achos dwi'n teimlo math o ddyletswydd i wneud iawn â'r ŵyl sydd wedi rhoi cynifer o brofiadau ac atgofion arwyddocaol i mi drwy gydol fy mywyd.

Guto Lewys Dafydd – Cadeirydd 2019-

DYFROEDD NEWYDD 2018

Fe gafon ni'n dau'r gwahoddiad i ymuno â phrif bwyllgor y Sesiwn Fawr yn fuan ar ôl gadael Ysgol y Gader a dechrau ein cyrsiau Lefel-A, gyda'r amcan o gyfrannu tuag at y Sesiwn Fawr ganlynol yn 2018. Cyn hir, penderfynwyd ar greu llwyfan led-annibynnol yn y Clwb Rygbi. Roedd hanes i gynnal digwyddiadau yn baralel i'r Sesiwn yn y Clwb Rygbi; bu bandiau fel Frizbee yn chwarae yma yn y gorffennol. Ein cyfrifoldeb ni oedd adfywio hyn, gan ailgyflwyno elfen o'r Sesiwn Fawr a oedd wedi'i dargedu tuag at bobl ifanc.

Roeddwn wedi hen arfer gweithio gyda Lewys trwy Mudiad Adloniant Dolgellau, neu MAD, yn ystod ein cyfnod yn Ysgol y Gader, a gyda chryn brofiad o drefnu gigs yng nghlwb golff y dre gyda bandiau fel Swnami, Candelas, Mellt a Fleur de Lys.

Roedd materion o gyllid, dyluniadau, trefniadau a chysylltu â bandiau'n gyfarwydd i'r ddau ohonom ers trefnu gigiau MAD, ond yn bendant roedd gweithio gyda'r Sesiwn yn her newydd, gyda thipyn mwy o gyllideb a chyfrifoldeb; yn ogystal, roedden ni'n rhan o ddigwyddiad gyda sgôp tipyn ehangach. Yr amcan oedd denu criwiau ifanc i'r llwyfan, gan ehangu'r rheiny roedd y Sesiwn Fawr yn eu denu.

Gan mai'r môr oedd thema'r Sesiwn y flwyddyn honno, penderfynwyd enwi'r llwyfannau mewn modd 'morol'; er enghraifft, newidiwyd enw llwyfan yr 'Cwrt Bach Cudd' i 'Caban Bach Cudd'. Cynigwyd yr enw 'Ar y Creigiau' ar gyfer ein llwyfan ni yn y Clwb Rygbi (gan mai cerddoriaeth 'roc' fyddai'n dominyddu'r llwyfan) ond yn y diwedd penderfynwyd ar 'Dyfroedd Newydd', gan ein bod yn dod o hyd i dalent ac artistiaid newydd.

Bu cryn chwilio am fandiau, gyda nifer ddim ar gael yn barod, dim ond fisoedd cyn y dyddiad. Yn naturiol, bu'r dethol a didoli yn newid y lein-yp yn anferthol cyn cyrraedd y chwe artist terfynol (dim ond Gwilym oroesodd o'r rhestr wreiddiol).

Roeddwn innau a Lewys yn arbrofi'n gerddorol ein hunain ar y pryd. Er nad oedd yr un o 'Lewys' na 'Kyffion' yn bodoli ar ddechrau'r broses o ganfod artistiaid, roedd yr uchelgais o chwarae llwyfan Dyfroedd Newydd o gymorth i sianelu ymdrechion i baratoi'r ddau fand. Erbyn y Sesiwn Fawr yng Ngorffennaf 2018 roedd sengl cyntaf Lewys, 'Yn Fy Mhen', wedi'i ryddhau ar label Cosh gyda llwyddiant ac roedd y band wedi sefydlogi ar ei aelodau.

Roedd Mellt yn enw anferthol yn barod, ac yn siŵr o ddenu cynulleidfa. Dim ond tyfu wnaeth eu statws yn y misoedd oedd yn arwain at y gig. Ar y pryd, ifanc iawn oedd Alffa a Gwilym, dau fand oedd wedi cyrraedd y sin drwy Frwydr y Bandiau yr Eisteddfod Genedlaethol. Er, roedd eu talent amrwd yn gwbl amlwg ac yn dechrau denu sylw eithaf eang. Gyda Casset a Dukes of Love, roedd y lein-yp yn llawn.

Roedd y gig ei hun yn llwyddiant ysgubol gyda dros gant a hanner yn llenwi'r Clwb Rygbi erbyn diwedd y noson, a gyda amryw o fandiau wedi cael un o'u gigiau cyntaf os nad eu gig gyntaf un. Bu'r llwyfan yn llwyddiannus dros ben y flwyddyn ganlynol hefyd, gan ehangu i gynnwys dwy noson yn lle'r un gwreiddiol.

Owain Meirion

Sion Edwards – Comedi ac ati

Rwyf wedi bod yn hoff iawn o gomedi erioed, a pan gefais y cyfrifoldeb o drefnu noson comedi roeddwn wir yn teimlo y pwysau gan fy mod eisiau trefnu noson lwyddiannus. Bellach mae'r noson comedi wedi sefydlu ei hun a dwi'n falch o'r ymateb i'r nosweithiau. Ac yn fy marn i pa ffordd well o gloi y penwythnos na chwerthin?

Ers 2014 rydan ni wedi rhoi llwyfan i nifer o ddigrifwyr, megis Eleri Morgan, Esyllt Sears, Phil Thomas, Dan Thomas, Sarah Breese, Hywel Pitts, sydd bellach wedi sefydlu eu hunain o fewn y byd comedi yma yng Nghymru a thu hwnt. Hoffwn gymryd y cyfle yma i ddiolch i'r pwyllgor am eu cefnogaeth i'r noson ond hefyd i Dan Glyn sy'n 'compere' i'r noson ers blynyddoedd rŵan, ac sydd wastad yn barod i helpu mewn unrhyw ffordd. Yn ogystal hoffwn diolch i'r holl ddigrifwyr sydd wedi cymryd rhan dros y blynyddoedd. Edrychwn ymlaen i groesawu rhagor yn y dyfodol.

Ers 2005 dwi wedi bod yn rhan o'r pwyllgor ac mae o wir wedi bod yn fraint. Wedi fy ngeni a'm magu yma yn Nolgellau, uchafbwynt pob blwyddyn ydi'r Sesiwn Fawr. Dwi'n mwynhau bod ar y pwyllgor a gweithio gyda gweddill

Candelas

Huw Dylan Owen

Maroon Town

Y Bandarall

yr aelodau i helpu trefnu'r Sesiwn.

Mae rhywbeth sbesial am y Sesiwn Fawr, a dwi'n wir yn meddwl taw y peth sbesial, a hefyd cryfder y Sesiwn, yw'r ffaith fod y Sesiwn yn ŵyl i'r bobl gan y bobl. Criw o wirfoddolwyr yn dod at ei gilydd er mwyn cynnal digwyddiad er mwyn dangos Dolgellau ar ei orau. Dwi'n falch iawn o ngwreiddiau a chael dweud 'dwi'n foi o Ddolgellau', ac mae gweld pobl o'r dre a thu hwnt yn mwynhau yma yn Nolgellau yn rhoi gwên lydan fel giât ar fy ngwyneb.

Pa gefndir gwell hefyd i unrhyw ŵyl na strydoedd cul, rhai strydoedd llydan, adeiladau hanesyddol, adeiladau bach, adeiladau mawr, waliau cerrig ac wrth gwrs yr olygfa o Gader Idris. Does unman yn debyg i Ddolgellau. A pan mae'n dod i benwythnos y Sesiwn, mae'n bleser gweld pobl yn mwynhau y dre ac yn mwynhau'r adloniant gyda'r cefndir yma. Hir oes i'r Sesiwn Fawr!

Dwi'n cofio pan oeddwn yn blentyn y môr o bobl oedd yn ymgynnull yn y Sgwâr i wrando ar gerddoriaeth o ben draw'r byd. Dwi wastad yn cofio roedd hi'n heulog ac yn boeth a phawb yn gwenu ac yn dawnsio.

Dwi'n cofio'r noson pan oedd Mike Peters a'r Alarm am gloi y Sesiwn, yn 1998 dwi'n meddwl. Roedd yn bosib teimlo'n cyffro yn lledaenu drwy'r Sgwâr. Roeddwn yn eistedd ar ffens oedd o gwmpas y dyn camera oedd yn ffilmio'r dorf gyda'r camera ar ben polyn hir. Roeddwn wedi cael lle saff ac yno byddwn yn eistedd bob blwyddyn ar nosweithiau'r Sesiwn gyda mrawd Geraint a ffrindiau eraill.

Roedd fy rhieni a'u ffrindiau o hyd yn ymgasglu o flaen hen Siop y Dydd, sydd bellach yn Siop fara DDs ar y Sgwâr, ac yn cadw llygad arnom. Y noson ddaeth Mike Peters i'r dre oedd y tro cyntaf i mi weld peiriant oedd yn creu mwg, a dwi'n cofio meddwl wrth weld y mwg yma yn llenwi'r llwyfan a'r Sgwâr, fy mod i ar fin gweld rhywun arbennig.

Mae Mike Peters wedi chwarae nifer o weithiau bellach yma'n y Sesiwn, a nôl yn 2017 cefais yr anrhydedd o'i gyflwyno i'r llwyfan. Yn fy marn i, mae Mike Peters wedi bod yn un o'r artistiaid gorau sydd wedi chwarae yn SFD.

Cofiaf un flwyddyn lawr yn y Llwyfan Cyfle, llwyfan roedd fy mrawd yn ei drefnu, pan oedd Cowbois Rhos Botwnnog a wedyn Derwyddon Dr Gonzo yn chwarae. Roedd y Clwb Rygbi yn llawn i'r ymylon a nifer o'r gynulleidfa wedi dringo i ben y byrddau. Dwi wedi gwylio nifer o gemau rygbi Cymru lawr yn y Clwb Rygbi, ond dwi 'rioed wedi profi awyrgylch debyg yno i'r awyrgylch oedd yna y flwyddyn honno yn y Sesiwn pan wnaeth Cowbois a Derwyddon chwarae.

Yn 2005 roeddwn wedi gorffen astudio TGAU a gyda haf hir o 'mlaen. Dyna'r flwyddyn pan wnaeth Super Furry Animals chwarae yma yn Nolgellau. Roeddwn gyda fy ffrindiau yn eistedd yn y parc yn bwyta chips pan glywsom sŵn PA yr SFA. Wnaethom groesi gwaelod y Bont Fawr ac i fewn i faes parcio'r Marian er mwyn mynd yn agosach at y llwyfan, a dyna lle roedd y Furries yn cael 'sound check'. Roedd posib teimlo'r sain yn dirgrynu a roedden ni i gyd yn meddwl yn syth - mae heno am fod yn andros o noson da! Cyn gadael, edrychodd

Maroon town   Calan

y Super Furries arnom, a'n gweld ni'n eistedd ar y llawr yn bwyta chips, a dyma ni i gyd yn codi llaw, a nhw'n codi llaw yn ôl 'fyd.

Y noson honno dwi'n cofio dawnsio a gweiddi canu gyda gweddill y dorf i ganeuon y Super Furries, sy'n un o fy hoff fandiau erioed. Dwi'n cofio nhw'n chwarae 'Man Don't Give a Fuck' a lluniau o Tony Blair a George Bush ar sgrin tu ôl i'r band, a pawb yn y dorf yn codi un bys at luniau y ddau!

Dydy'r atgofion yma ddim yn digwydd yn Nolgellau yn unig! Yn 2007 a minnau'n astudio Drama, Theatr a'r Cyfryngau yn yr Atriwm yng Nghaerdydd, es i i noson ddisgo gan Goldie Lookin' Chain. Ar ddiwedd y noson siaradais gyda aelod o'r GLC, a dwedais wrtho fy mod i wedi mwynhau eu perfformiad yn Nolgellau y flwyddyn cynt. Ymatebodd aelod o'r GLC gan ddweud 'We loved the Sesiwn Fawr. You guys, up there, were bonkers for us. Loved it!'

A phob tocyn wedi gwerthu, roedd disgwyl mawr ar gyfer Sesiwn Fawr yn 2019, ond fyddai hi ddim yn Sesiwn heb ryw banic neu stori funud olaf, ac felly y bu.

Roedd Meic Stevens i chwarae ar y prif lwyfan nos Wener. Mae Meic wedi bod yn rhan o'm tapestri cerddorol personol i ers fy mhlentyndod ac wedi bod yn rhan annatod

o'r Sesiwn Fawr ers y flwyddyn gyntaf un. Y penwythnos cyn y Sesiwn torrodd stori ar y cyfryngau cymdeithasol yn honni fod Meic wedi gwneud "sylwadau hiliol" o'r llwyfan yn ystod ei berfformiad yn Ngŵyl Arall, Caernarfon. Fel sy'n tueddu i ddigwydd efo'r cyfryngau cymdeithasol fel dyfodd y stori'n sydyn iawn ac chyn bo hir roedd radio a theledu yn rhedeg y stori.

Wrth gwrs doedd neb o'n pwyllgor ni yn bresennol yn ystod y gig gan Meic, felly roedd y cyfan yn stori ail law i ni. Derbyniwyd sawl galwad gan rai oedd yn bresennol yn y gig gan nodi'r hyn a ddwedyd. Roedd yr holl stori yma yn tyfu ac roedd rhaid i ninnau fel pwyllgor wneud penderfyniad ynglŷn â gig Meic nos Wener.

Yn syml roedd y pwyllgor yn unfrydol, gan nad oeddem yn bresennol yng Nghaernarfon, na allem wneud unrhyw benderfyniad ar sail yn hyn a ddwedyd neu ddim. Ond roedd teimlad y byddai ymddangosiad Meic yn tynnu sylw oddi ar weddill y Sesiwn. Roedd ei berfformiad yn sicr yn mynd i fod o dan y chwyddwydr. Efo'r holl bethau oedd wedi ymddangos ar y we, a fyddai'r gynulleidfa'n dechrau gweiddi ar Meic? Beth fyddai ei ymateb yntau pe byddai hynny'n digwydd? Roedd yn sefyllfa na allem ennill rhywsut ac felly gorfodwyd i ni dynnu Meic Stevens oddi ar y 'line-up'.

Gwilym Bowen Rhys

Beca

Nid dyma'r unig artist i fethu'r Sesiwn y flwyddyn honno chwaith. Ar ôl blynyddoedd o geisio roeddwn wedi llwyddo i ddenu'r band anhygoel o Fecsico, Los de Abajo, i Ddolgellau yn 2006. Daeth cyfle unwaith eto i'r band ymddangos yn y Sesiwn Fawr yn 2019 ond bythefnos yn unig cyn yr Ŵyl cysylltodd yr asiant gyda'r newydd eu bod yn gorfod tynnu allan o'u taith i Ewrop. Daeth Maroon Town i fwy na llenwi'r bwlch yn eu lle.

Cafwyd nos Sadwrn hollol anhygoel yng nghefn Y Ship ar y nos Sadwrn wrth i'r Trials of Cato, Rusty Shackle fwy na chynhesu pethau ar gyfer set cwbl anhygoel gan Calan i orffen pethau. Yr un Calan a chwaraeodd un o'u gigs cyntaf a hwythau'n ifanc iawn yn ôl yn 2008. Daeth Vrï a Jarman a'r gerddoriaeth i ben brynhawn dydd Sul. Wrth gwrs wyddem ni ddim ar y pryd ond roedd y gerddoriaeth yn dod i ben mewn sawl ystyr ar y Sesiwn Fawr y prynhawn hwnnw.

Y SESIWN DDIGIDOL

Daeth 2020 a phroblemau gwahanol iawn! Roedd tocynnau wedi dechrau gwerthu'n dda ac roedd edrych ymlaen mawr efo 'line-up' gyffrous dros ben. Roeddem yn pwyllgora yn yr Unicorn ac ar y teledu yn y cefndir roedd gêm bêl-droed rhwng Lerpwl ac Atletico Madrid. Wrth gwrs, ychydig ddyddiau'n ddiweddarach roeddem oll mewn cyfnod clo. Daethom oll yn feistri ar ddefnyddio 'zoom' ar gyfer pwyllgorau. Ni wnaed cyhoeddiad yn syth, ond gohirio'r anorfod oeddem ni, wrth reswm, a gyda chalon drom gohiriwyd Sesiwn Fawr Dolgellau 2020.

Roedd Dafydd Huws wedi rhoi'r gorau iddi fel Swyddog Datblygu yn dilyn cyfnod llwyddiannus iawn yn y swydd. Roedd Sara Mai Hywel wedi'i phenodi i'r swydd ac roedd edrych ymlaen eiddgar at gydweithio efo Sara a fyddai'n dod â sgiliau gwahanol at y bwrdd. Yn anffodus ni fyddai cyfle i Sara weithio ar Sesiwn Fawr 'go iawn' fel petai, ond wrth i'r cyfnod clo ymestyn o wythnos i wythnos ac o fis i fis gwelwyd y gellid cynnal rhyw fath o Sesiwn Fawr a hynny ar lein.

Roedd Sara'n hollol greiddiol yn hyn, yn golygu a chyhoeddi'r cyfanwaith ar y we trwy ein tudalen Facebook. Roedd yr arlwy yn gynnyrch cartref go iawn wrth i nifer o artistiaid gyflwyno cân neu ddwy ar gyfer y darllediad.

Roedd Gwerinos newydd gychwyn recordio CD ac roedd pedwar trac gennym y gellid eu defnyddio ar gyfer y rhaglen. Roedd y gerddoriaeth gennym, petai pawb yn recordio'u hunain yn meimio i'r gerddoriaeth gallem roi pob dim at ei gilydd yn hawdd! Wel, dyna oedd y syniad o leiaf. Mewn gwirionedd fe gymerodd syncio'r chwe fideo efo'i gilydd i gyd-fynd â'r trac sain bron i wythnos o waith wrth ymgyfarwyddo â'r meddalwedd Premier Pro ar yr un pryd. Syniad da ar y pryd a drodd allan yn dipyn o waith!

Wrth edrych ar yr ystadegau gwelwyd fod y rhaglen 'Y Sesiwn Rithiol' wedi ei gwylio gan filoedd a hynny ar draws y byd. Roedd 'Sesiwn Fawr 2020' wedi'i gweld gan lawer iawn mwy nag a fyddai wedi'i gweld pe byddai wedi mynd ymlaen fel arfer. Roedd y Sesiwn Fawr fel nifer o wyliau tebyg a arbrofodd efo darllediadau yn gweld eu bod yn llwyddiannus wrth ddenu cynulleidfaoedd newydd llawer iawn mwy. Byddai'n rhaid ystyried darllediadau fel hyn yn

Bwncath

Vri

ran o unrhyw arlwy yn y dyfodol. Fel y gwnaeth llawer yn ystod y cyfnod yma roeddem wedi'n deffro i bosibiliadau llawer ehangach defnyddio'r rhyngrwyd.

Yn dilyn llwyddiant Y Sesiwn Rithiol aed ati i drefnu 'Sesiwn 'Dolig' ond y tro yma gan geisio gwneud pethau ychydig yn fwy proffesiynol. Gofynnwyd i Gwmni Amcan (Dafydd Huws) wneud y gwaith ffilmio efo Griff Lynch yn cyfarwyddo tra roedd Aled Huws yn cymysgu'r sain. Y canlyniad oedd rhaglen hyfryd a ddarlledwyd ar Noswyl Nadolig efo'r artistiaid Gwilym Bowen Rhys, Plu a Bwncath yn perfformio. Cafwyd ambell gân blygain yn ogystal. Darlledwyd unwaith eto trwy gyfrwng ein tudalen Facebook ond hefyd ar wefan AM.

Rhaid cyfaddef fod recordio'r rhaglen yn ddigwyddiad eithaf emosiynol. Dyma'r tro cyntaf i mi fod mewn digwyddiad cerddoriaeth byw ers bron i flwyddyn ac roedd clywed y bandiau yn mynd trwy'u pethau yn wirioneddol hyfryd.

Doedd dim amdani felly pan welwyd na fyddai modd cynnal Sesiwn Fawr yn 2021 ond defnyddio'r un fformiwla ar gyfer y Sesiwn Fawr, a bedyddiwyd hi'n digiDol. Gwahoddwyd Huw Dylan, Beca, Derw, I Fight Lions a Vrï i gymryd rhan a chyflwynwyd y cyfan yn berffaith gan yr hyfryd Angharad Jenkins. Darlledwyd sawl eitem lenyddol yn ogystal. Yn wir cafwyd penwythnos o ddarllediadau gwych iawn ar AM.

Yn ystod y cyfnod clo gorfodwyd sawl un i weithio o adref a dyna ddigwyddodd yn hanes Sian Davenport a

oedd ac sydd yn gweithio i AM/Pyst. Daeth Sian yn aelod gwerthfawr iawn o'r pwyllgor wrth i ninnau gymryd mantais o'i chysylltiadau yn y byd cerddorol Cymraeg.

Derw

Glain Rhys

Y Tîm Diogelwch
- Allen Drake Management

The Allen-Drake Events team spent many happy times over the years working at Sesiwn Fawr Dolgellau. It was a pleasure to be there. The drive to Dolgellau around Cardigan Bay from our base in west Wales was as beautiful as it was full of delicious anticipation. On arrival we all immediately got stuck in to help get the infrastructure set up and by early Friday evening, when everything was ready: gates open; audience buzzing; stage lit and bands playing, it was great to relax for a few moments around our regular, exclusive alfresco dining experience, using of the lid of a huge green rubbish bin as a table to dine on and a wonderful, much needed meal from Bruce's veggie curry stall. Of course everyone was kept busy throughout the weekend helping ensure the festival ran smoothly, often spending many hours checking the Heras perimeter fencing hadn't been breached (and fixing it when it was). Now and again we got to enjoy some of the amazing variety of music on offer; memorable moments ranged from Goldie Lookin' Chain, who brought a new challenge to the stewarding staff by introducing them to an audience that could both outpace and outsmart them, to the mellow laid back Sunday afternoon groove of the fabulous Ukulele Orchestra of Great Britain. One particular evening sticks in the mind of one of our team, Malcolm. It was the night he got to share a ride with Bob Geldof. It was a cool, wet night. Bob Geldof had just played a great set with his band and had retired to his changing room (aka a portacabin), next to the Green Room in the artists' secure compound, which included a parking area. However, the parking area had proved too small to accommodate Bob's tour bus so it had to be parked about 400 metres away. Bob had decided it was too far to walk so Malcolm was summoned to get his car and drive the curmudgeonly Irishman to his bus. Malcolm arrived at the portacabin, muttering to himself about the arrogance of pop stars, to find

a large number of fans waiting outside in the drizzle to get autographs. Mostly women, they clutched copies of Bob's and The Boomtown Rats LPs and CDs. Time passed. A few got restless. The smell of aromatic herbs filled the air, so no one got too uptight. After about half an hour (what could Bob have been up to in there?) the great man emerged, walked past his fans, hardly acknowledging them, and got into Malcolm's car. Malcolm wasn't too impressed with all this but, nevertheless, was very excited to have Bob alongside him (the tour manager had got into the back) wearing the famous striped trousers, a garment perhaps more memorable than his music.

A cassette (ask your grandparents) was playing Frankie Ford's 'Sea Cruise'. Malcolm was nervous but so keen to speak to Bob that he spluttered out "You can't beat a bit of Rock 'n' Roll, can you?" "Yes you fookin can!" came the reply. "Don't mind Bob," the tour manager called from the back seat, "he's very tired." Malcolm hasn't minded Bob since (though he did recently meet The Boomtown Rats' lead guitarist, who told him what a lovely chap Bob is). Anyway, as Malcolm was parking his car, thinking his night was over, he got a radio call – could he return to the artists' compound because a band (whose name will remain unmentioned here) were so tired and emotional they were unable to remove their van from the parking area, which was due to be locked for the night? And would he drive it out to a safe place? When Malcolm got the keys and climbed into the van's cab he discovered it was littered with empty lager cans, beer bottles, and what appeared to be the ingredients for making jazz Woodbines. He refused to move the van until he received an affidavit, signed by the on-site police Inspector, that he was guilty of no wrongdoing. This was not forthcoming at such short notice, so late at night, so Malcolm settled for cash in hand. Not all of our team were so avaricious. The rest thoroughly enjoyed every minute of the community vibe of the festival and reminisce often - even Malcolm talks fondly of Sesiwn Fawr.

Keith Allen

Teledu

Emyr Afan

Sesiwn Fawr Dolgellau

Fedrai'm edrych nôl heb wenu! Do gethon ni ein siâr o dywydd heriol, yr heddlu'n poeni am niferoedd a methu cael mewn i'm stafell yn Y Ship am fod y bar yn orlawn ond mi oedd yn fraint darlledu oddi yno. Gŵyl gynhenid Gymreig a oedd ynghanol calon y dref, ac ydw, mi ydw i yn un o'r rhai oedd

Cefnogwyr Mike Peters o'r Alban yn 1998

llawer gwell gen i lwyfan sgaffaldau amrwd ar y sgwâr a gogoniant Cadair Idris uwch ei ben. Gwên arall fydd yn dod i'r meddwl yw'r wên na phyla amser (na 'soundcheck' anodd, na trydan wedi diffodd), sef y wên barhaol honno ar wyneb annwyl Mistar SFD ei hunan Ywain Myfyr! Deinamo byw nad oedd modd dweud na wrtho, llawn gweledigaeth, ei bwyllgor tu ôl iddo. Dim ond llais synnwyr cyllid o bryd i'w gilydd gan Elfed fyddai yn frêc arno. Byddai Elfed bob amser yn edrych arna i ddwywaith wrth siarad gydag Ywain gan fy mod i yr un mor uchelgeisiol ag Ywain dros y Sesiwn yn y cyfnod roeddwn wrthi - 'double trouble' ys dywed y Sais.

Ffrwyth cydweithio agos oedd Bob Geldof, Super Furry Animals, Mike Peters a llawer mwy. Byddwn wedi clywed Stivell hefyd petai y Llydawr ddim wedi colli ei limpyn cyn perfformio! Dyna oedd y cyfnod lle roedd Cerddoriaeth a gwyliau cerdd cefn gwlad Cymru yn flaenoriaeth ar ein sianel genedlaethol gyda Radio Cymru yn bartneriaid yng ngwir ystyr y gair.

Twm Morys oedd yn ein tywys trwy'r cynnwys drwy gerdd neu sesiwn gwerin byrfyfyr a wna'i byth anghofio trio ffilmio Twm a'i gwrwgl ar y Mawddach lle oedd y llif yn uchel a'r amynedd yn brin cyn dyddiau asesiad risg cyflawn! O leiaf gethon ni y synnwyr i beidio parhau â'r saethu er waethaf y lluniau gwych oedd yn fy mhen!.

Mi wnaeth Y Sesiwn ein cyflwyno ni i gyd i gerddoriaeth o bedwar ban byd ac mi ddysgon ni gryn dipyn am draddodiadau cerddorol gwahanol wledydd. Un o'r rhai sydd yn sicr wedi aros yn y cof ydi'r grwp Bhangra o Wolverhampton, Achanak. Mi oedd sgwâr y dref yn

bownsio i ryddmau eu drymiau traddodiadol wedi eu cyfuno yn berffaith gyda'u synau electronig. Fe ymwelodd Achanak â sawl cynhyrchiad i Avanti ar ôl hynny a gwych oedd eu gweld nôl yn y Sesiwn ar y Marian flynyddoedd yn ddiweddarach.

Mae na rai pethau gwerth eu cofio a'u dathlu ac mae Sesiwn Fawr Dolgellau i'w drysori ar y rhestr hwnnw. Aeth Avanti ymlaen i gynhyrchu digwyddiadau fel Tom Jones yn dod adref i Bontypridd, Gŵyl y Mobos gyda Stormzy ac Idris Elba, Y Faenol, Stereophonics yng Nghastell Caerdydd a'r Morfa ond does dim un o'r rhain wedi cyfleu yr hwyl gethon ni yn Sesiwn Fawr. Yn ystod y blynyddoedd o gyfarwyddo'r nosweithiau yma tra'n goruchwylio *Y Sesiwn Hwyr* gyda Iestyn George y gwnes i a Med, Chris Lewis Jess a llawer un o'r criw dorri dannedd ein crefft. Mi oedd ffrindiau Ceri Anweledig wnaeth dynnu eu dillad yn noeth tra ar deledu byw baratoi y meddwl ar sut i dorri i ffwrdd yn chwim gyda'r camerâu pan wnaeth Goldie Lookin Chain neud stunt tebyg yn *The Full Ponty*! Sawl gwers werthfawr wedi eu dysgu!

Emyr Afan
Prif Weithredwr AVANTI

Super Furry Animals

Med Parri

Roedd gweithio ar yr ochr ddarlledu teledu o Sesiwn Fawr Dolgellau yn brofiad braf ac yn wahanol i weithio ar wyliau eraill ar y pryd. Y rheswm am hynny yn bennaf dwi'n meddwl oedd y ffaith ei bod yn ŵyl fwy gwledig, organig, teuluol a chartrefol. Am benwythnos ym mis Gorffennaf byddai'r sgwâr yn cael ei gau i draffig, dau lwyfan yn cael eu codi a miloedd o bobl yn heidio yno i ŵyl oedd yn rhad ac am ddim a phawb yn mwynhau.

Ar y pryd mi oeddwn i yn gweithio gyda chwmni Avanti wnaeth gael yr hawliau i ddarlledu o'r Sesiwn Fawr a dwi'n cofio mynd i'r ŵyl efo Emyr a Mair Afan fel 'pyntars' y flwyddyn cyn i ni ddechrau darlledu a chael blas o'r profiad o fod yn rhan o'r gynulleidfa. Y flwyddyn ganlynol mi oeddan ni yn recordio'r perfformiadau o'r llwyfan yn ogystal â rhai yn y tafarnau a gwahanol leoliadau gyda Twm Morys yn cyflwyno. Dros y blynyddoedd byddai Twm yn cael ei ffilmio yn cyrraedd yr ŵyl mewn gwahanol ffyrdd - unwaith mewn Cwrwgl ar Afon Wnion ac unwaith yn ei Forus Mul (Morris 1000) a weithiau yn gorfod cyflwyno a pherfformio efo Bob Delyn a'r Ebillion.

Gyda dyfodiad S4C digidol fel ail sianel i S4C roedd y Sesiwn Fawr yn berffaith ar gyfer darlledu byw. Gan fod na ddau llwyfan ar y sgwâr ac yn ddiweddarach y Marian roedd yn rhoi cerddoriaeth fyw di-dor ar gyfer y darllediadau byw. Ac felly y bu, gan gychwyn darlledu ar nos Wener ac yna ailgydio ynddi o tua 11 bore Sadwrn tan tua 5 ac yna nos Sadwrn o tua 8pm tan y diwedd.

Mae na lot o atgofion o weithio ar y Sesiwn Fawr. Un her oedd y tywydd a dwi'n cofio un flwyddyn roedd hi'n pistyllio bwrw glaw ar y nos Wener. Mi oeddwn wedi bod yn cyfarwyddo am sawl awr ond erbyn hyn mi oedd Emyr wedi cymryd drosodd. Mi oeddwn yn sylwi fod y camera oedd ar y Jimmy Jib yn cael trafferth efo glaw yn llenwi y lens a gan fod y gŵr camera yn gweithio tua 18 troedfedd i ffwrdd o'r camera roedd yn anodd iddo allu ei sychu. Gan mod i yn rhydd o'm dyletswyddau cyfarwyddo mi es at y gŵr camera a chynnig sychu ei lens iddo, felly bob hyn a hyn byddai'r camera yn hedfan ataf i gael ei sychu. Daeth y boi ma fyny ata i a gofyn be o'n i'n wneud a mi wnes esbonio.

"Dyma ydi dy job di felly?" medda fo.

"Ia" medda fi yn gweld cyfle i dynnu coes - "dyma dwi'n neud bob dydd."

"Be? Just sychu y camera?" medda fo, "a ma siŵr dy fod yn cael dy dalu lot o bres i neud hyn?"

"Ydw, ond mae'n job bwysig a dwi di treulio blynyddoedd yn trenio i neud hyn - dim just sychu y lens dwi'n neud ond sychu hi mewn ffordd arbennig - ac wrth gwrs mae na lot o alw am hyn yng Nghymru oherwydd y tywydd gwlyb da ni'n gael."

Ar hynny fe ddaeth y camera ataf a mi wnes esbonio fod y clwtyn papur oedd gen i yn fy llaw yn un arbennig a bod rhaid sychu y lens dair gwaith efo'r cloc, yna dair gwaith yn erbyn y cloc ac yna un waith efo'r cloc eto fel bod dim *streaks*.

I ffwrdd â'r camera i weithio eto a'r dyn y bues yn siarad efo fo yn esbonio i'w ffrindiau bod y boi na fanna yn cael ei dalu ffortiwn i just sychu lensys gwlyb ar gamerâu. Ches i ddim cyfle yn anffodus i esbonio mai tynnu ei goes oeddwn i - felly mae'n bosib fod na griw o fynychwyr y Sesiwn Fawr yn dal i gredu hynna!

Yn sicr mi wnaeth y Sesiwn Fawr agor fy llygaid i'r gwahanol fathau o gerddoriaeth oedd yn y byd. Rywsut mi oedd Ywain Myfyr a'r pwyllgor yn cael gafael ar artistiaid oedd yn gadael argraff, grwpiau Celtaidd o Iwerddon, Llydaw, yr Alban, grwpiau o America a rhai o wledydd fel Tibet. Dwi'n cofio grwp o fynachod o Tibet oedd yn canu 'Throat Singing' i gyfeiliant offerynnau traddodiadol. Doeddwn i erioed di clywed y fath beth ac roedd y lluniau o'r dorf yn gwrando ac yn gwerthfawrogi yn werth eu gweld.

Dwi'n cofio Ywain Myfyr yn deud wrtha i ei fod am gael band Bhangra o Wolverhampton i gloi un o'r nosweithiau. Enw'r band oedd Achanak a dwi'n cofio meddwl tybed a oedd Myfyr yn gall i wneud hyn a sut y byddai cynulleidfa Sesiwn Fawr yn ymateb i'r math yna o gerddoriaeth. Ond mi oedd Ywain Myfyr yn iawn a'r sgwâr wrth eu boddau yn dawnsio i ryddmau a synau Indiaidd Electronig Achanak. Fe ddes i adnabod rai o aelodau y band a mi gawson ni nhw i ymddangos ar raglenni eraill S4C a mi wnaethon nhw ddod nôl i'r Sesiwn Fawr ymhen blynyddoedd.

Drwy'r Sesiwn Fawr mi gafon ni y pleser o weithio a chwrdd â gymaint o Artistiaid gwahanol - rhai oedd yn bleser i gwrdd â nhw ac eraill ddim cymaint. Yr artistiaid sydd yn dod i'r meddwl yw Burning Spear, Bob Geldof, Paul Young, Capercaillie a The Saw Doctors yn ogystal â gymaint o fandiau ac artistiaid o Gymru. Dwi'n cofio eistedd ym mar y Ship tan oriau mân y bore gyda Dave a Leo o'r Saw Doctors yn cael peint tra oedden nhw yn aros am alwad i fynd ar eu bws draw i Gaergybi i ddal y cwch nôl adre. Roedd gan y Saw Doctors gysylltiadau â Chymru - Cwmni Geraint Jarman, Criw Byw, oedd wedi gwneud fideo ar gyfer un o'u caneuon ac mi oedd cyn-chwaraewr allweddellau Meic Stevens, Tony Lambert, yn gyn-aelod o'r band. Noson ddifyr iawn. Cofio hefyd cael cwrdd efo Burning Spear y canwr reggae o Jamaica. Roedd am drafod y darllediad o'i set ac felly mewn â fi i babell yng nghefn y llwyfan lle oedd yn 'meditatio' mewn cwmwl o fwg melys ei arogl cyn perfformio. Roedd yn ŵr addfwyn, hyfryd a hynod ysbrydol ac ni allwn ond teimlo mor 'relaxed' yn ei gwmni.

Ond efallai mai perfformiad Anweledig un flwyddyn oedd yr un roddodd y sialens fwyaf i ni. Diolch i'r drefn nid fi oedd yn cyfarwyddo'r perfformiad yma oedd yn cael ei ddarlledu yn fyw ar S4C ond mi oeddwn yn cynhyrchu'r darllediad yng nghefn y tryc. Rywsut mi wnaeth dau aelod o'r gynulleidfa, dau o Ben Llŷn fel mae'n digwydd, neidio ar y llwyfan i ddawnsio efo Anweledig a phenderfynu y basa nhw yn tynnu eu crysau. I ddechrau mi oeddan ni gyd yn chwerthin ac yn gweld hyn yn dipyn o hwyl ond wnaethon nhw ddim stopio efo'r crysau a mi ddaeth gweddill y dillad i ffwrdd hefyd. Dwi'n cofio edrych ar y sgriniau oedd yn dangos be oedd y camerâu yn ei weld a meddwl fod na bosibilrwydd y galle'r darllediad ddangos gormod! Felly dyma weiddi 'sticiwch i wynebau a dim byd arall' (wel dwi'n siŵr mod i wedi rhegi nifer o weithiau hefyd). Yn sicr mi drodd y chwerthin i banic ond mi lwyddon ni i ddod i ddiwedd y gân heb achosi gormod o embaras i'r ddau o Ben Llŷn. Dwi ddim yn cofio pa gân oedd hi - 'Cae yn Nefyn' mae'n rhaid!

Roedd na lot o chwerthin. Dwi'n cofio Huw Aled ein Rheolwr Cynhyrchu yn dod i mewn i'r tryc a gofyn am gopi o setlist roedd un o'r bandiau wedi ei anfon i mewn, achos doedd y band ddim yn cofio beth oedden nhw 'di ddeud oeddan nhw am ganu. Rhoddodd yr ymchwilydd gopi o'r setlist i Huw Aled aeth â fo at y band ond cyn ei roi iddyn

Albert Kuvezin, Yat-Kha o bellafoedd Mongolia

nhw fe edrychodd ar y rhestr. A diolch am hynny achos mi oedd yr ymchwilydd wedi nodi wrth enw y gân roedd y band am gael ei darlledu yn y rhaglen uchafbwyntiau, "hon ydi'r gân orau meddai ******" ac yn hytrach nag enwi'r aelod mi oedd wedi gwneud sylw am steil ei wallt. Efallai y gallai Huw Aled ymhelaethu ar be ddigwyddodd wedyn ond o fel wnes i ddeall fe aeth fel hyn:

"Dyma eich setlist chi bois" gan edrych ar y darn papur.

"Naci, dim setlist chi di hon - un rhywun arall. Fydda i nôl rwan - mi a'i i nôl yr un iawn".

Yn ôl a fo i'r tryc. "Blydi hel ail-sgwenna hwn allan ond heb y sylw am y gwallt!"

Diolch i'r drefn ein bod ni erbyn hyn rhwng bandiau achos mi oeddan ni gyd yn crio chwerthin!

Wna'i adael i chi ddychmygu pwy oedd y band ond mae'r ymchwilydd bellach yn enw cyfarwydd iawn ar y teledu!

Mi oedd Gwesty Y Ship yn rhan fawr o'r Sesiwn. Pan

oedd yr ŵyl ar y sgwâr mi oedd yn cymryd tua chwarter awr i fynd o'r tryc, oedd wedi ei barcio wrth ble mae Tŷ Siamas bellach, i'r gwesty, gan fod na gymaint o bobl ar y sgwâr yn dod â'u noson i ben. Yn y Ship oedden ni'n aros dros yr ŵyl a dyna lle roedden ni i gyd yn cwrdd ar ddiwedd y nos i gael peint ac i drafod popeth dan haul efo Ywain Myfyr, Elfed, Emyr, Esyllt, Andrew ac eraill o'r trefnwyr yn ogystal â chriw Radio Cymru a rhai o'r Artistiaid. Dwi'n cofio un o berfformiadau cyntaf y grwp Mega ar y grisiau yn y Ship yn ein diddanu ar ddiwedd nos i gyfeiliant ghettoblaster - efallai ddim beth oedden ni ei angen ar ôl noson o waith ond mi oedden nhw yn edrych fel eu bod yn joio!

Mi oedd rheolwr Y Ship, Bernhard, yn ddyn amyneddgar iawn ond un flwyddyn mi gafodd ei wthio i'r pen.

Mi gyrhaeddais i y bar tua hanner nos, cael y peint cyntaf ac fel roeddwn i yn barod am yr ail mi sylwais fod aelodau o un o'r grwpiau Cymraeg yn eistedd ar lawr yn mwynhau peint ac yn bwyta *gateau*. Sylwodd Bernhard hefyd a dechreuodd weiddi ar dop ei lais, "Where did you get that?" Doedd dim ateb boddhaol yn dod o gyfeiriad bwytawyr y *gateau* ac felly dim ond un ateb oedd 'na - roedd rhywun wedi dwyn y gacen o'r gegin.

"Close The Bar!" gwaeddodd Bernhard. Ac i lawr â'r shutters.

Dwi'n cofio edrych ar fy ngwydryn peint gwag a nghalon yn disgyn.

"Any chance of another pint, Bernhard?" medda fi.

"I've closed the bar!" gwaeddodd.

"Yes I know - but I have only had one pint and I've been working all night."

"The Bar is closed - that's it," medda fo gan chwifio ei freichiau i ddynodi: dyna'r diwedd.

Mi oeddan ni yn sylweddoli ei fod o ddifri felly dyma siarad efo fo er mwyn ceisio ei ddarbwyllo a chael sgwrs am hyn a llall aeth ymlaen am beth amser. Ar ôl dipyn mi oedd yn dod ato ei hun a mi ddwedais i mod i'n mynd i fy ngwely (er yn sychedig).

"Why?" medda fo.

"You've closed the bar, Bernhard," medda fi, "I might as well call it a night."

A dyma fo'n gweiddi eto, "Open the bar!" Ac i fyny â'r shutters a mi lifodd y cwrw unwaith eto!

Fe wnes i weithio efo Avanti ar y Sesiwn Fawr tan tua 2004 pan gymerais swydd efo'r BBC. Ond mae'r blynyddoedd o atgofion o wneud y daith i Ddolgellau am benwythnos o ddarlledu ym mis Gorffennaf yn bwysig iawn i mi. Mi wnes lot o ffrindiau, mi gefais lot o hwyl a mi ddysgais lawer am gerddoriaeth.

Huw Aled

Atgofion melys ar y cyfan o benwythnosau gwyllt. Cael clywed cerddoriaeth newydd a hen ffefrynnau. Synnu at allu Ywain Myfyr a'r pwyllgor i greu bwydlen gerddorol eang bob blwyddyn.

Achanak

Rhai pethe' sy'n dod i'r cof:
Achanak y band bhangra o Birmingham: cyn iddynt fynd ar y llwyfan dyma'r rheolwr (yn ei wisg traddodiadol) yn dod ata i a gofyn (mewn Brummie perffaith) a fydde'n iawn gadael ei fan ger y fynedfa. Roedd wedi ffonio'r AA gan fod 'na broblem efo'r injan a gan fod ganddynt gig arall am un o'r gloch y bore yn Wolverhampton doedd e ddim isho torri lawr yn y mynyddoedd. "Imagine if we broke down and had to walk to the nearest farm. The guy would have a fit and think Wales had been invaded by Sikhs."

Diffyg Pit Barriers: mewn cyngherddau a gwyliau y drefn ydi gosod 'pit barrier' o flaen y llwyfan i roi rhywbeth i'r gynulleidfa bwyso arno ac i alluogi dynion camera a'r criw diogelwch a chymorth cyntaf i gael lle i weithio o flaen y llwyfan. Archebwyd cyflenwad un flwyddyn gan gwmni yn Llundain gan ofyn iddynt eu danfon nhw erbyn ganol bore dydd Gwener.

Ganol bore yn mynd a dod. 'Ar ei ffordd' medde'r boi ar y ffôn. Ar ôl cinio dyma alwad – 'sori ond ma'r lori wedi cael ei stopio am fod dros bwysau ger Birmingham a mae rhaid i ni yrru lori arall allan.'

'O diar,' medde finnau - ond mewn geiriau mwy lliwgar. Dyma nhw'n cyrraedd am hanner awr wedi chwech. Y llwyfannau yn barod, y bar yn barod, y cyrri'n ffrwtian a'r dyrfa tua allan yn dechre meddwl a oedd y gatiau byth am agor.

Dwi'n meddwl i ni dorri record Guinness am osod pit barrier yn noson honno

Codi piano Huw Chiswell: Roedd Huw angen 'baby grand' gwyn ar gyfer ei berfformiad. Ond doedd dim digon o le i gadw'r biano ar y llwyfan cyn nac ar ôl iddo berfformio. Felly (gan obeithio bod neb o Siop Eifionydd yn darllen hwn) yr unig beth i'w neud oedd ei chodi efo fforc lifft!

Roedd calonnau pawb yn eu gyddfau – un cam gwag a bydde na lot o esbonio i'w neud!

Adeiladu llwyfan ar y Marian: Fe ddaru symud i'r Marian alluogi i ni gael llwyfannau mwy. Ond roedd hyn yn meddwl y bydde angen cau y Maes Parcio yn gynt i alluogi'r adeiladu i ddigwydd. Fe roddwyd arwyddion am wythnos cynt i rybuddio pobol fod y maes yn cau ar y nos Fercher ac ar y cyfan roedd hyn yn gweithio.

Ond un flwyddyn roedd 'na gar wedi ei adael reit yn nghanol ble ddyle Llwyfan A fod. Ddaru ymholiadau lleol ddim dod ag enw, a'r cyfan fedrai'r heddlu neud oedd cadarnhau nad lleol oedd y perchennog.

Gan obeithio y bydde'r perchennog yn cyrraedd aethwyd ati i adeiladu o amgylch y car. Fel roedd y criw yn gorffen am y noson ac wedi creu llwyfan siâp pedol daeth 'na foi ar draws y maes parcio: "Is my car in your way?"

Roedd wedi bod yn cerdded Cader Idris a newydd gael cawod. Wrth sychu ei hun ac edrych allan o ffenest ei westy ar y gwaith ddaru fo sylwi mai ei gar o oedd ar fin diflannu o dan llwyth o sgaffaldiau!

Brêcs y lori generadur: Cwmni o Fanceinion oedd yn cyflenwi y generadur ar gyfer y llwyfan a'r tryciau teledu. Un bore Gwener braf iawn ar y Marian dyma'r lori'n troi fyny a'r gyrrwr yn neidio allan. "Gai fwced o ddŵr plis?"

"Wel gei di stafell yn y gwesty unwaith ti di parcio," medde finnau.

"Nid i fi – i'r lori!" A dyma fe'n pwyntio at yr olwyn ôl lle roedd y brêc yn danbaid goch! Roedd pwysau'r lori, mynyddoedd y canolbarth a'r tywydd poeth 'di gadael eu hoel!

Glanhau y sgwâr: Yn y blynyddoedd cyntaf roedd yn syndod i mi sut roedd y Cyngor Sir yn medru glanhau y sgwâr mewn cyn lleied o amser. Fydden ni'n gorffen tynnu y stwff technegol tua un y bore, y sgaffaldwyr yn cyrraedd gyda'r wawr ac erbyn i ni godi am frecwast roedd yr holl sbwriel wedi diflannu a cheir a bysiau nôl fel arfer. Ai breuddwyd oedd y noson cynt?

Uchafbwyntiau cerddorol: dim mewn unrhyw drefn...
Ukulele Orchestra of Great Britain
Saw Doctors
Achanak
Unrhyw Headliner ar Lwyfan A – jest i weld ymateb y dorf!
Son of Man (gan mai Man oedd y grŵp byw cyntaf i mi weld yn y Kings Hall)

Huw Stephens

Mae gen i atgofion melys o fynd i Sesiwn Fawr Dolgellau gynta, tua 1995. Roedd y tafarnau yn llawn, a'r Gymraeg yn bob man, roedd ne bobl yn chware ffidil mewn un cornel, a phawb yn hapus eu byd. Mae meddwl am y peth erbyn hyn fel dychmygu golygfa o ffilm, ond roedd yr awyrgylch, yr hwyl, y craic, yn fyw ac yn hynod o heintus. Roedd fy chwiorydd yn ffans mawr o Bob Delyn a'r Ebillion, yr albwm *Gedon* yn ffefryn ar gasét mewn ceir, a 'Trên Bach y Sgwarnogod' yn ffefryn genna i. Felly roedd gweld Twm Morys, y cawr o ddyn, bron fel rhyw gymeriad o'r Mabinogi, yn eistedd ac yn canu mewn tafarn yn Nolgellau, yn brofiad arbennig o gyffrous. Pob parch i'r trefnwyr a'r gwirfoddolwyr sydd wedi sicrhau parhad yr ŵyl; gŵyl sydd o'r galon.

POSTERI Y SESIWN FAWR

Dyma gasgliad arbennig iawn o ddelweddau sy'n cynrychioli deng mlynedd ar hugain ers y Sesiwn Fawr gyntaf yn 1992. Un rheswm am eu hynodrwydd yw fod y mwyafrif gyda gweithiau celf gwreiddiol gan wahanol artistiaid yn rhan creiddiol ohonynt. Golyga hyn nad oes gan y gyfres arddull tŷ (*house style*) amlwg. Er fod hynny yn mynd yn groes i gonfensiwn arferol dylunwyr graffig sy'n hoffi cyflwyno thema i gyfres o ddelweddau.

Mae'r rhelyw ohonynt hefyd yn dangos llaw yr artist ac yn hepgor y duedd ddiweddaraf o gyflwyno gwaith graffeg drwy gyfrwng ffotograffig a rhaglenni cyfrifiadurol, sydd ar adegau yn gallu ymddangos yn oeraidd ac amhersonol. Ond wedi dweud hynny, mae'r saith poster gan Gruffydd Ywain yn gwrth-ddweud y ddamcaniaeth honno. Sylwer yn arbennig ar boster atmosfferig 2008 gyda Chader Idris mewn silwét yn y cefndir, neu poster 2011 sy'n enghraifft wych o gyfuno ffotograffiaeth â lluniadu llinellog. Nid oes ond dau boster yn defnyddio delwedd ffotograffig yn unig, sef dyluniad syml ond effeithiol Ywain Myfyr yn 1994 a delwedd ramantaidd Richard Morgan yn 2003 o gerddorion mewn murddun ar lethrau Cader Idris, wedi ei gyfansoddi yn arbennig ar gyfer y poster.

Tybir yn aml, yn wahanol i gelfyddyd gweledol yn gyffredinol, mai delwedd i'w darllen ar frys yw poster, ond mae rhai o'r posteri fel pe baent yn gwrth-ddweud y canfyddiad hwn. Mae llawer ohonynt yn annog y gwyliwr i aros a sylwi a gwahodd y llygad i fynd am dro o gwmpas y ddelwedd. Gwelir clyfrwch mewn rhai posteri yn llwyddo i weithredu ar ddwy lefel, gan gyflwyno manylder a symbol trawiadol ar yr un pryd. Dyna yw nodwedd un o bosteri Teresa Jenellen, 2017, sy'n cynnwys proffil o ben merch ar

gefndir gwyn gyda chymhlethdod ei harddull nodweddiadol oddi mewn. Caiff poster 2016 Richard Morgan yr un effaith gyda'r chwilair fel delwedd ganolog sy'n tynnu sylw, fel sy'n nodweddiadol o boster da, ond ar yr un pryd yn gwahodd y gwyliwr i aros ac edrych yn fanylach ar y chwilair.

Roedd mudiadau celf yr ugeinfed ganrif megis

1999

Mynegiadaeth, Ciwbiaeth, Swrealaeth a Chelfyddyd Bop yn cydoesi â datblygiad y poster ac fe welir dylanwad y mudiadau hyn ym mhosteri y Sesiwn Fawr. Gellir gweld llawer o'r dylanwadau hyn yng ngwaith Richard Morgan sy'n gyfrifol am bump o'r posteri. Y rhyfeddod yw fod ei bosteri yn hollol wahanol o ran eu harddull a'u natur, ac mae'n siŵr mai ei gefndir fel athro celf sy'n rhoddi iddo'r ddealltwriaeth a'r gwerthfawrogiad o fudiadau celf gwahanol. Yn ei boster 2001 defnyddiodd arddull ciwbaidd i aildrefnu tirnodau Dolgellau yn un cynllun cymhleth. Ym mhoster 2002, celfyddyd bop y chwedegau ac yn benodol clawr record *Sergeant Pepper* y Beatles gan yr artist Peter Blake ddaw i'r meddwl. Mae poster 1999 yn adleisio cyfosodiadau celfweddol yr un artist.

Arddull mynegiannol iawn sydd ym mhoster 1995 Maggie May lle mae'n defnyddio lliw llinell a ffurf i greu delwedd sy'n llawn emosiwn ac yn cyfleu y syniad o gerddoriaeth a symudiadau dawns.

Ym mhoster Maggie May hefyd mae'r testun ei hun – 'Sesiwn Fawr' yn rhan creiddiol o'r cynllun. Gwelir hyn gan amlaf yn y posteri sydd ddim yn cynnwys rhestr fanwl o'r artistiaid fel ym mhoster 1996 gan Dick Summers neu poster 2000 Richard Morgan. Yn y posteri sy'n cynnwys gwybodaeth am yr artistiaid sy'n ymddangos mae'r defnydd o ffurfdeipiau'n angenrheidiol.

Mae rhai posteri yn cyflwyno delwedd annisgwyl ac

fe wna hynny i'r gwyliwr aros am ennyd mewn penbleth. Enghraifft dda o hyn yw darlun o dan y dŵr Teresa Jenellen 2018. Ar yr olwg gyntaf does gan y ddelwedd ddim i'w wneud â'r Sesiwn Fawr, ond fe amlygir y berthynas o sylweddoli mai 'Y Môr' oedd thema Bwrdd Croeso Cymru y flwyddyn honno. Natur wreiddiol bersonol ei ddelwedd sy'n cyfrannu at effeithiolrwydd poster 1998 y diweddar Mihangel Arfor Jones - mae'n llawn o batrwm sy'n cyfleu egni a hapusrwydd a gellir ymdeimlo â'i hoffter o ryddmau cerddoriaeth a chylchdro y lleuad a'r tymhorau. Mae'r dyn gwyrdd, y cymeriad chwedlonol oedd yn ôl traddodiad yn byw yn nyfnderoedd Llyn Gwernan, yn ymddangos fwy nag unwaith yn y posteri. Gwelir ef ym mhoster 2011 Gruffydd Ywain a'r flwyddyn ganlynol ym mhoster 2012 Margaret Berry lle mae'n ymddangos gyda chwedl arall sef gwiber Coed y Moch. Y dyn gwyrdd yw'r ddelwedd ganolog ym mhoster Peter Lord yn 2014. Mae ei ddyluniad yn gymesur ac yn gyson â'r modd y caiff y dyn gwyrdd ei gyflwyno mewn llawer o ddiwylliannau eraill dros y byd.

Yn naturiol mae llawer o'r posteri wedi eu symbylu gan leoliad y Sesiwn Fawr sef tref Dolgellau a Chader Idris. Yn rhai o'r posteri cynharaf, fel 1993 gan Catrin Meirion a 1997 Sharon Clark, mae Cader Idris yn cymryd lle amlwg. Mewn posteri eraill mae'r dref ei hun yn serennu, megis 2006 Gruffydd Ywain a 2013 Rhys Aneurin, tra yn 2015 mae Geraint Rhys Edwards yn cyflwyno toriad leino ar ffurf map o'r dre.

Daw'r dref hynod hon yn fyw yn ystod y Sesiwn Fawr, ac mae'r posteri hyn yn gyfres o ddelweddau sy'n gofnod diddorol iawn, yn ymestyn dros dri deg o flynyddoedd, o'r modd y trawsnewidir adeiladau cerrig llwyd a swrth y dref yn rhialtwch lliwgar o gân a dawns.

Gareth Owen

POSTERI RICHARD MORGAN

1999: Cynhenid Cof: Roedd y darn yma wedi ei greu i'r poster cyntaf wnes i nôl yn 1999. Roedd wedi ei ddatblygu allan o waith tebyg roeddwn yn ei gynhyrchu o gwmpas yr amser yma - Ailgylchu darnau wedi eu gwneud allan o hen bethe wedi eu taflu, neu wedi dod i ddiwedd eu bywyd. Roedd genna'i ddiddordeb yn y ffordd gall hen bethe gyfleu rhyw ysbryd neu stori dros amser. Wedi ei gosod mewn grid ffurfiol maen nhw'n bodoli yn eu llwyfannau unigol ac

yn gweithio fel darnau mewn drama.

2000: Wedi'i ysbrydoli gan ddelweddau o'r byd clasurol, yn enwedig yr Aifft, lle mae delweddau yn creu rhyw naratif ar draws. Mae'r ffigyrau yma yn cyfleu yr ysbryd o ddawns a cherddoriaeth a thrwy symleiddio maen nhw yn dod i gyfeirio at ffurfiau biolegol hefyd .

2001: Dref Lliwgar: Mae'r cynllun yma yn dangos y dref a'r mynyddoedd o gwmpas mewn lliwiau llachar i geisio cyfleu ysbryd yr ŵyl. Roedd wedi ei ysbrydoli yn rhannol gan steil Paul Klee.

2002: Roedd y cynllun yma wedi'i ysbrydoli gan y symudiad celf Pop o'r chwedegau, yn bennaf gwaith Peter Blake a'i glawr i *Sergeant Pepper's Lonely Hearts Club Band*, gafodd ei gynhyrchu yn y dyddiau pryd roedd 'cut n paste' yn union hyn, sef torri papur gyda siswrn a gludo i lawr yn ofalus. Y ffigwr yng nghanol y rhes flaen yw fy hen daid circa 1910 ar drip dydd Sul gyda chymdeithas y dirwestwyr. Doeddwn i ddim yn gallu methu'r cyfle i roi peint yn llaw y boi wrth ei ymyl! Cafodd y cynllun yma ei ddiweddaru i'r dyddiau presennol yn 2020 trwy gynhyrchu fersiwn digidol gyda sawl cymeriad newydd.

2003: Sgubor Tŷ Cerrig: Ffotograff wedi'i dynnu yn ein ysgubor yn Tŷ Cerrig. Mae'n llun gyda *exposure* hir i ddal y golau arbennig rhwng dydd a nos. Y modelau yw ein plant, Hana, Lowri a Ioan. Mae Cai y pedwerydd yn cynorthwyo gyda goleuadau tu ôl i'r camera.

2016: Chwilair: cynllun wedi'i seilio ar syniad pos chwilair neu 'wordsearch'. Mae'r llythrennau yn creu geiriau cysylltiedig gyda'r Sesiwn y flwyddyn honno. Beth allwch chi ei ganfod...?

POSTERI GRUFFYDD YWAIN
Posteri

Roedd poster y Sesiwn Fawr wastad yn 'big deal'. I hyrwyddo'r penwythnos mawr ei hun wrth gwrs, ond yn wahanol i lawer o waith dylunio mae bywyd i'r posteri yma y tu hwnt i'r bwriad gwreiddiol.

Byddai pobol yn prynu rhain i arddangos yn eu tai, yn wir mae galeri o'r hen bosteri i'w gweld yn y Torrent yn Nolgellau hyd heddiw. A pham ddim? Llwyddodd artistiaid fel Richard Morgan, Sharon Clark a Maggie May i greu celf eiconig a thrawiadol wrth lunio'u posteri ar gyfer yr ŵyl.

Roedd pedigri artistig a safon y posteri yn gyfarwydd iawn i mi, yn enwedig gan imi orfod eu pasio bob dydd ar y ffordd i fyny'r grisiau. Fyddwn i erioed wedi dychmygu cyfrannu un, heb sôn am chwe phoster i'r llinach ond digwyddodd y cyfan ar gamgymeriad bron.

Gyda'r Sesiwn yn symud o'i gartref gwreiddiol yn sgwâr Dolgellau i'r Marian yn 2004 roedd newid ffocws o'r posteri artistig traddodiadol tuag at bosteri a oedd yn bennaf yn hybu'r artistiaid cerddorol. Neu dyna oedd y stori. Mewn gwirionedd dwi'n amau i bawb anghofio yn 2004 fod angen comisiynu poster ac felly roedd rhaid troi at y boi oedd yn gwybod sut i ddefnyddio photoshop!

Natur y broses greadigol am wn i ydi edrych yn ôl gyda llygad beirniadol, ac yn sicr wrth edrych ar y posteri yn unigol alla'i ddim peidio gweld y camgymeriadau a'r penderfyniadau y byddwn yn eu gwneud yn wahanol gyda phymtheg mlynedd o brofiad y tu ôl i mi, ond fel cyfanwaith mae yna lawer i fod yn falch ohono yn enwedig wrth weld y datblygiad o boster i boster ac yn sicr dwi'n amau y byddwn i wedi mynd ymlaen i greu gyrfa yn dylunio yn broffesiynol yn yr un ffordd heb y cyfle cychwynnol yma.

Er bod bwriad y posteri yma yn wahanol i'r celf ddaeth ynghynt, erbyn hyn maent yn eistedd yn eu fframiau drws nesaf i'r gweddill yn y Torrent. Wedi mynd ymlaen i gael bywyd y tu hwnt i'r bwriad gwreiddiol ac yn rhan o hanes y Sesiwn am byth. Mae hynny yn fraint ac yn rhywbeth y byddaf wastad yn falch ohono.

2004

Ar ôl gwneud colled ariannol yn 2003 roedd rhaid mynd am y dewis rhataf bosib ar gyfer poster y flwyddyn ganlynol. Digwydd bod, o'n i eisoes yn gweithio ar boster dychmygol i'r Sesiwn ar gyfer prosiect yn y coleg felly mater bach oedd hi i gymryd elfennau mwyaf diddorol y gwaith yna allan a'u cyfnewid am restr o enwau!

2005

A long time ago in a galaxy far far away... wel, 2005. Pam fod logo ar ffurf potel cwrw yn y gofod? Peidiwch â gofyn.

2004

Er hyn, mae hwn yn un o'r posteri sydd wedi mynd ymlaen i gael bywyd llwyddiannus y tu hwnt i'r bwriad gwreiddiol, a dros bymtheg mlynedd yn ddiweddarach mae'r logo cwrw yn parhau, wedi'i ddiweddaru sawl gwaith yn y blynyddoedd dilynol ar gyfer sawl pwrpas, er byth ar gyfer potel o gwrw... hyd yma.

2006

Yn ystod y Sesiwn Fawr mae tref Dolgellau yn dod yn fyw, gyda cherddoriaeth yn atseinio ymhobman. Roedd y poster yma yn ymgais i adlewyrchu hyn mewn delwedd fywiog a llachar. Gyda'r tonnau yn cyfeirio at glawr enwog *Syrffio mewn Cariad* gan Endaf Emlyn a'r logo yn siâp y mynyddoedd mae yna nifer o elfennau hwyl i'r darlun lliwgar yma.

Cafodd y poster ei gwblhau yn gynnar iawn gan fy mod am dreulio cyfnod yn Affrica. Anffodus felly oedd pan fu newid i'r cerddorion a bu'n rhaid ceisio cyfleu i nhad sut i newid yr enwau ar y poster a chadw naws y gwreiddiol trwy e-bost yn unig!

2007

Gyda thema Wyddelig i'r ŵyl yn 2007 penderfynwyd mynd 'all-out' hefo'r gwyrdd.

Torri tir newydd mi wn! Mae 'na ryw egni i'r poster yma, y gwahanol weadau a'r sgwariau yn denu'r llygaid o amgylch y dudalen.

2008

Llun o un o aelodau'r grwp Celtaidd o Gaerdydd, y Blue Horses, oedd sail y brif ddelwedd ar y poster yma gyda'r Gader yn gwneud ymddangosiad unwaith eto mewn amlinelliad.

2011

Wedi seibiant o ddwy flynedd daeth y Sesiwn yn ôl ar ei newydd wedd gydag elfennau newydd. Un o'r elfennau hyn oedd gorymdaith yn dathlu chwedlau lleol ac felly cafwyd y penderfyniad i amlygu Dyn Gwyrdd y Gwernan ar y poster. Yn gyfuniad o ffotograffiaeth a darlunio mae'r poster yn ymgais i symud ffocws y posteri yn ôl at y gwaith celf wedi'r blynyddoedd ar y Marian

RADIO CYMRU

Gareth Iwan, BBC Radio Cymru

"Ga'i gysgu yn dy stafell di?" Gyda'r geiriau yna y cyflwynodd Dyl Mei ei hun i Richard Rees, cyflwynydd Radio Cymru, am y tro cyntaf. "Na!" oedd yr ateb, felly ar lawr fy stafell i yn y Ship fu Dyl y noson honno.

Roedd 'na ddwy ochr i'n profiad ni o'r Sesiwn Fawr fel criw Radio Cymru. Yn gyntaf, y gwaith. Roedden ni'n cyrraedd tuag amser cinio dydd Gwener, ac yn cael croeso cynnes gan Myfyr a'r criw - ac yn cael gweld y 'portacabin' fyddai'n swyddfa a chartref i ni am y tridiau nesaf. Dyma hoff OB llawer oherwydd ei fod o mor gartrefol; roedd yr awyrgylch gefn llwyfan mor hyfryd, gyda phawb yn cyd-weithio'n hapus. Mae gen i gysylltiadau teuluol hefo Dolgellau, felly roedd gweld Yncl Dwyryd yn helpu tu ôl i'r bar yn wych! Ac mae hynny cyn dechrau sôn am y gerddoriaeth ar y llwyfan. Roedden ni'n cael gweld ein hoff grwpiau Cymraeg, yn amlwg - Super Furries, Genod Drwg, Steve Eaves, ond beth oedd yn gwneud y Sesiwn yn arbennig a gwahanol oedd dod ar draws bandiau cwbl ddieithr. Mae Yat-Kha yn sefyll allan, a'r Blue Horses am ryw reswm, a dwi'n amau fod pawb welodd Gerddorfa Ukulele Prydain Fawr am y tro cyntaf yn y Sesiwn yn ffans am oes.

Wrth gwrs, roedd yna ochr arall i'r profiad, sef yr ochr "gymdeithasol". Doedden ni ddim yn gorffen gweithio tan tua hanner nos fel arfer - roedd hi'n 1 y bore cyn i Dwynwen Morgan fedru golygu "iaith gref" set Goldie Lookin' Chain un flwyddyn... felly doedden ni ddim yn cyrraedd y Ship tan yn hwyr iawn. Ond roedd y parti'n dal yn ei anterth, hefo sesiwn werin mewn un stafell, a bandiau a chymeriadau ym mhob cornel. Er bod y noson yn dirwyn i ben i lot fawr, dyma ddechrau'n hwyl ni, a chael yfed, mwydro a mwynhau tan oriau mân y bore. Ar un o'r nosweithiau yma y clywais y clasur o gyflwyniad yna gan Dyl Mei, ac ar y nosweithiau yma y gwnaethom ni ffrindiau a phrofi'r Sesiwn Fawr a Dolgellau ar eu gorau. Diolch am yr atgofion.

Dafydd Meredydd (Dafydd Du), BBC Radio Cymru

Gwefr flynyddol i mi, o ganol i ddiwedd y 90au, oedd cael darlledu ar Radio Cymru o'r Sesiwn Fawr. Y ddefod oedd, edrych i lawr o ffenest uchaf Neuadd Idris ar yr holl gyrff yn y dorf yn symud fel un yn y sgwâr oddi tanaf, ac yna, wedi gorffen fy mhanad, mentro i lawr i'w canol i brofi'r awyrgylch unigryw a thrydanol na phrofais yn unman arall cyn nac ar ôl hynny.

Mae'n anodd dewis un perfformiad fel uchafbwynt, ond anghofia i fyth mo'r sgwâr cyfan yn morio 'Dwi'n Amau Dim' efo hogia Celt ar y llwyfan, a'r sain yn atseinio oddi ar gerrig yr hen adeiladau yng nghanol y dref. Dyddiau da!

Lisa Gwilym

"Croeso mawr iawn atom ni - dan ni'n darlledu'n fyw o Sesiwn Fawr Dolgellau!"

Geiriau oedd wastad yn neud i mi wenu; brawddeg oedd yn golygu bod gen i oriau cyffrous o fy mlaen; a datganiad oedd yn golygu fy mod i'n cael y wefr a'r pleser o weithio mewn gŵyl sydd mor agos at galonnau cymaint ohonom. Oes, mae 'na rywbeth arbennig iawn am yr ŵyl fach yma nath dyfu i fod yn un o wyliau mwya' Cymru ar un adeg. O'r strydoedd i'r sgwâr i'r Marian, mae Dolgellau yn lleoliad perffaith ar gyfer y digwyddiad - y dref fach ddel dan gysgod Cadair Idris sy'n dod yn gartref i filoedd ohonom am un penwythnos ym mis Gorffennaf. Ond yr hyn oedd yn neud y cyfan mor arbennig oedd ymroddiad a brwdfrydedd y criw oedd yn gweithio mor galed bob blwyddyn i sicrhau bod y sioe yn mynd ei blaen. Glaw neu beidio, roedd cael bod yng nghwmni staff y sesiwn gefn llwyfan a phrofi'r llafur cariad yn fraint.

O ran y darlledu, boed yn fyw ar BBC Radio Cymru neu S4C, y dasg yn syml bob blwyddyn oedd rhannu'r amrywiaeth anhygoel o gerddoriaeth fyw efo'r genedl, ac adlewyrchu'r cyffro a'r naws cartrefol oedd yn perthyn i'r cyfan. Mae gen i gymaint o atgofion hapus o fod yno yn gweithio - o fod yn joio'r miwsig ar gefn bws efo Huw Stephens, cyfweld bandiau efo Dafydd Meredydd mewn 'portacabin', crwydro o amgylch y dref yn ffilmio lincs rhaglen uchafbwyntiau efo Owen Powell, i fod ar ochr y llwyfan efo Dyl Wyn yn disgwyl i Cerys Matthews gamu o flaen y gynulleidfa (mi oedd hi tua 10 munud yn hwyr yn dechrau ei set, a'r ddau ohonom yn gorfod llenwi'r amser a disgrifio'r hyn oedd yn digwydd i bawb oedd yn gwrando adre'!).

A'r gerddoriaeth? Lle mae dechrau! O Kentucky AFC i'r Ukulele Orchestra of Great Britain, ac o Endaf Emlyn i Steve Earle; Derwyddon Dr Gonzo wedi gwisgo fel archarwyr yn yr haul; Frizbee a Genod Droog yn serennu ac yn headliners gwych; gwallgofrwydd Goldie Lookin Chain ac Estynedig + Vat; heb anghofio set hynod sbesial y Super Furry Animals.

Rhywbeth i bawb, a llwyfan a chroeso i bawb, a dwi'n teimlo mor lwcus fy mod i wedi cael chware rhan fach yn ystod y blynyddoedd. Diolch o galon am gymaint o brofiadau gwerthfawr, ac i bawb sydd wedi sicrhau bod yr ŵyl yn parhau ers 1992. Pen-blwydd hapus iawn i'r digwyddiad unigryw yma yn 30 oed - hir oes i Sesiwn Fawr Dolgellau!

Dyl Wyn Radio Cymru

I mi, roedd cael mynd i'r Sesiwn Fawr yn arwydd fod yr ha wedi cyrraedd go iawn, ac oherwydd fy ngwaith gyda BBC Radio Cymru, fe gefais i'r pleser llwyr o gael mynychu am flynyddoedd lawer. Fel arfer, roeddwn i a fy nghyfaill, a chydweithiwr ar y pryd, Owain Gwilym, yn cael treulio'r penwythnos cyfan yn "gweithio" yn Nolgellau. O'r eiliad roedden ni'n cyrraedd y dref, roedd y croeso yn gynnes iawn, o'r stiwardiaid i'r trefnwyr, yn ogystal â'r criw oedd wedi bod yn paratoi'r wledd anhygoel gefn llwyfan, ac o'r ennyd gyntaf roedd rhyw deimlad cyfforddus a chartrefol iawn yng nghwmni ein cyd-wladwyr. Yn amlwg roedd manteision o fod yn gweithio yn y Sesiwn, achos fe roddodd gyfle i mi brofi pethau na fyddwn i wedi gwneud fel arall!

Un o'r profiadau wnes i fwynhau oedd cael mynediad i gefn llwyfan. Roedd rhyw gynnwrf arbennig yno wrth wylio'r grwpiau a'r artistiaid yn paratoi i fynd ar y llwyfan. Rhyw gymysgedd o graffu ar y trefnwyr, weithiau yn cnoi gwinedd, y criwiau sain yn anelu at blesio'r grwpiau, a theimlad o egni nerfus yn treiddio wrth i'r grwpiau ragdybio beth oedd o'u blaenau. Mae sawl atgof wrth reswm, ambell un yn fwy niwlog na'i gilydd, ond yn sicr Geraint Jarman yn ei sbectol dywyll yn canu'r clasuron ac yn cyfareddu; gorfod aros yn eitha hir am berfformiad Cerys Matthews

Gareth Iwan a Richard Rees Radio Cymru

yn 2004, ond yn werth pob eiliad wrth iddi agor ei set efo 'Gyda Gwên', yna flwyddyn yn ddiweddarach, rhyfeddu ar *tour bus* y Super Furries yn y safle gefn llwyfan, a'u gweld yn cerdded o gwmpas y lle yn eu siwtiau arian, a hynny wrth i'r miloedd heidio i'w gwylio ar lannau Afon Wnion; wedyn un o'r adegau prin hynny yn 2008, ac Endaf Emlyn yn perfformio caneuon oddi ar LP *Salem* yn ei gyfanrwydd; a do, mi gododd Anweledig sawl gwên dros y blynyddoedd wrth eu gwylio yn dangos i bawb sut i bartïo.

Ac ar ddiwedd y perfformiadau, doedd hynny ddim yn golygu fod y noson ar ben, achos fe roedd y "sesiwn" yn parhau tan oriau mân y bore, a hynny fel arfer yn ngwesty'r Ship. Roedd yr elfen gymdeithasol yr un mor bwysig ag unrhyw beth arall i naws y Sesiwn Fawr, a dyma'r adeg lle roedd pawb ynghyd dros ryw beint neu ddau, yn cael trafod y perfformiadau, cyfarfod cymeriadau o bob cwr o'r wlad, ac roedd ambell i artist, Meic Stevens yn un ohonynt, yn dal i gydio yn y gitâr. Atgof arall oedd gweld y rhyddhad amlwg ar wyneb y trefnydd, Ywain Myfyr, oedd wedi colli ambell i noson o gwsg siŵr o fod, wrth baratoi am fisoedd lawer, ond wedyn yn gweld bod y penwythnos wedi bod yn llwyddiant. Atgofion melys sydd genna'i o fynd i'r Sesiwn Fawr, a phenblwydd hapus iawn iddi yn 30 oed. Dros y blynyddoedd mae cyfraniad yr ŵyl wedi bod yn amhrisiadwy wrth ddathlu a chynnal ein diwylliant poblogaidd yma yng Nghymru.

99

ARTISTIAID

Brigyn

Dyma oedd un o'n perfformiadau cyntaf ni fel band - a falle'r un mwyaf arwyddocaol i ni'n dau fel perfformwyr hefyd. Doedd o erioed yn fwriad gennym ni i sefydlu Brigyn fel band oedd yn gigio a theithio i gyngherddau - rhyw brosiect tanddaearol, 'one-off', oedd cysyniad yr albwm gyntaf i fod, ond yn sgil yr ymateb ffafriol iawn i'n cerddoriaeth wedi i ni ryddhau'r CD gyntaf, roedd y gwahoddiadau a gawsom i berfformio'n fyw yn llawer rhy gyffrous i'w gwrthod.

Yr atgof sydd gennym ni o'r gig ydi fod nifer fawr o bobl wedi tyrru i'r theatr fach yn arbennig ar gyfer y perfformiad. Cymaint o bobl fel ein bod yn cofio fod pob rhan o'r theatr wedi ei llenwi - pobl yn eistedd ar y llawr, yn pwyso yn erbyn y waliau, hyd yn oed y drysau tân wedi eu hagor i'r bobl o'r tu allan ein gweld ni - a ninnau yn eu gweld nhw! Ac yn ôl y sôn, roedd 'na tua'r un nifer o bobl yn aros tu allan yn ceisio dod i mewn â'r criw lwcus a lwyddodd i stwffio mewn i'r Theatr Fach ar gyfer ein perfformiad... Anhygoel! Dwi'n siŵr mai'r teimlad o gefnogaeth a'r brwdfrydedd hwn ddaru roi'r hyder i ni recordio mwy a datblygu fel band.

Fel y tystiodd llawer y prynhawn hwnnw, fe ddaru ni berfformio addasiadau acwstig/gwerinol o rai o'r caneuon oddi ar albym gyntaf Brigyn, fel 'Disgyn wrth dy Draed', 'Lleisiau yn y Gwynt' a 'Bohemia Bach'. Hefyd, fe ymunodd Nia Williams o Aberdaron efo ni'r prynhawn hwnnw ar y delyn i ganu 'Os Na Wnei Di Adael Nawr', yn ogystal ag addasiadau o ddwy hen gân o gatalog Epitaff – 'Dilyn yr Haul' ac 'O'r Galon'. Dyma ein perfformiad cyntaf ni fel Brigyn gyda Nia ar y delyn, a datblygodd y bartneriaeth gyda hi i recordio mwy o ganeuon wedi'r haf prysur hwnnw yn ôl yn 2005, gan gynnwys y gân 'Haleliwia'.

Er i ni berfformio yn y Sesiwn Fawr droeon wedi hynny, dyma'r atgof cynhesaf ac agosaf at ein calonnau o'r Ŵyl. Braint oedd cael bod yn rhan o'r Sesiwn Fawr yn ystod cyfnod mor gyffrous a phrofi sut gall un Ŵyl arbennig siapio ein dyfodol fel band... Hir oes i'r Sesiwn!

Elin Fflur

Mis Gorffennaf yn y flwyddyn 2000 oedd hi a dwi'n cofio'r diwrnod fel tasa fo'n ddoe. Roedd Carlotta fy mand ar y pryd wedi derbyn y cynnig i berfformio ar lwyfan Sesiwn Fawr. I ferch 15 oed dyma i chi beth oedd gwireddu breuddwyd. Bryd hynny cynhelid y gig ar y sgwâr - y tu allan i Dŷ Siamas, a drwy ffenest y *green room* dwi'n cofio edrych i lawr a gweld y bwrlwm a'r cannoedd o bobl oedd yno yn gweiddi canu ac yn mwynhau! A dyna'r nerfau yn cicio mewn!

Doedd Carlotta ddim yn adnabyddus bryd hynny - dechrau ar ein taith oeddan ni mewn gwirionedd, ond roedd y slot gawson ni'r noson honno yn un na ellid talu amdano. Ar y llwyfan roedd Anweledig a'r Hennessys (os dwi'n cofio'n iawn) a Hen Wlad fy Mamau yn cloi'r noson - a ninnau yn eu canol!! Dyna beth oedd gig anhygoel - y gynulleidfa fel môr o forgrug o fy mlaen i yn codi eu dwylo ac yn dangos eu gwerthfawrogiad. Yng ngeiriau Rhys Mwyn - dyna oedd "Good Gig"!! Wedi hynny daeth Rhys Mwyn yn rhan o ddatblygiad Carlotta a threfnu llu o gigs i ni a thaith o gwmpas Cymru.

Yws Gwynedd

Mae'r Sesiwn Fawr wedi bod yn anferth yn fy ngyrfa fel cerddor, ond cyn hynny hefyd fel ffan cerddoriaeth o bob math – crwydro o amgylch strydoedd Dolgellau a darganfod byd llythrennol o synau newydd.

Roedd siwrne Frizbee'n syfrdanol, o chwarae yn y Clwb Rygbi ar ddydd Sul dwytha'r Ŵyl un flwyddyn, i fynd ymlaen ar ôl Seth Lakeman ar nos Wener y flwyddyn wedyn, cyn pinacl oes y grŵp yn 2006 yn cloi'r Ŵyl ar y Marian o flaen 5 mil o bobl.

Roeddwn i'n hynod o falch wedyn i gychwyn chwarae cerddoriaeth eto flynyddoedd yn ddiweddarach wrth i'r Sesiwn Fawr atgyfodi a chael y cyfle i chwarae caneuon newydd fel 'Sebona Fi' am y tro cyntaf o flaen cynulleidfa yng nghefn Y Ship.

Mae'r ymdeimlad o gymuned yn gryf yn yr Ŵyl – ac am benwythnos yn yr haf, mae'r Ŵyl a'r trefnwyr yn gwahodd pawb o bedwar ban byd. Braf ydi gweld yr Ŵyl yn mynd o nerth i nerth eto tra'n dathlu'r penblwydd anhygoel yma.

Al Lewis

Un o fy mhrofiadau gorau o'r Sesiwn Fawr oedd nôl yn 2008 pan nath Endaf Emlyn berfformio ei albwm *Salem* am y tro cyntaf yn fyw ar y brif lwyfan. Mi oedd hi hefyd y tro cyntaf i mi berfformio fel artist fy hun yn y Sesiwn Fawr felly atgofion melys iawn o'r penwythnos i gyd.

Ma'r Sesiwn Fawr o hyd wedi cadw lle arbennig yn fy nghof wrth feddwl nôl am y nosweithie a'r pnawnie hudolus dwi wedi'u treulio yn perfformio yna yn Nolgellau.

Unai efo'r band, neu efo Lewis & Leigh. Ma'r gynulleidfa o hyd wedi bod yn un gynnes ac yn un sy'n amlwg wrth eu boddau yn gwrando ar gerddoriaeth byw o bob gornel o'r byd.

Gobeithio ga'i'r cyfle i berfformio mewn sawl un eto i ddod…!!

Gruffudd Pritchard, Yr Ods

Ar ôl erfyn ar Ger Taid am wythnosau, fe gawsom ni'r anrhydedd o agor llwyfan y clwb rygbi yn '07.

Roedd gan yr ŵyl uchelgais amlwg i roi llwyfan i fandiau newydd. Fe wnaeth cael ein cynnwys fel rhan o arlwy mor amrywiol a rhyngwladol ein hysbrydoli ni'n fawr - mae'r llwyfan wedi symud ambell waith, ond mae'r ysbryd mentrus hwnnw yn y Sesiwn Fawr bob tro.

Mae hi wedi bod yn galonogol dychwelyd a gweld criw ifanc yn ail-adeiladu'r ŵyl yn ddiweddar; hir oes i'r Sesiwn!

Mei Emrys

Bu Vanta yn rhan o'r Sesiwn Fawr ar dri achlysur: yn 2000, 2001 a 2003. Roedd yr ŵyl yn dal i gael ei chynnal ar strydoedd y dref pan wnaethom ni gymryd rhan am y tro cyntaf ac fe gawsom ni brofiad gwych yn chwarae ar un o'r llwyfannau llai, oedd wedi ei lleoli ar ochr y brif ffordd i mewn i'r dref (rhwng y bont a'r sgwâr).

Roeddem ni'n fand ifanc, oedd yn awyddus i sicrhau bod y nifer fwyaf posibl o bobl yn cael clywed ein cerddoriaeth ni ac felly roedd y ffaith bod yn rhaid i bawb basio'r lle'r oeddem ni'n chwarae er mwyn cyrraedd y prif lwyfannau ar y sgwâr yn ddelfrydol!

Rhoddwyd hwb pellach i faint y dorf oedd yn ein gwylio ni'r diwrnod hwnnw gan y ffaith mai'r Anhygoel oedd yn ein dilyn ni ar y llwyfan bach. Yn wir, roedd hi'n ymddangos i ni bod hanner poblogaeth Blaenau Ffestiniog wedi dod yno i wrando ar fand cyntaf Ywain Gwynedd!

A ninnau newydd ryddhau *Pedair Stori Fer e.p.* – sef ein cryno ddisg gyntaf ni – fe lwyddom ni i ddenu tyrfa i'n gwylio ni ar ein lliwt ein hunain y flwyddyn ganlynol, a hynny er gwaethaf y glaw (a'r ffaith bod Martin, ar y gitâr fas, wedi dod yn agos at gael sioc drydanol yng nghanol yr holl ddŵr)!

Roedd hi'n bwrw pan ymddangosodd Vanta yn y Sesiwn Fawr am y tro olaf hefyd, ond gyda'r ŵyl bellach wedi symud o'r dref i'r Marian, fe gawsom ni gyfle i chwarae ar lwyfan ychydig yn fwy – ym maes parcio'r clwb rygbi – yn 2003.

Gan fod Steven, ein gitarydd ni, wedi gorfod mynd i Blackpool y diwrnod hwnnw (ar barti stag ei frawd), fe benderfynom ni chwarae set acwstig mewn gŵyl am y tro cyntaf a – gyda chymorth dau drwmpedwr, adran linynnol a harmonïau gan Lisa Pedrick (sef enillydd cyntaf y gyfres deledu *Waw Ffactor!*) – fe lwyddom ni i ddenu tyrfa eithaf sylweddol unwaith eto… er gwaethaf y glaw!

Fel gymaint o fandiau ifanc (a hen) eraill felly, fe gafodd Vanta gyfleoedd gwych a phrofiadau bythgofiadwy yn sgil y Sesiwn Fawr ac yn fwy diweddar, cefais gyfle i gyfrannu at yr ŵyl mewn ffordd wahanol iawn yn 2020.

Gyda'r Sesiwn wedi cael ei symud ar-lein (a'i hailenwi'n Sesiwn Fawr Digi-Dol) yn sgil y pandemig COVID-19, cefais wahoddiad i fynd ati i recordio 'fersiwn ynysig' o 'Tri Mis a Diwrnod' (sef cân fwyaf poblogaidd Vanta).

Braint oedd cael creu'r perfformiad fideo hwnnw (gyda Wil Chidley, Gerwyn Murray a Twm Ellis) a helpu i sicrhau bod y Sesiwn Fawr yn gallu parhau i fod yn un o brif uchafbwyntiau calendr cerddoriaeth Cymru, er gwaethaf pawb a phopeth!

Llongyfarchiadau gwresog i drefnwyr y Sesiwn ar ei phen-blwydd yn ddeg ar hugain oed. Rwyf yn edrych ymlaen yn fawr i gael mynychu / cymryd rhan yn yr ŵyl 'yn y cnawd' unwaith eto yn y dyfodol agos.

Mei Emrys (Caernarfon)

Ceri Rhys Mathews

Roedd Sesiwn Fawr i mi yn un o drindod o gynulliadau, pob un wedi'i lywio gan weledigaeth o ddathlu, rhannu, ymholi, annibyniaeth a chymdeithas. Dyma'r drefn y des i ar eu traws; Pontardawe, Y Cnapan a Sesiwn Fawr Dolgellau. Roedd ganddyn nhw lawer yn gyffredin, ond roedd pob un yn unigryw yn yr ystyr ei bod yn enghraifft ddiymdrech o'i Bro. Rhoddai hyn gyffredinolrwydd i'r tri digwyddiad hefyd.

Yr amrantau annibynnol, tawel, di-ffwdan, diarffordd a wnaeth y digwyddiadau hyn mor arbennig, ac a ddiffiniodd fywyd y cerddor oedd eto, ar y pryd, heb ei fyw. Digwyddant ymhell o'r prif gamau, ac ymhell, bell o lygad ymchwiliol y cyfryngau torfol. Rwyf wedi eistedd ar lannau'r Tawe yn gwrando ar bibau Liam O'Flynn yn chwarae Dublin Hornpipes a ffliwt Desi Wilkinson yn tasgu Ulster Marches. Ar un o lednentydd y Teifi eisteddais a chlywais Charlie Piggott a Frankie Gavin yn gwehyddu deuawdau aruchel o Munster a Connacht. Ac yn agos at lannau'r Wnion y cymerais ran mewn digwyddiad a roddodd fodd i mi archwilio fy ngherddoriaeth yn llawn am weddill fy oes.

Dyma'r math o beth sydd ond yn digwydd yn annisgwyl ac ymhell o fod mewn amodau delfrydol. Fel rheol, mae gweddillion hangover a chefn stiff ar ôl cysgu ar lawr yn gyfeiliant i'r achlysur. Y pethau hyn yw'r paratoadau angenrheidiol i gynyddu'r canfyddiad i'r rhai sy'n barod i dderbyn y wybodaeth newydd.

Eisteddem y tu fas yng ngardd Yr Hen Efail, haul y bore yn cynhesu ein cefnau a choffi a braster cig moch yn cynhesu ein tu mewn. Nid yw'n cymryd yn hir i helwyr alawon ymddangos, wedi'u denu gan gêsys du ein hofferynnau, fel eirch cyn angladd. Mae ychydig o ysgwyd ysgwyddau a siglo pennau yn nodi mai Llydawyr yw'r rhain ac rydyn ni'n deall eu bod nhw'n chwilio am alawon lleol. Yn ôl y drefn, maen nhw'n chwarae rhywbeth efallai ein bod ni'n ei nabod, ac yn wir mae'n swnio'n lled-gyfarwydd. Rydyn ni'n mentro dyfalu ei fod yn dôn Avant-Deux o

ogledd-ddwyrain Llydaw. Mae'n ddirgel ac yn eistedd mewn lle cerddorol rhwng hapus a thrist, y math o le rydyn ni'n ceisio rhoi ein hunain ynddo'n rheolaidd. Na, mae'n Gymraeg, medde nhw wrthym, ond does ganddyn nhw ddim teitl. Yna mae'r geiniog yn cwympo wrth i ni gyd-chwarae. Mae ein bysedd yn dechrau'r dôn nodyn yn uwch na'r patrymau arferol rydyn ni wedi'u dysgu, ac mae'r ffordd o chwarae'r alaw yn amlygu'i hunan. Gyda balchder, cynigiwn mai 'Mopsi Don' yw'r teitl. Na, nid dyna'r enw maen nhw'n dweud.

Dechreuodd 'Mopsi Don' ei bywyd fel alaw yn y ddeunawfed ganrif yn gyfansoddiad o Lundain o'r enw 'Upside Down', ond erbyn i John Clare, bardd a ffidlwr o'r bedwaredd ganrif ar bymtheg o Northamptonshire ei chwarae, a'i dysgu gan y Sipsiwn, fe'i galwyd yn "A Welsh Jig". Yng nghasgliad alawon dawnsio'r teulu diwydiannwr metel Dillwyn-Llewellyn o Benllergaer, 'Obsidion' ydoedd, ac erbyn hynny roedd yr alaw yn y modd bach rhyfedd hon yr ydym bellach yn ei glywed o dan fysedd Llydaweg. Ni wyddem ddim byd am hyn ar y pryd, ac mewn gwirionedd roedden yn cyd-chwarae enghraifft o'r blodyn bythol agoriadol yr oeddem i ddod yn dystion cerddorol iddo o'r eiliad honno ymlaen.

Daniel Glyn

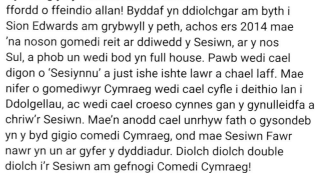

O'ni'n cael yr argraff taw arbrawf oedd cynnal sesiwn gomedi yn Y Sesiwn Fawr 'nol yn 2014. Oedd na alw am gomedi Cymraeg yn y Sesiwn Fawr?? 'Mond un ffordd o ffeindio allan! Byddaf yn ddiolchgar am byth i Sion Edwards am grybwyll y peth, achos ers 2014 mae 'na noson gomedi reit ar ddiwedd y Sesiwn, ar y nos Sul, a phob un wedi bod yn full house. Pawb wedi cael digon o 'Sesiynnu' a just ishe ishte lawr a chael laff. Mae nifer o gomediwyr Cymraeg wedi cael cyfle i deithio lan i Ddolgellau, ac wedi cael croeso cynnes gan y gynulleidfa a chriw'r Sesiwn. Mae'n anodd cael unrhyw fath o gysondeb yn y byd gigio comedi Cymraeg, ond mae Sesiwn Fawr nawr yn un ar gyfer y dyddiadur. Diolch diolch double diolch i'r Sesiwn am gefnogi Comedi Cymraeg!

Hywel Pitts

Dw i wastad yn bryderus cyn gigs. Ceg sych, dwylo gwlyb... Dechrau amau fy hun. Ydi hyn yn acshyli ffyni? Ydw i'n edrych yn ddigon smart? Yn rhy smart? Ydi pawb am ddeall fy nghyfeiriadau at dwît anghyfarwydd gan Andrew RT Davies o 2019? Ac wedyn, wrth gwrs, jyst cyn mynd ar y llwyfan (ac weithiau tra dw i arni) dwi'n gofyn i fi fy hun: pam goblyn dw i'n gneud hyn?

Yn hynny o beth, diolch byth am Sesiwn Fawr Dolgellau. Yr un lle yn y byd lle dw i 'rioed 'di teimlo'n nerfus; boed hynny oherwydd yr awyrgylch croesawgar a chariadus yn y dref, y bobl gymwynasgar a chlên sy'n byw ynddi, neu'r botel neu ddwy o Gwrw Llŷn dw i 'di'u clecio cyn cychwyn. Mae 'na ramant unigryw yn perthyn i'r holl beth sy'n gwnued i rywun deimlo, wrth ddreifio i mewn i'r dre dros y bont fach 'na ar Afon Mawddach, eu bod nhw 'di cyrraedd adra.

Hir oes i'r Sesh.

Welsh Whisperer

Fel brodor o Sir Gaerfyrddin, heblaw am ambell daith i ardal Bangor fel plentyn, roedd y gogledd yn eitha diarth i fi yn yr un modd rwy'n siŵr dyw pobl Meirionnydd ddim yn gyfarwydd iawn â llefydd fel Meidrim, Blaenwaun a Chwmfelin Mynach!

Un lle ym mhellteroedd y gogledd oedd yn adnabyddus i bawb oherwydd y Sesiwn Fawr oedd Dolgellau. Blynyddoedd yn ddiweddarach pan ges i'r cyfle i berfformio yn yr ŵyl roeddwn yn bendant am gymryd y cyfle. Fel ffan o gerddoriaeth gwerin Geltaidd mae'r apêl i berfformio a mynychu'r ŵyl yn dal i fod yna, ac mae'r perfformiadau tu fas i'r Unicorn yn rhai cofiadwy i fi, gyda dilynwyr o 8 i 80 yn bloeddio 'gwd thing!'.

Arfon Wyn

Yn y 90au, y Sesiwn Fawr a Gŵyl Werin Pontardawe oedd y ddwy Ŵyl bwysig i grwpiau "gwerin" fel Moniars. Cofiaf y datblygiadau cynnar a ninnau yn perfformio mewn "Wine Bar" yn Nolgellau yng nghyfnod dechreuadau cynnar y Sesiwn Fawr. Dechra digon rhesymol oedd hyn gan fod sawl gŵyl yn cychwyn drwy gael bandiau yn chwarae mewn lleoliadau gwahanol yn yr un dref cyn datblygu i lwyfan fawr ganolog. A dyna ddigwyddodd i'r Sesiwn Fawr.

Y tro nesa i ni berfformio yno oedd ar lwyfan mawr bwrpasol ar y Sgwâr. Roedd yn help mawr fod gynnon ni ddilyniant da yn yr ardal yn barod ac wedi chwara llawer gig yn y Clwb Rygbi yn Nolgellau ac mewn bwyty croesawgar iawn i'r Moniars i fyny'r mynydd (FronOleu??). Nosweithiau gwych a gwyllt yn y lleoliadau hyn.

Wnim faint o weithiau y bu ni berfformio yn y Sesiwn ar y sgwâr, nifer dda o weithiau yn sicr a hynny ran amlaf yn y pnawn yng ngolau dydd. Roedd hynny yn ein siwtio ni i'r dim gan fod teuluoedd a phobl ifanc yn cael mwynhau yn ddirwystr. Roedd y nosweithiau yn fwy gwyllt a meddwol fel llawer o Wyliau o'r fath, gyda'r nos.

Cofiaf yr hwyl a'r miri a gafwyd yn y perfformiadau hynny yn Sgwâr! Roedd gennym ffidlwr difyr iawn yn y cyfnod hwn, hogyn ychydig llai o gorff na'r cyffredin a doniolwr penigamp. Malcolm Budd oedd ei enw. Un o driciau doniol Malcolm yn ystod perfformiadau hwyliog oedd taflu ei het o Moroco i'r awyr ac yna dal yr het efo *bow* ei ffidil. Yn ddoniol iawn roedd hyn yn plesio'r dorf yn arw a phawb yn cael hwyl a rhoi clap fawr i'r fath dric.

Cofiaf hefyd y rhialtwch braf pan fyddai criw da yn dawnsio yn hapus o flaen y llwyfan mawr i ganeuon gwallgo fel 'Blaenau Ffestiniog' a 'Defaid William Morgan'. Ar un achlysur hapus iawn cofiaf i Dylan Gellilydan, disgybl yn Ysgol Arbennig Hafod Lon lle'r oeddwn yn brifathro ar y pryd, gael gwahoddiad i ddod i'r llwyfan i chwarae y bongos efo ni ar nifer o ganeuon. Fe wnaeth hynny yn llwyddiannus iawn a'r dorf wrth gwrs wrth eu bodd ac yn clapio yn uchel am i ni ei gynnwys ac am iddo ynta chwarae yr offeryn mor dda. Roedd hi'n anodd cael llwyfan well na hon yng Nghymru i grŵp fel ni.

Doedd hi ddim yn bolisi da i'r Sesiwn Fawr ein gwadd yno bob blwyddyn; roedd rhaid rhoi cyfle i grwpiau eraill Cymreig wrth reswm. Fe gymeron ni gam gwag un flwyddyn; gan nad oedd gwadd i berfformio ar y brif lwyfan, fe gawson ni wahoddiad gan un o'r tafarndai yn nhre Dolgellau i wneud perfformiad "Fringe" fel petai, fel oedd yng Ngŵyl Werin Lorient yn Llydaw, y bûm iddi lawer tro. Ond yn anffodus i ni ac yn hollol ddealladwy, aeth hyn ddim i lawr yn dda efo Pwyllgor yr Ŵyl ac ni fu gwahoddiad am gyfnod byr o flynyddoedd wedyn.

Ond fe ddaeth gwahoddiad yn y man gan i'r MONIARS gael ei adfywio fel band drwy i rai ohonan ni ennill Cân i Gymru yn 2002 gyda Elin Fflur o Sir Fôn. Bu Elin yn perfformio efo ni wedyn am gyfnod o flynyddoedd a bu i'r albwm *Elin Fflur a'r Moniars* werthu yn well nag unrhyw albwm arall yn y cyfnod cyffrous hwn i'r band. Roeddan ni "in demand" yn ôl a phawb isho clywed y gân 'Harbwr Diogel' ymhob gŵyl yng Nghymru ac ar y teledu.

Felly daeth gwahoddiad i ni eto i'r Sesiwn Fawr ac yr oeddym yn falch iawn o'r cyfle. Yr hogia drwg yn ôl efo merch ifanc yn canu ei chalon allan ac yn ennill dilynwyr.

Y tro hwn ar y 'Green' eang yr oedd yr Ŵyl a tocynnau yn gorfod cael eu prynu. Roeddwn bob amser 'di synnu sut roedd y Sesiwn wedi gallu llwyddo i roi gŵyl ymlaen yn y Sgwâr a hynny yn DDI-DÂL? I gynnal gŵyl o'r fath roedd gofyn hel arian ac ennill cefnogaeth ariannol fawr; i gadw ymlaen heb fynd i ddyled, rhesymol yn y pen draw oedd codi tâl am docynnau i fynychu'r Ŵyl. Ond anodd codi tâl i fynychu gŵyl pan mae wedi bod yn ŵyl AM DDIM am gymaint o flynyddoedd.

Cawsom dderbyniad da a gwresog iawn ar y Green am ein perfformiad fel band. Roedd y system sain yn benigamp a'r sain ar y llwyfan yn wych ynghyd ag S4C yn ffilmio y cyfan. Ond yn y pendraw doedd awyrgylch yr hen Sesiwn clos a chynnes ar y Sgwâr ddim yno yn anffodus. Yn ogystal, roedd y Sesiwn wedi newid mewn ffordd arall ac wedi mynd yn Ŵyl hynod Ryngwladol yn cynnwys grwpiau o bob rhan o'r byd. Siŵr o fod, roedd hynny yn gam drud a rhaid oedd adlewyrchu hynny yn y tocynnau ond yn ein barn ni fel band roedd y rhialtwch gwreiddiol wedi diflannu i raddau helaeth.

Fuo ddim gwahoddiad i'r Moniars ar ôl hynny er i Elin gario mlaen i ganu efo ni am ddwy flynedd arall cyn mentro yn solo.

Y tro nesa i ni berfformio yn Nolgellau oedd yn Nhŷ Siamas, babi llwyddiannus iawn a gododd o sylfaen Werinol y Sesiwn Fawr. Gig andros o dda a gwresog oedd hon, gydag ymateb positif iawn i'r detholiad o ganeuon gwerin a gwerin-fodern y bu i ni eu perfformio. Roedd hudoliaeth y Sesiwn Fawr yn dal yn fyw a diolchgar iawn yw'r Moniars am y modd y bu i'n perfformiadau yn yr Ŵyl ein helpu yn ddirfawr ar ein taith i ledaenu ein cerddoriaeth drwy Gymru ac Ewrop.

Ryland Teifi
– Atgofion Sesiwn Fawr Dolgellau.

Mae atgofion Sesiwn Fawr Dolgellau i mi fi fel un breuddwyd hir o ddyddiau dedwydd fy ieuenctid. Dwi ddim yn berson sy'n edrych ar fy mywyd yn gronolegol yn ôl y blynyddoedd ond yn hytrach drwy gyfnodau. Fel actor a cherddor, rwy'n edrych nôl a nodi'r cyfnodau rhywbeth fel hyn – Dyna'r cyfnod o'n i'n ffilmio *Caerdydd* neu dyna'r cyfnod ro'n i'n recordio fy albwm gyntaf, *Heno*. Mae fy myd tipyn bach fel y syrcas a dyna fel wy'n ei gofio. Rhyw gawl o ddigwyddiadau creadigol a phobl ddiddorol yn mynd a dod oedd yn rhan o'r tapestri. Roedd Gŵyl Werin y Cnapan yn fy mhentre, Ffostrasol, yn rhan annatod o hyn a rhai blynyddoedd wedyn, ganwyd ei chwaerfrawd yn un o drefi prydferthaf Cymru, Dolgellau.

Wrth eistedd a chofio, mae'r delweddau yn frith ac eto mae rhai yn ddwysach nag eraill a digwyddiadau yn ffrwydro o flaen fy llygaid.

Y ddelwedd gyntaf yw'r sesiynau. Rhwng y mwg tsips a'r cwrw, wy'n cofio fy hun yn crwydro'r strydoedd cul, caregog a'r tafarndai'n ymestyn mas i fy nghroesawu. Yn fy llaw oedd mandolin, bouzouki neu banjo fel arfer, a'r gobaith am sesiwn yn cyflymu gyda fy nghalon. Roedd Dolgellau yn teimlo fel rhyw fath o Fenis heb y dŵr. Pob stryd cul yn newydd a'r muriau cerrig unlliw yn creu dirgelwch cyffrous. Dwi dal ddim yn siŵr nac yn cofio ble oedd ble yn y labyrinth o fiwsig, a dyna oedd gwychder yr ŵyl. Tan heddiw, dyma'r ŵyl Gymreig oedd debycaf i'r Fleadh Cheoil yn Iwerddon. Yn hwyrach yn yr haf, mi fydden i'n mynychu'r ŵyl honno yn Sligo ac yn ddiweddarach, Clonmel. Ar un adeg, dyna oedd drindod gwerin fy hafau – Y Cnapan, Y Sesiwn a'r Fleadh.

Yn y tafarndai dihafal hyn yn Nolgellau, tyfodd fy nghariad at gerddoriaeth byrfyfyr, damweiniol – Y sesiwn. Yn y llecynnau drygionus hyn, y byddwn yn cwrdd â gymaint o gerddorion a ddaeth yn gyfoedion blynyddol – Endaf ap Ieuan, Sian Meirion, Idris Morris Jones, Huw Dylan, Guto Puw, Marian O'Toole, Ywain Myfyr i enwi detholiad o'r niferus rai. Dyma'r llefydd wnaeth naddu fy nghariad at fath arbennig o gerddoriaeth. Cerddoriaeth yr ymylon. Lleisiau Guthrie, Dylan, Merêd, Elfed, fy nhad, fy chwaer, y Clancys, y Dubliners, Ar Log, Yr Hwntws, Plethyn, oll yn treiddio drwy'r drysau ac yn atsain yn y muriau. Y dref yn curo a chwyddo fel un bodhrán anferth a'r byd yn felys.

Ar ôl prentisiaeth y sesiynau, fe ddaeth sawl cyfle i mi berfformio yn yr ŵyl. Yn gyntaf ar y sgwâr oedd fel pair o fwrlwm ac yn ddiweddarach ar y Marian. Y tro cyntaf hwnnw oedd gyda grŵp a sefydlwyd pan o'n i'n mynychu prifysgol Caerdydd – Dim Clem gyda Anna a Sali Beth, Meilyr Sion a Leon Pontardawe. Dyma'r cam cyntaf o'r dafarn i'r llwyfan ac roedd yn fan cychwyn i nifer o berfformiadau wedi hynny. Pan oeddwn yn gweithio gyda theatr Arad Goch yn Aberystwyth, sefydlwyd grwp arall – Yr Hergwd gyda Sian Meirion, Marian O'Toole, Annette Davies, Marc Elis Jones ac Iwan Aber. Grŵp wnaeth rhoi sawl trefn newydd i hen alawon Cymreig a grŵp oedd yn gallu ymlwybro yn hawdd o'r llwyfan ar y sgwâr i un o'r tafarndai lu am sesiwn hir.

Yn ddiweddarach, fe recordiais a pherfformio fel unawdydd gydag offerynwyr medrus fel Dan Laurence a'r brodyr Chris a Mark O'Connor. Dyma gyfle i ymestyn y gwreiddiau cynnar i fy nghaneuon fy hun a hynny drwy gyfuno'r gwerin gyda chaneuon newydd a dylanwadau cerddoriaeth byd a jazz. Dyma gyfnod y Marian oedd yn wahanol i'r dref ond oedd yn dangos llwyddiant ac uchelgais yr ŵyl. Dyma gyfnod hefyd roddodd gyfle i mi berfformio cyn un o'r mawrion - Steve Earle. Ro'n i'n gyfarwydd â'i gân 'Galway Girl' ac yn edrych mlaen i berfformio gyda artist byd eang ar diroedd Cymru. Yn anffodus, roedd hi'n noson erchyll, glawog ar y nos Wener ond roedd cynulleidfa driw wedi mentro drwy'r tymestl. Ar ôl i mi orffen fy set, wy'n cofio camu i gefn llwyfan a gweld Steve yn sefyll ar dop y grisiau. Roedd yn gwisgo cot hir *Barbour*, ei wallt hir yn sopen a'r glaw yn llifo oddi arno fel petai wedi cerdded oddi ar set *Western*. Rodd e fel cyfuniad o Johnny Cash a Clint Eastwood wrth iddo gerdded heibio a dweud *Well Done* yn dawel wrthaf. Cefais y cyfle wedyn i

wlychu'n gorn a chlywed yr athrylith yn canu'r 'Galway Girl', cân y byddwn innau yn ei chanu flynyddoedd ar ôl hynny ar diroedd Iwerddon.

Symudais i Iwerddon yn 2011 gyda fy ngwraig Roisin a fy nhair merch, Lowri, Cifa a Myfi. Yn y flwyddyn gyntaf, cefais fy ngwahodd i berfformio gyda fy hen ffrind Hugh O'Caroll a'r aml-offerynnydd arbennig, Evan Grace. Enw'r grwp oedd Mendocino ar ôl yr ardal hyfryd hwnnw tu allan i San Francisco. Ardal gafodd ei anfarwoli gan y chwiorydd McGarrigle yn y gân 'Talk to me of Mendocino'. Bwriad Hugh oedd cyfuno caneuon ei albwm, *The Steep Ravine*, gan hefyd ddefnyddio rhai o fy nghyfansoddiadau a threfniannau i fel 'Brethyn Gwlân' ('Brethyn Cartref'), 'Y Pwll Du' a 'Last of The Old Men'. Roedd Hugh wedi sylweddoli fod y darnau hynny yn gweddu steil y band oedd yn cyfuno'r gwerin gyda bluegrass a chanu gwlad. Roedd fy themâu i hefyd yn debyg i'w ganeuon ef fel 'Simple Man' a 'Sweet Life'. Rhyw flwyddyn ar ôl ffurfio, cawsom wahoddiad i chwarae yn y Sesiwn ar lwyfan y Ship yn ystod adfywiad yr ŵyl. Fe ddaeth cymrawd cerddorol arall gyda ni'r flwyddyn honno, yr anfarwol Steven Haberlin a aeth ymlaen i chwarae gyda'r Treacherous Orchestra a Kate Rusby. Wrth edrych nôl, roedd y cyfnod hyn yn rhyw fath o uchafbwynt i mi – neu efallai'n fwy manwl gywir, yn gwblhad i gylch. Mewn bron i ugain mlynedd a rhwng y Cnapan, y Sesiwn a'r Fleadh Cheoil, roeddwn yn dychwelyd i Gymru mewn grŵp o Iwerddon oedd yn cyfuno traddodiadau'r ddwy wlad ynghyd â dylanwadau'r byd. Efallai nad hwn oedd pegwn fy nhaith greadigol ac yn sicr, doedd e ddim yn rhan o ryw gynllun. Ond dim ond wrth ddychwelyd i'r atgof, dwi nawr yn gallu mapio rhyw fath o daith bersonol oedd yn fy isymwybod o hyd. Roedd Sesiwn Fawr Dolgellau yn rhan annatod o'r daith ac yn allweddol yng ngwireddiad y daith.

Wrth gwrs, wrth edrych nôl, nid cerddoriaeth oedd yn creu'r llun cyflawn. Roedd awyrgylch y Sesiwn yn gymysgedd o'r diwylliannol a'r craic. Roedd yr awyrgylch yn ddiamod yn wych a chroesawgar. Mi oedd hefyd yn leoliad i ambell i dro trwstan.

Un flwyddyn, fe ddaeth fy nhad, Garnon a fy mam Linda gyda'u ffrindie Pete Creigle a Breian Pencader o bwyllgor y Cnapan ar eu pererindod flynyddol i'r Sesiwn. Roedd y cyn-brif drefnydd, Breian yn tueddi i wisgo siwtiau trwsiadus brethyn neu *tweed*. Roedd e hefyd yn cario rhyw fath o *brief case*. Ynghanol y bwrlwm a'r miri ar y sgwâr dyma un o'r trigolion lleol yn troi at fy nhad a gofyn "Wyt ti'n disgwyl trwbwl?" Atebodd fy nhad yn syth "Nadw, pam?" "Wel, wy'n gweld dy fod wedi dod efo dy dwrna!" atebodd y cymeriad a gwên ddireidus.

Un flwyddyn, wrth ddychwelyd o'r ŵyl a cheisio ffeindio'r ffordd yn ôl i'r maes pebyll ar dop y bryn tu allan i'r dre, wy'n cofio fi a fy ffrind annwyl, y diweddar Gwion Rhys oedd yn chwarae gyda'r grŵp Dim Clem yn trin a thrafod y ffordd orau adref. Mi ddylen i wybod fod Gwion dipyn yn graffach na fi yn y materion wrth law gan iddo fynd ymlaen i fod yn feddyg. Ond yn fy nhyb i, roedd doethineb Arthur Guinness ar fy ochr. Wrth i Gwion gymryd y llwybr call ar y ffordd droellog i fyny'r bryn, dyma fi yn penderfynu cymryd y llwybr tarw drwy'r goedwig. Roeddwn yn cario fy manjo yn fy llaw a hwnnw heb glawr na dim i'w warchod. Ta beth, yn gynnar yn fy nhaith, trodd y goedwig yn hunllef o ddrain trwchus a bu rhaid i mi wthio mlaen fel anturiwr yn yr Amazon. Ar ôl brwydr caled, cyrhaeddais y gwersyll gyda Gwion yn fy nghroesawu â gwen lydan ar ei wyneb. Dan chwerthin, holodd pa diwn o'n i'n chwarae ar fy nhaith. Dan benbleth holais beth oedd e'n feddwl a dyma fe'n disgrifio'r alaw mwya ansoniarus a glywodd erioed wrth i'r drain bigo tannau'r banjo ar hyd pob modfedd o'r daith!

Dyma oedd yn gwneud y Sesiwn Fawr. Nid yn unig artistiaid fel Steve Earle, y sesiynau yn y tafarndai, y dref ogoneddus hardd, ond y bobl a'r straeon hyfryd a ddaeth yn rhan o'r digwyddiad. Mae'r ŵyl wedi bod yn rhan bwysig o fy nhaith cerddorol a gobeithio y gwnaiff e barhau wrth inni ddathlu carreg filltir bwysig ar ôl cyfnod anodd mewn hanes. Y tro diwethaf i mi fod yn yr ŵyl, roedd y balchder oedd gennyf i ddychwelyd gyda fy nghyfoedion o'r ynys Werdd yn ddigwyddiad personol pwysig i mi. Wrth edrych nôl ac ar ôl colli fy nhad Garnon, un o sylfaenwyr y Cnapan, fy chwaer Tres, oedd wedi mynychu'r ŵyl droeon, a fy mrawd yn nghyfraith Bob, pibydd arbennig o'r Alban yn ystod y pandemig, mae na hiraeth yn y delweddau. Serch hynny, mae'r llon yn gorchfygu'r lleddf ac ae na danwydd yn y pêr atgofion wrth inni fentro allan a chreu rhai newydd.

Hir oes i'r Sesiwn.

Osian Huw Williams

Dwi'n teimlo mor lwcus fod 'na ŵyl fel Sesiwn Fawr ugain munud o nghartre. Fy atgof cyntaf ydi bod ar y sgwâr yn gafael yn llaw Dad ac yn syllu i fyny ar Gwerinos. Gwerinos fyddai bob tro'n agor yr ŵyl, ac oherwydd hynny mae caneuon fel 'Llun' a 'Dun Laoghaire' wedi aros yn saff yn y cof.

Ar ôl tyfu'n ddigon hen i fynd o gwmpas y dre hefo'n ffrindiau, y gêm oedd neidio ar ganiau cwrw gwag nes i rywun ffeindio un llawn. Pawb wedyn yn rhedeg o dan y bont at yr afon a dyma fy mlas cyntaf o ddiod y diafol (can o Woodpecker oedd o gyda llaw, a mi a'th lawr fatha sudd afal). Yn yr un cyfnod dwi'n cofio dyn diarth yn cynnig bag llawn fferins i ni. Wel os oedden ni wedi dysgu rhywbeth yn ifanc, i beidio cymryd dim byd gan rywun diarth oedd hwnnw... Wrth gwrs, dyma ni'n gorffen y bag fferins cyn i'r dyn droi rownd, sy' ond yn profi'r math o bobl mae'r Sesiwn yn ei ddenu! (Mi oedd y cr'adur yn isel ar 'i siwgwr ma' raid, dan ni i gyd wedi bod yno.)

Ymlaen i'm harddegau a dyma Anweledig yn chwythu mhen i hefo perfformiadau gwallgo' bob blwyddyn. Bod yn y blaen yn gweld y ddau ddyn yn stripio i '6.5.99', Ceri yn dringo ochr y llwyfan i'r top rhyw flwyddyn arall. Mi roedd y lle wastad ar dân a phan dwi'n gwrando ar Anweledig heddiw, Y Marian yn Dolgellau sydd yn dod yn syth i'r meddwl.

Mi ddes i wedyn i oedran gallu perfformio yn Sesiwn Fawr ac mae pob gig dwi erioed wedi'w gael hefo Candelas, Siddi, Blodau Papur a Pala (fy mand ysgol) wedi bod â theimlad arbennig iawn. Mi ofynnwyd i mi ddrymio i fand o'r enw Madre Fuqueros rhyw flwyddyn yno, y band ucha' o ran *volume* sy' erioed wedi bodoli yn y Gymraeg. O achos y gig yno yn y Clwb Rygbi mi wnes i dynnu rhywbeth yn fy ngarddwrn chwith a ma hi'n dal i frifo hyd heddiw pan ma'r tywydd yn oer. O wel... mi roedd o werth o.

I mi, mae teimlad hamddenol Sesiwn Fawr yn ei gwneud hi'n well gŵyl na 'run arall. Ma'r gigs yn llawer mwy pwerus i'r bandiau a'r gynulleidfa yng nghanol y dre' felly gobeithio caiff yr ŵyl 30 mlynedd arall o lwyddiant o amgylch strydoedd cul, prydferth Dolgellau.

SFD 2018: Gig Cyntaf Lewys

Erbyn diwedd 2017, roeddwn i ar gyrion dechrau perthynas dda gydag Yws Gwynedd (enw cyfarwydd i'r Sesiwn ers blynyddoedd, wrth gwrs) a'i label newydd, Recordiau Côsh. Gyda llond llaw o gerddoriaeth newydd wedi ei drefnu i'w ryddhau dros y flwyddyn ganlynol o dan yr enw Lewys, roedd hi'n amser chwilio am gigiau a pherfformiadau cyntaf y band.

Daeth cyfle pan ymunais â phwyllgor Sesiwn Fawr Dolgellau gydag Owain Meirion o amgylch yr un pryd i atgyfodi llwyfan y Clwb Rygbi, llwyfan sydd wedi gweld digon o enwau nodweddiadol yn mynd a dod drwy'i hanes. Gyda'n swyddi fel rheolwyr a threfnwyr y Clwb Rygbi, daeth ffocws ar gynnig cyfleon i fandiau cyfoes y Sîn Gerddoriaeth Gymraeg ddweud eu dweud; bandiau megis Gwilym, Alffa, a Mellt, y ddau gyntaf yn rhan o deulu Côsh hefyd. Daeth y syniad yn wreiddiol o fformat y 'Llwyfan Cyfle', a lenwodd lawr y Clwb sawl blwyddyn ynghynt.

Pan gynigiodd Emyr Lloyd fy enw i ymysg y dewisiadau rhagbrofol ar dro 2018, doedd dim band gennyf i chwarae, a dim ond un sengl, 'Yn Fy Mhen', wedi'i rhyddhau! Felly, yn naturiol, roedd pwysau (cwbl anfwriadol, wrth gwrs) nid yn unig i sgwennu mwy o gerddoriaeth, ond hefyd i chwilio am aelodau ar gyfer y band. Roedd hyn yn gam roedd angen ei chymryd beth bynnag wedi i mi ymuno yn swyddogol â label Yws, a'r sengl gyntaf yn denu rhywfaint o sylw ar sianeli radio BBC Cymru/Wales erbyn mis Chwefror. Ond, er mawr syndod i mi, roedd cael gafael ar yr aelodau yma'n haws na'r disgwyl, a thrwy hynny, yn nes 'mlaen, daeth yr ysbrydoliaeth i sgwennu yn naturiol.

Roeddwn i wedi nabod dau allan o dri o'r bois ers sbel; Owain y cyd-drefnydd, nawr yn chwarae'r gitâr fas, yn fachgen lleol ac yn ffrind o'm plentyndod, ac Iestyn Jones y drymiwr, yn wreiddiol o Bowys, ers ei gyfarfod ar gyfres gyntaf *Pwy Geith y Gig?* nôl yn 2016. Roedd y gitarydd Ben Williams eisioes yn chwarae gyda Iestyn yn eu band eu hunain, DREAD, ac yn cynnig nid yn unig cyswllt agos gydag ef, ond hefyd plethora o synau gwreiddiol ac, gan amlaf, andros o swnllyd. Mae'r aelodau wedi newid erbyn hyn, gyda Gethin Elis a Ioan Bryn o Fangor yn cymryd yr awenau oddi wrth Owain a Ben erbyn 2019, ond eto, mae 'na restr faith o atgofion melys o flwyddyn gyntaf y band.

Gyda chymorth pwyllgor y Sesiwn, cawsom sawl diwrnod hir yn awditoriwm Tŷ Siamas yn chwarae ac yn ailchwarae'r caneuon. Cafodd Kyffion, band Ows, yr un fraint yn arwain at eu set yn yr un gig, yn ogystal â Sŵnami yn eu blynyddoedd cynnar. Wedyn, buasem yn dychwelyd i'r byncws ar ben siop Medi i yfed ambell gwrw. Dydy'r band heb ymgynnull yn Nolgellau ers sbel oherwydd cymysgiad annifyr o waith prifysgol a chyfyngiadau'r cyfnodau clo diweddar, ond yn sicr gallaf ddweud ar ran pawb bod ein hamser yn Nhŷ Siamas, diolch i Ems a Myf, wedi bod yn hwb mawr i'n hyder yn arwain at benwythnos ein Sesiwn gyntaf.

Ar ddydd Sadwrn yr 21ain o Orffennaf, 2018, agorodd llifddorau 'Dyfroedd Newydd' am y tro cyntaf, gydag Owain a minnau ar fwrdd y llong. Tra roedd y ddau ohonom ni yn slafio yn y Clwb yn ceisio gwneud yn siŵr bod profiad yr artistiaid yn un rhwydd a chwim, roedd Iest a Ben yn rhoi digon o wybod eu bod nhw'n mwynhau eu profiad Sesiwn Fawr cyntaf yn yr haul – lwcus i rai! Ond, mewn gwirionedd, roedd hi'n brofiad gwbl swreal, fel cerddor ifanc ar y pryd, i fod yn gyfrifol dros les y bandiau a'r artistiaid, o ystyried mai'u cerddoriaeth nhw a ysbrydolodd y penderfyniad i ddechrau sgwennu yn Gymraeg yn y lle cyntaf.

Wrth i'r prynhawn fynd yn ei flaen wedi setiau llwyddiannus gan Kyffion, The Dukes of Love (dau ffrind arall, Owen Kimpton a Liam Dixon, sydd erbyn hyn yn perfformio'n gyson ym Manceinion o dan yr enw The Brambles), a Casset, dechreuodd y Clwb ddenu rhywfaint o gynulleidfa. Wrth gwrs, fel unrhyw gig arall, roedd chwech o'r gloch y prynhawn fymryn yn gynnar i ddechrau symud i flaen y llwyfan; rheol draddodiadol cynulleidfaoedd Cymru, mae'n debyg! Gwelais ambell i wyneb cyfarwydd; roedd dad newydd ddechrau ei shifft ar y drws yn gwerthu tocynnau, a Rhodri ac Annest, y brawd a'r chwaer, wedi dod â rhai o'r plantos er mwyn rhoi barn onest ar fy mherfformiad.

Roedd y set yn weddol fyr, tua hanner awr, a hwnnw wedi'i lenwi gyda thair cân ac 'intro': 'Yn Fy Mhen', y sengl newydd sbon, 'Gwres', yr hen drac 'Adnabod' (oedd eisoes ar fy nhudalen *Soundcloud* bryd hynny), a 'Rhywbryd', a oedd yn ddienw ar y pryd (ac sydd dal yn agor ein setiau hyd heddiw). Fe geisiom ymestyn y caneuon yma cyn gymaint ag y gallem drwy ailadrodd cytganau a jamio di-

stop, ond yn llenwi'r bylchau roedd tair 'cover' bach slei.

Wrth gwrs, roedd rhaid i rywbeth fynd o'i le – dechrau cân heb dwnïo, colli rhythm wrth ganu 'Two Steps Twice' gan Foals (hawdd *iawn* i'w wneud). Ond, roedd o'n berfformiad egnïol, ganddom ni fel band a gan y dorf fach a fentrodd yn agosach erbyn i ni gloi. Rwy'n cofio derbyn galwad ffôn gan Yws tra'n llwytho'r car, a hwnnw wedi cael adroddiad digon bywiog gan Ifan Sŵnami. Roedd Chris a Geth *Sôn am Sîn* yn bresennol hefyd; dau sydd wedi cefnogi ymdrechion y band ers y prynhawn hwnnw gydag erthyglau a digon o rannu a phostio ar wefannau cymdeithasol.

Fe ddychwelom ni i'r Sesiwn Fawr union flwyddyn yn ddiweddarach, gyda slot yn y Clwb Rygbi ac ar y prif lwyfan tu ôl i westy'r Ship y tro hwn – ffordd dda i ddathlu'n penblwydd! Roeddem ni wedi hen newid ers y dyddiau cynnar, ond roedd hi'n sicr yn dal yn fraint ac yn deimlad eithaf emosiynol i ddod nôl i Ddolgellau, lle dechreuodd y siwrne, i ddangos ein datblygiad. Mae hyd yn oed yr haf hwnnw yn 2019, gyda'r Eisteddfod, Maes B, a mwy yn y dyddiadur, yn teimlo fel amser maith yn ôl wrth ystyried y digwyddiadau diweddar ynglŷn â'r pandemig byd-eang.

Ond, er gwaetha'r cyfnodau clo di-ddiwedd, mae angen diolch i'r Sesiwn am gynnig platfform i fandiau ifanc o Gymru i berffeithio eu crefft dros y pump ar hugain o flynyddoedd diwethaf. Mae'r dref yn hynod o lwcus i gael rhwydwaith o fusnesau sy'n fodlon gweithio law yn llaw gyda'r pwyllgor er mwyn arddangos bandiau ac artistiaid o bob lliw a llun ac o bedwar ban byd. Rydw i a gweddill y band yn ffodus iawn i fod yn eu mysg.
Lewys Meredydd Siencyn

Y Cledrau
Sesiwn Fawr Dolgellau ydy fy hoff ŵyl i – mae rhywbeth go arbennig am y teimlad o gael mynd i ŵyl dda, reit ar gychwyn gwyliau'r haf gyda phawb yn ffresh a llawn egni, wedi cyffroi'n lân hefo tywydd braf mis Gorffennaf. Mae hefyd yn braf fod hyn yn digwydd ond dafliad carreg go lew o'n cartrefi, i allu cyd-wylio'r amrywiaeth eang o gerddoriaeth hefo'n ffrindiau lleol, ynghyd â ffrindiau sy'n teithio o bob rhan o'r wlad i fod yn rhan o'r hwyl.

'Den ni fel Y Cledrau wedi cael chwarae yn Sesiwn Fawr ddwywaith – slot ola'r prynhawn ar y Sgwâr yn 2018, ac agor cefn Y Ship ar y nos Wener yn 2019. Roedd haf 2018 yn un eithriadol o brysur i ni fel band, gyda'n albwm gynta' wedi dod allan ddechrau'r flwyddyn, roedden ni'n 4 mwy neu lai'n byw ar ffyrdd Cymru, ond roedd cael stopio yn Nolgellau yn gyffro go iawn. Mi benderfynodd Ifan ac Alun wisgo tei hyd yn oed er mwyn cydnabod y fraint! Mi arhosodd hi'n sych, gan olygu bod ein ffrindiau'n sefyll o'n blaenau yn cyd-ganu ein caneuon, a llwythi o deuluoedd bach oedd wedi setlo am y prynhawn gyda'u cadeiriau campio, a diod a byrgyr yn eu llaw. Wedyn ar ôl gorffen chwarae am 6, roedd gennym ni gig yng Nghlwb Rygbi'r Bala am 7 – felly gadael Sesiwn Fawr er mwyn gwneud y set honno, ond 'swn i'm yn synnu os oedd tempo pob cân ryw fymryn yn gynt na'r arfer yn fanno, fel ein bod ni'n gorffen reit handi, pacio'n stwff a'i heglu hi nôl am Ddolgellau er mwyn parhau â'r parti, a chael andros o benwythnos da. Gwylio Anweledig nos Sadwrn, a Geraint Lovgreen ddydd Sul, â'i sacsoffonwyr yn ymlwybro i ganol y gynulleidfa yn gwneud i rywun anghofio am y cur pen.

Slot munud ola' gawson ni'n 2019, ond ma hynny rywsut lot fwy cyffrous, gan ein bod ni'n bwriadu mynychu beth bynnag, felly waeth inni gael chwarae yno ddim! Ac er mor wych ydi cael 'headleinio' gigs, weithie mae'n llawer brafiach cael eu hagor nhw, er mwyn cael mwynhau gweddill y noson heb y pili palas yn y bol. Mae'n bosib mai un o'n uchafbwyntiau i o'r haf hwnnw oedd Joseff yn denu llwyth o bobl wahanol i ffurfio cylch ar ddiwedd y nos Sadwrn, a chynnal 'dance off' i gyfeiliant un o'r grwpiau gwerin gwallgo. Dwi'm hyd yn oed yn cofio pwy oedd y band, ond dwi'n cofio meddwl bod 'dance offs' gymaint gwell pan nad oedd 90% o'r cylch yn gallu dawnsio o gwbl. Ac wedyn cael gwylio Jarman bnawn dydd Sul, a hynny hefo dy ffrindiau, dy rieni, ffrindiau dy rieni, a phobl hollol ddiarth, ond bod pawb yn symud i'r un rhythm.

Doedd 2020 ddim yn flwyddyn arferol, ond roedd haf 2021 hefo rhyw elfen o normalrwydd iddi, ond doedd hi'm yn teimlo'n normal o gwbl heb fod yng nghefn y Ship yn brwydro am beint a dawnsio i gerddoriaeth newydd, felly dwi'n mawr obeithio y bydd Sesiwn Fawrs y dyfodol ddwywaith gwirionach!

Sesiwn Fawr Dolgellau
Angharad Jenkins

Ble i ddechrau? Mae Sesiwn Fawr Dolgellau wedi chwarae rhan enfawr yn fy mywyd. Mae e wedi cyfrannu yn fy natblygiad i fel cerddor, mae e wedi bod yn rhan bwysig mewn dyfnhau fy mherthynas gyda Chymru a'r iaith Gymraeg. Ac mae e'n ddigwyddiad yn y calendr dwi'n edrych ymlaen ato'n feunyddiol, achos dwi'n gwybod y bydd 'na wastad groeso cynnes, sgwrs ddifyr, peint da, a cherddoriaeth arbennig i godi calon. Mae Sesiwn Fawr yn falm i'r enaid, er nid wastad yn falm i'r corff! Mae angen *detox* llawn ar nifer ohonom ar ôl penwythnos hir yn SFD!

Fy nhro cyntaf yn ymweld â'r ŵyl oedd 2008. Ar y pryd roedd perfformiadau'n dal i gael eu cynnal ar lwyfan y Marian yn y maes parcio. Roedd hi fel gŵyl roc fawr, gyda thorfeydd enfawr yn llenwi'r maes, ac eraill yn ymgasglu ar y bont i wylio'r perfformiadau o bell. *The best view in the house*, medde rhai, ond roedd nam yn y cynllun. Gallai cynulleidfaoedd wylio'r perfformiadau o'r bont heb orfod talu am docyn, ac mae'n bosib mai dyma un o'r rhesymau pam y dychwelodd yr ŵyl i'r fersiwn llai. Ond p'un ai'n ŵyl fawr neu fach – mae'r awyrgylch wedi aros yn gyson gyfeillgar a chroesawgar, gyda rhaglen wych o gerddoriaeth.

Fel pob blwyddyn arall, roedd strydoedd Dolgellau yn orlawn yn 2008, ac roedd y tafarndai yn gorlifo gyda Chymry, a'r Gymraeg yn dawnsio bant o wefusau pawb. Fel merch o Abertawe, oedd newydd raddio o Brifysgol Oxford Brookes, roedd fy Nghymraeg i bach yn rhydlyd i ddweud y lleiaf. Ond roedd ymdrochi fy hun yn y gerddoriaeth a chymdeithasu yn Gymraeg wedi helpu troi allwedd y meddwl ac agor y llifddorau i'r Gymraeg unwaith eto. Roeddwn i yn y nefoedd!

Y flwyddyn honno, roeddwn i'n perfformio gyda'r Glerorfa – cerddorfa werin Cymru - ar lwyfan y Marian. Roedd 'na gyffro a bwrlwm yn yr aer. Roeddwn i wedi bod yn teithio nôl i Gymru o Rydychen i ymarfer gyda'r Glerorfa sawl gwaith cyn y perfformiad, a thrwy'r ymarferion yma des i'n ffrindiau gyda llwyth o bobl ifanc (yn bennaf Gogs!) o bob cwr o Gymru, o Fôn i Ruthun, o'r Bala i Lŷn. Roeddwn i hefyd wedi bod yn dysgu gan rai o wybodusion amlycaf a phwysicaf cerddoriaeth werin Cymru.

Os nad oeddwn i'n hollol ymwybodol ar y pryd, dwi nawr yn sylweddoli cymaint o fraint oedd hi i ddysgu gan, a chyd-chwarae gyda phobl fel Stephen Rees, Robin Huw Bowen, Arfon Gwilym a Sioned Webb. Prentisiaeth oedd hwn mewn i'r sîn werin, a dwi'n teimlo'n uffernol o lwcus bo fi wedi cael y profiad yna i gyd-chwarae gyda chymaint o bobl dalentog, a dysgu rai o'n halawon mwya' arbennig.

Dyma oedd y llwyfan fwyaf i fi berfformio arni yn fy ngyrfa ifanc fel cerddor. Roedd e'n slot weddol gynnar, ond roedd hi'n fawr, â statws iddi. Braf oedd darganfod gŵyl yng Nghymru oedd yn llwyfannu'r math yma o gerddoriaeth, achos ar y pryd doedd cerddoriaeth werin ddim yn cael fawr o sylw yn y cyfryngau Cymraeg, nac hyd yn oed yr Eisteddfod Genedlaethol. Roedd hyn cyn dyddiau Tŷ Gwerin (yn yr iwrt), a rhaglenni gwerin BBC Radio Cymru fel *Sesiwn Fach*, neu'n fwy diweddar Awr Werin Lisa Gwilym. Roedd 'na wyliau gwerin yn ne Cymru, ond doedd y naws ddim mor Gymreig. A beth o'n i'n hoffi fwyaf am SFD oedd bod na gymysgedd iach o ganu gwerin a roc yn eistedd law yn llaw yn gyfforddus ar yr un rhaglen.

Yr un flwyddyn, roedd 'na fand ifanc, di-brofiad iawn yn perfformio eu gŵyl gyntaf erioed, a hynny yn y Theatr Fach yng nghanol y dre. Enw'r band oedd Calan. Pump aelod y band oedd Patrick Rimes, Bethan Williams-Jones, Llinos Eleri Jones, Chris ab Alun a fi. Doedd gan neb ddisgwyliadau mawr ohonom, ond er mawr syndod i'r pump ohonom, cawsom encore! Yr unig broblem oedd, doedd dim digon o ddeunydd gyda ni, felly roedd rhaid dychwelyd i'r llwyfan i ailadrodd ein darn cyntaf – 'Rhif Wyth'.

Chwarae teg i'r ŵyl, cawsom gyfle i berfformio droeon dros y blynyddoedd. Mae'n deg dweud bod y profiadau yma wedi cyfrannu at ein datblygiad ni fel band, ac erbyn hyn rydym wedi bod yn lwcus i berfformio'n rhyngwladol yn rhai o wyliau gwerin mwyaf y byd.

Mae'r ŵyl wastad wedi bod yn gefnogol iawn i fandiau ifanc, newydd. Un band ifanc sydd bron wedi'i magu trwy

Sesiwn Fawr Dolgellau yw Beca. Ges i'r fraint o gyflwyno Beca ar gyfer rhaglen arbennig DigiDol yn ystod pandemig 2021. Mae'r triawd yn cynnwys y ddwy chwaer Heledd a Mirain Owen o Abertawe, a Mared Lloyd o Sir Gâr. Gwnaethon nhw berfformio set hyfryd, amrywiol ar gyfer y rhaglen, ond teimlais drueni mawr nad oedd 'na gynulleidfa fyw yna i brofi egni eu halawon, y dawnsio a'u caneuon swynol. Fi oedd un o griw bach o bobl gath y fraint i glywed eu perfformiad byw, ac er bod nifer helaeth wedi cael y cyfle i wylio ar-lein – doedd y wefr ddim cweit yr un fath.

Ac yn sicr, doedd Dolgellau ddim yr un peth heb y torfeydd.

Ond ynghanol blwyddyn anodd dros ben, rhaid canmol trefnwyr yr ŵyl am addasu a pharhau i gysylltu gyda'u cynulleidfa trwy guradu rhaglen i'w ffrydio ar lein. Roedd 'na berfformiadau byw gan VRï, Glain Rhys, Beca, Derw, I Fight Lions, ac un o sefydlwyr yr ŵyl (a thad i ddwy ran o Beca) Huw Dylan.

Ac i fi, oedd wedi cael y fraint o gyflwyno'r artistiaid yma, roedd e'n gyfle i deithio i Ddolgellau a threulio diwrnod hyfryd yng nghwmni'r trefnwyr a'r artistiaid. Er, yn rhyfedd iawn, roedd un dyn pwysig ar goll. Ges i neges llawn dirgelwch gan Ywain Myfyr y diwrnod cyn i mi deithio lan yn dweud na fydde fe o gwmpas diwrnod ffilmio DigiDol. "Rho hi fel hyn, dim fi drefnodd y dyddiad ac mae gen i rywbeth arall reit bwysig ymlaen…"

Double-bwcio! Dyna ryfedd, o'n i'n meddwl. Roedd cyfyngiadau Covid dim ond wedi dechrau llacio, a doedd dal ddim llawer o bethe i'w neud. Ond gofynnes i ddim mwy.

Ond mae newyddion yn teithio'n gyflym yn Nolgellau, a daeth y gwir i'r fei yn ddigon buan. Roedd Myf wedi priodi! Priodas fach, gyfrinachol oedd hi, heb dim ond ychydig o dystion.

Trannoeth, wedi'r briodas, a diwrnod ffilmio DigiDol, weles i Ywain a Rhiell yn cerdded strydoedd Dolgellau law yn llaw, yn wên i gyd ac yn disgleirio gyda chariad o ddigwyddiadau'r diwrnod cynt. Rhamantaidd dros ben!

Heblaw am y perfformiadau, mae 'na hen ddigon

o gyfleoedd i ganu neu chwarae alaw mewn sesiwn mewn unrhyw rai o'r tafarndai ar hyd a lled y dref. Yn y blynyddoedd diweddar Gwilym Bowen Rhys a'i ffrindiau sydd wedi bod yn arwain nifer o'r sesiynau yma, gyda'i lais mawr sy'n gallu perswadio hyd yn oed y mwyaf swil i forio canu! Dyna sy'n arbennig am Sesiwn Fawr, mae rhywbeth gwahanol yn digwydd rownd pob twll a chornel. Ac wrth gwrs, heb ffael ar ddiwedd pob nos mae pawb yn ymgynnull yn y Torrent. Erbyn oriau mân y bore, does falle ddim cymaint o safon ar y gerddoriaeth, ond mae'r sgyrsiau yn byrlymu.

Y tro diwethaf i Calan perfformio yn SFD oedd Gorffennaf 2019. Roeddwn i newydd rhoi genedigaeth i fy merch fach Tanwen Haf. On i'n benderfynol na fydde cael plentyn ddim yn rhwystro fy ngyrfa fel cerddor, felly dyma fi, Dafydd a Tanwen – oedd ddim ond yn chwech wythnos ar y pryd – yn mentro i SFD. Roedd hi mor fach, a doedd dim clem gyda ni beth o'n i'n neud. Ond roeddwn i'n hapus i'w throchi hi yn yr awyrgylch Gymreig, a'i phasio hi o gwmpas Y Ship er mwyn iddi gael cymaint o cwtshys â phosib! Dwi mor falch i ddweud mai SFD oedd gŵyl gyntaf Tanwen!

Roedd yn hyfryd i fod yn yr ŵyl gyda'r teulu, ond jiw, nes i gawlach o fy mherfformiad i gyda Calan y noson honno! Roedd fy mysedd yn teimlo fel selsig, a doeddwn i ddim yn gallu cofio'r trefniadau i gyd. 'Na i gyd o'n i'n gallu meddwl amdano oedd Tanwen a Dafydd yn un o stafelloedd Y Ship. Yn lwcus i Calan, roedden ni mlaen yn eitha hwyr, ac felly erbyn hynny roedd nifer yn gwrando a gwylio gyda'u gogls cwrw, a dwi'n credu gaethon ni broblemau technegol 'fyd – sy'n esgus da am fy mherfformiad amheus!

Fel arfer bydden i wedi hoffi ymlacio ar ôl perfformiad trwy gael peint a dal lan gyda phobl. Ond y noson honno roedd rhaid i mi neud *bee-line* trwy'r dorf a nôl i stafell y gwesty er mwyn bwydo Tanwen. Yn fam newydd, o'n i'n gallu clywed hwyl a miri'r ŵyl islaw yn y maes parcio a meddwl, beth yn y byd sydd wedi'n taro ni!

Ond tair blynedd yn ddiweddarach, a dwi ffaelu aros i ddychwelyd i SFD i ddathlu'r 30 mlynedd! Bydd Tanwen bron yn dri, a bydd un arall gyda ni erbyn hynny (ie, dwi'n bedwar mis yn feichiog wrth sgwennu hyn). Pa well ffordd i gyflwyno'n plant i ddiwylliant a iaith gyfoethog Cymru, na thrwy dreulio penwythnos hir yn Sesiwn Fawr Dolgellau?

Gŵyl fach gyda chalon fawr yw SFD. Lle i gwrdd a chanu, a chreu cysylltiadau ar draws Cymru gyfan. Yn wir, does dim gwell ffordd na buddsoddi peth o'n hamser prin 'ma ar y ddaear yn Sesiwn Fawr Dolgellau.

Gwilym Bowen Rhys

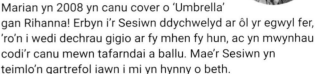

Dwi'n rhan o'r genhedlaeth a ddaliodd ddiwedd yr 'hen sesiwn fawr' fel petai. Dwi'n cofio mwynhau'r Saw Doctors ar y Marian yn 2008 yn canu cover o 'Umbrella' gan Rihanna! Erbyn i'r Sesiwn ddychwelyd ar ôl yr egwyl fer, 'ro'n i wedi dechrau gigio ar fy mhen fy hun, ac yn mwynhau codi'r canu mewn tafarndai a ballu. Mae'r Sesiwn yn teimlo'n gartrefol iawn i mi yn hynny o beth.

Y drefn fel arfer ydi parcio 'nhin o flaen y Torrent (neu tu fewn os ydi'r glaw wir yn annioddefol) a chanu am oriau maith. Pawb yn ymuno fewn gyda'u hofferynnau, boed nw'n ffidils, gitârs, borans, neu jysd waldio'r dwylo ar y byrddau! a phawb yn cyd-ganu'n groch tan amser cau (a chydig ar ôl hynny), neu tan dani'n rhedeg allan o ganeuon... ac erbyn i hynny ddigwydd, mae'r crowd wedi newid, a does neb yn sylwi os dani'n dechrau o'r dechrau! Yn fy marn i, mae canu cynulleidfaol anffurfiol mewn tŷ tafarn yn un o'r ffyrdd mwyaf greddfol dani'n mynegi ein Cymreictod. Mae o'n gallu codi gwên, tynnu deigryn, a symud y galon, ac mae Sesiwn Fawr Dolgellau wedi bod yn noddfa, yn hafan ac yn gynefin i'r canu yma dros y blynyddoedd, ac mi wn y bydd o am flynyddoedd maith i ddod hefyd. Daliwn i ganu, daliwn i gredu, a hir oes i Sesiwn Fawr!

Gruffydd Ywain

I ran fwyaf o bobl penwythnos ydi'r Sesiwn Fawr, ond yn tŷ ni doedd y Sesiwn byth yn dod i ben...

Fy nhad oedd un o'r trefnwyr ers dyddiau cyntaf yr ŵyl, ond fel plant doedden ni'm yn gweld y gwaith oedd yn mynd i mewn i drawsnewid sgwâr Dolgellau yn barti enfawr bob blwyddyn. Yn hytrach y pethau bach pob dydd sy'n aros yn y cof.

Ein rhif ffôn ni, hynny yw rhif ffôn y cartref (pan oedd y ffasiwn beth yn bodoli) oedd rhif ffôn swyddogol y Sesiwn

Fawr am gyfnod hir. O'r eiliad byddai un Sesiwn yn dod i gloi byddai'r galwadau'n cychwyn at y nesaf. Enwogion, noddwyr, swyddogion, ta waeth pa mor bwysig yr alwad, yn fwy na thebyg un ohonom ni blant oedd yn ei hateb. Tybed sawl gŵyl arall oedd yn cyfarch y rhai oedd yn galw'r llinell swyddogol hefo bloedd o 'Dad! Ffôn!'?

Ond gwir hwyl yr holl alwadau oedd dyfalu o ba ran o'r byd y deuai'r galwr drwy nodi'r newidiadau yn acen fy nhad. Heb iddo sylwi roedd Dad yn llwyddo i efelychu acen a ffordd o siarad y sawl oedd yn galw, yn ddigon araf fel bod neb ar yr alwad byth i weld yn sylwi. Stori arall oedd hi i ni yn y stafell drws nesa yn clustfeinio ar bob gair. Gyda bob mathau o bobl yn ffonio byddai'r acenion a'r dynwared anfwriadol yn gallu mynd yn egsotig iawn, a dad yn gwadu bob tro ei fod yn gwneud unrhyw beth o'r fath. Dim nes i mi gael swydd yn holi dieithriaid dros y ffôn yn y coleg flynyddoedd yn ddiweddarach sylwes i fod yr un cystudd yn union gen i.

Pan oeddwn i'n ifanc roedd pob siwrne yn y car yn gallu bod yn ddadl. Anodd iawn oedd ennill y frwydr i gael chwarae'r casgliad 'NOW' diweddaraf pan oedd degau o ddisgiau yn cyrraedd acw yn wythnosol gan artistiaid amrywiol o bob rhan o'r byd. Pob un yn gobeithio cael gwadd i berfformio yn y Sesiwn. Er mod i'n cwyno ar y pryd, wrth edrych yn ôl roedd cael ein trochi yn gyson mewn cerddoriaeth mor wahanol yn fraint, yn ehangu gorwelion ac yn dod â ni yn gyfarwydd ag artistiaid rhyfeddol na fyddwn i fyth wedi dod ar eu traws fel arall. Horace X er enghraifft - grŵp o Gaergrawnt yn cyfuno rhythmau dawns a reggae gydag alawon ffidil o Ddwyrain Ewrop ac yn perfformio'r cyfan mewn gwisgoedd UV godidog. Neu Los de Abajo, grŵp ska Mecsicanaidd, a'r Blind Boys of Alabama a berfformiodd yn yr Eglwys un Sesiwn cofiadwy. Heb sôn wrth gwrs am fawrion y sin Gymraeg o Anweledig i Bryn Fôn i Mega, oll ar y stepen drws.

Wrth gwrs, er bod dylanwad y Sesiwn yn amlwg gartref drwy'r flwyddyn doedd y penwythnos ei hun yn ddim llai o ddigwyddiad. Byddai'r cyffro'n cychwyn rhyw bythefnos o flaen llaw pan fyddai 'Siop y Sesiwn' yn agor. Bydden ni blant wrth ein boddau yn mynd ar ôl ysgol i 'helpu' creu a gwerthu crysau T a thrio fflogio rhaglenni - ac wrth gwrs cael cadw 50 ceiniog am bob deg rhaglen a werthwyd.

Dwi'n amau faint o help fuon ni ond roedd cael bod ynghanol pethau wrth i'r penwythnos nesu yn cyffroi bob tro.

A phan ddeuai'r diwrnod mawr ei hun a'r llwyfannau yn cael eu codi, gyntaf yn y sgwâr ac yn ddiweddarach ar y Marian, byddai'r ardd acw hefyd yn cael ei thrawsnewid yn faes pebyll answyddogol. Ffrindiau i Mam a Dad pan oedden ni'n blant ond wrth i'r blynyddoedd fynd heibio ein ffrindiau ni oedd yn dadlau am y man gorau ar gyfer eu pebyll. Hefo llond tŷ o bobol roedd y parti yn cychwyn ymhell cyn i'r nodyn cyntaf gael ei daro ar y llwyfan ac yn parhau tan i'r person olaf adael ar y Llun.

Dwi'n edrych yn ôl hefyd ar y profiadau dwi wedi'u cael yn bersonol drwy fod mor agos i'r ŵyl. Y cyfle i gyfrannu at bosteri a graffeg y Sesiwn tros y blynyddoedd, rhywbeth yn sicr sbardunodd ddiddordeb yn y maes ac arwain at yrfa yn dylunio'n broffesiynol. Yn fwy gwerthfawr o bosib oedd y profiad o 'berfformio' ar y llwyfan bysgio ddwy flynedd ar y trot gyda chriw o'r ysgol fel 'Band y Plant'. Yn wahanol i'r dylunio doedd dim gyrfa i gael mewn canu ond dwi'n hynod ddiolchgar o gael darganfod hynny mewn cyfnod cyn i bawb gael camera fideo yn eu poced.

Er mor braf ydi edrych yn ôl tros 30 mlynedd o'r Sesiwn a'r hyn mae'n olygu i mi, y gwir ydi fod pawb yn dre hefo profiadau tebyg. Snog cyntaf slei ynghanol y dorf efallai, neu ddod ar draws hoff fand newydd wrth fagu hangover Dydd Sul, neu sefyll ar ben y bont fawr yn hwyr yn nos a chlywed sŵn cerddoriaeth yn llenwi'r dref o bob cornel. Mae'r Sesiwn yn rhan o hanes pawb yn Nolgellau ac yn hynny o beth efallai fy mod i'n gwneud cam drwy ddweud mai penwythnos yw'r ŵyl i'r rhan fwyaf o bobol. Y gwir ydi fod y Sesiwn byth yn gorffen i'r un ohonom, ond yn cael seibiant - yn aros am y gân nesaf i gychwyn eto.

Dafydd Ywain

Roedd y Sesiwn i'w deimlo ymhobman yn tŷ ni. Roedd ei phosteri yn addurno'r waliau a'r cyfarfodydd diddiwedd yn ddigwyddiad wythnosol. Bu hi yno ers i mi fod yn ddim o beth; yn rhan o'r teulu. Roedd cyffro cynyddol i'w deimlo am fisoedd o flaen llaw a Dad fel plentyn yn disgwyl am ddiwrnod Nadolig wrth aros i'r ŵyl agosáu. Erbyn penwythnos y Sesiwn roedd Penybryn dan warchae blynyddol gan deulu a ffrindiau gyda phebyll a sachau cysgu ymhob cornel o'r tŷ.

Dwi ddim yn cofio rhyw lawer am flynyddoedd cynnar y Sesiwn ond mae Mam yn ein hatgoffa yn rheolaidd fy mod i a Gruff yn llawn cywilydd o weld Dad ar y llwyfan yn perfformio i dorf. Wrth i mi fynd yn hŷn dwi'n cofio gwerthu rhaglenni a chael 10 ceiniog am bob rhaglen a werthais. Roedd gena'i gynlluniau mawr i wneud fy ffortiwn bob blwyddyn ond i mi golli diddordeb ar ôl prin amser yn ddi-ffael. Yn hwyrach, dechreuais "helpu" tu ôl llwyfan. Dwi'm yn meddwl mod i'n gwneud ryw lawer ond cario walkie-talkie enfawr gan deimlo yn hunan bwysig a gwledda ar sausage rolls yn y buffet cefn llwyfan. Yma rwy'n cofio cyfarfod â Meic Stevens am y tro cyntaf wrth iddo fygwth "cletshen" i'r trefnwyr yn ei gwrw!

Fel cenhedlaeth o bobl ifanc Dolgellau, mi dyfais i fyny yn nghysgod yr wŷl; yn benwythnos i'w gofio ac yn arwydd fod gwyliau'r haf ar ddechrau. Wedi i mi gyrraedd fy arddegau symudodd y Sesiwn i'r Marian lle cefais i a fy ffrindiau fwynhau meddwi'n braf tra'n yfed dan oed i gyfeiliant y Super Furry Animals, Frizbee ac Anweledig. Erbyn heddiw a'r Sesiwn ar newydd wedd dwi'n edrych ymlaen bob blwyddyn at ddychwelyd i Ddolgellau a gweld hen gyfeillion. Wrth i fis Gorffennaf agosáu, fi sydd bellach yn cyffroi wrth i mi gynllunio fy nihangfa o Awstralia mewn pryd i fwynhau y Sesiwn Fawr unwaith eto eleni.

Ifan Ywain

Mae Sesiwn Fawr wastad wedi bod yno. Yn tyfu fyny, yr wŷl oedd y pumed plentyn yn tŷ ni; yn brwydro yn ein herbyn am sylw, yn llenwi'r tŷ efo'i theganau, yn gwahodd ei ffrindiau draw i'w pharti pen-blwydd bob mis Gorffennaf. Ond fel unrhyw berthynas â brawd neu chwaer, mae 'na wrthdaro, ond mae 'na gariad hefyd. Er bod y sesiwn erbyn hyn yn un o uchafbwyntiau'r flwyddyn i mi, doedd hi ddim wastad fel yna.

Fel plentyn, gyda Dad yng nghanol y ffair ar y sgwâr, roedd y cyfrifoldeb am fy llusgo fi i lawr i'r dre yn disgyn ar Mam. A llusgo ydi'r gair iawn yn yr achos yma. Am ryw reswm roedd gen i gasineb anesboniadwy tuag at Sesiwn Fawr.

Bob blwyddyn, yn ddi-ffael, fyswn i'n mynd lawr i gael blas ar yr awyrgylch, a mater o amser oedd hi tan fod y dagrau a'r strancio yn dechrau, a bo' fi'n sbwylio penwythnos Mam er mwyn cael dychwelyd i'r distawrwydd ar ben yr allt. Does gen i ddim syniad pam bo' fi'n ymddwyn fel 'ma, casáu cerddoriaeth gwerin? Arogl y seidr a'r smôcs? Cenfigen mai'r sesiwn oedd yr hoff blentyn y penwythnos hwnnw? Pwy a ŵyr?

Ond buan iawn nes i a'r sesiwn ddechrau tyfu. Dwi'n cofio gwylio Gruff Rhys yn ei helmed Power Rangers o'r ail lwyfan, dwi'n cofio cael plectrwm gan roadie oedd yn taeru bod Kelly Jones o'r Stereophonics wedi ei ddefnyddio (ia, dwi'n gwybod bod hynny mwy na thebyg yn gelwydd ond oedd o'n *cool* ar y pryd!), a dwi'n cofio miloedd yn tyrru i weld Frizbee yn swyno'r Marian gyda'u sŵn. Fanna o'n i eisiau bod. Yn anffodus i ni ar ôl ffurfio Swnami, roedd y llwyfannau mawr a'r torfeydd mwy wedi diflannu. Sesiwn fach oedd hi erbyn hynny. Roedd un o'n gigs cynta' ni yn y sesiwn ym maes parcio'r clwb rygbi yn 2011. Er bod y dorf oedd yn gwrando arnom ni y noson honno ddim cweit mor fawr â'r un weles i yn bloeddio 'Hello Sunshine' rai blynyddoedd ynghynt, o'n i yno. O'n i'n chwarae ar lwyfan Sesiwn Fawr. Ers hynny 'da ni wedi bod yn ddigon ffodus i ddychwelyd sawl tro. Wrth i ni ffeindio'n traed fel cerddorion, felly hefyd roedd y sesiwn yn ffeindio'i thraed fel gŵyl newydd, gyffrous - yn dod yn Sesiwn Fawr unwaith eto. 'Dan ni'n ofnadwy o ffodus o fod wedi gallu chwarae rhan, er mor fach, ar y daith honno.

Mae'r gigs wedi arafu erbyn hyn, a sawl un ohonom wedi symud i fyw o'r ardal. Ond bob blwyddyn, bob Gorffennaf, bob Sesiwn Fawr dan ni'n dychwelyd ar ryw fath o bererindod i lle dechreuodd y cyfan. Dwi'n falch o ddweud bod y dagrau wedi stopio erbyn hyn, ac mae'r berthynas efo'r sesiwn yn gryfach nag erioed. Dwi rwan yn edrych 'mlaen at yr aduniad teulu blynyddol; y dawnsio i ryw fand gwerin o ochr arall y byd, arogl y seidr a'r smôcs. Ti'n haeddu'r sylw am y penwythnos hwnnw.

Gobeithio cawn ni ddathlu dy ben-blwydd yn 50 hefyd.

Mabon ap Gwynfor

Yn yr un ffordd ag y mae meddwl am y Nadolig yn dod â chynhesrwydd a chyffro i blentyn, felly hefyd y Sesiwn Fawr i minnau.

Heb os, ynghyd â'r Fari Lwyd ym mis Ionawr ym mro'r Gwylliaid Cochion, y Sesiwn Fawr oedd un o uchafbwyntiau'r flwyddyn i mi.

Mae'r atgofion yn niferus, ac oll yn foddhaol, gan gynnwys oriau o chwerthin, canu a chreu cyfeillion gydol oes.

Roedd fy sesiynau cyntaf yn rhai gwallgo' a gwyllt yn fy ieuenctid, wrth i mi ymweld am benwythnos efo Nia, Chris a Huw – cyfeillion bore oes o Ffostrasol a Rhydlewis.

Dwi'n cofio cyffroi yn arw wrth glywed fod Kila yn chwarae yn y Sesiwn un flwyddyn. Fe ddois ar draws Kila yn gyntaf wrth edrych drwy gryno ddisgiau gwerin oedd ar werth yn Recordiau Cob Bangor, pan oeddwn yn fyfyriwr yno. Roedd rhywbeth am glawr Tog E Go Bog E wedi cydio yn y dychymyg, felly prynais yr albwm. Ychydig a feddyliais y cawn weld y band yn fyw o fewn blwyddyn. Ond dyna ogoniant y Sesiwn Fawr – mae'n ŵyl sy'n galluogi pobl i glywed cerddoriaeth o ddiwylliannau eraill yn fyw – cyfleoedd sy'n brin iawn, yn enwedig yn y Gymru wledig.

Roedd y Sesiwn yn galluogi pobl i gael eu trochi mewn cerddoriaeth a diwylliannau gwahanol, a hyn yn ei dro yn agor ein meddyliau i wrando ar synau newydd. Mae'r Sesiwn yn sicr wedi chwarae rhan ganolog yn fy hoffter o gerddoriaeth gwerin a rhyngwladol, gan fy arwain i werthfawrogi cerddorion a cherddoriaeth o bob cwr o'r byd.

Doedd hyn ddim yn wir i bawb, wrth gwrs! I rai, cyfle i gael hwyl a chyfeillachu yn unig oedd y Sesiwn. A chydag awyrgylch mor hwyliog yn un o drefi harddaf y byd, pwy all eu beio? Beth bynnag fo cymhelliant rhywun dros fynychu, roedd pawb oedd yn bresennol yn cael hwyl mewn synau cerddoriaeth gynhenid ac o ar draws y byd, gyda'r Gymraeg yn atseinio oddi ar lethrau'r Gader.

Un o'r cerddorion pwysicaf yn natblygiad y traddodiad cerddorol gwerinol yn ddi-os ydi'r pibydd Davy Spillane. Roedd yn anrhydedd amhrisiadwy felly i'w groesawu i chwarae fel rhan o'r ŵyl yn Nhŷ Siamas, pan oeddwn yn gweithio yno. Dyma un o gerddorion gwerin pwysicaf ei oes yn chwarae mewn theatr fach glòs, a phob un nodyn persain yn cael ei chwarae yn gywrain a gydag angerdd. Dyna oedd braint ryfeddol.

Dwi'n cofio teithio i lawr o Fangor efo fy nghyfaill Tandwri un flwyddyn. Gadawsom Fangor efo cefn car yn llawn

brechdanau a diodydd i'w rhoi i streicwyr Ferodo wrth i ni fynd i lawr, cyn cyrraedd Dolgellau a chyfarfod ffrindiau oedd wedi teithio yno o hyd a lled Cymru. Honno oedd y Sesiwn gyntaf ar y Farian. Erbyn hyn roedd hi'n ŵyl enfawr, oedd yn denu miloedd o bobl o bell ac agos.

Wrth gwrs, mae'r Sesiwn wedi cymryd sawl gwedd wahanol dros y degawdau, ond heb unwaith anghofio ei gwreiddiau. Er bod y symud wedi arwain at newid sylweddol yn y Sesiwn, gyda phobl yn gorfod talu i fynychu, roedd y cyfalaf ychwanegol yn golygu fod gan yr ŵyl y gallu i ddenu artistiaid mwy. Pwy fyddai wedi dychmygu gweld bandiau o Fecsico a'r Aifft yn chwarae mewn tref farchnad yng nghefn gwlad Cymru?

Cefais fy nghyfareddu yn 2006 efo deuawd cwbl hudolus o'r enw Chris and Thomas. Dyma oedd gwefr – cerddoriaeth aruchel, wefreiddiol Americana o'r Almaen ac America a hynny mewn pabell mewn cae ar lan yr Wnion.

Mae'r Sesiwn wedi chwarae rôl amhrisiadwy wrth roi platfform i artistiaid newydd o Gymru a'u galluogi i rannu llwyfan efo rhai o artistiaid mwyaf dawnus y byd. Meddyliwch am rai o sesiynau cyntaf Calan, neu yn fwy diweddar y Davalaniaid.

Ac yng nghanol hyn oll, mae cerddorion amatur fel fi wedi cael mynd â'n hofferynnau yno ac ymuno yn y sesiynau anffurfiol yn y Cross Keys neu'r Uncorn a chwarae efo rhai o artistiaid mwyaf dawnus y byd wrth iddyn nhw gyd-ganu yn dilyn perfformio ar y llwyfan, gan ysbrydoli cenhedlaeth newydd o gerddorion.

Bellach rwy'n cael y wefr o fynychu'r ŵyl fel gŵr a thad, gan fwynhau gweld y plant yn dawnsio i rythmau a nodau hen alawon sy'n cael bywyd newydd.

Ydi, mae'r Sesiwn ar wedd wahanol eto, ond yr un ydi ei chenhadaeth. Yr un ydy'r hwyl. Hir oes i'r Sesiwn Fawr.

Mari Emlyn

Mae gan Sesiwn Fawr Dolgellau le cynnes iawn yn fy nghalon i, o'r dyddiau hynny yn y chweched dosbarth yn Llanhari pan fyddwn i a llond dwrn o fy ffrindiau yn troi trwyn car Mam am y Gogs bell! Roedden ni wedi clywed digon am y lle wrth astudio nofelau Marian

Eames. Ond nid mynd ar drywydd y Crynwyr oedd ein bwriad ni! Yr Ŵyl Werin oedd hi bryd hynny a'r unig atgof clir gen i o'r penwythnosau melys hynny oedd cysgu yn y car ar y marian, cyn mynd i chwilio am frecwast yn un o gaffis y dre'r bore canlynol! Oedd Mam yn gall yn benthyg y car i ni? Dwn i ddim. Ond mi ddechreuodd y penwythnosau hynny ar draddodiad sydd wedi para hyd at heddiw.

Mae penwythnos Sesiwn Fawr Dolgellau yn parhau i nodi dechrau gwyliau'r haf i mi ac mae'r teimlad o gyffro'r un mor fyw. Erbyn hyn, mynd mewn carafán fydda i efo criw arall o ffrindiau am bedair noson gan aros ym maes gwersylla Tan y Fron sydd o fewn cerdded i ganol Dolgellau. Mae'n fwriad gennon ni bob blwyddyn i ddringo Cader Idris, ond mae arlwy gwych y SF wedi rhoi'r farwol i unrhyw gynlluniau o'r fath!

A hithau'n ganmlwyddiant glanio'r Mimosa ym Mhorth Madryn, cefais wahoddiad yn 2015 i siarad yn y SF am gerddoriaeth a'r Wladfa. Wel, mi fasech chi'n meddwl mod i wedi cael gwahoddiad i fod yn Archdderwydd, gymaint ro'n i wedi gwirioni! Ac mi wnes i odro'r peth hyd at syrffed wrth frolio o flaen y meibion bod gan Mam 'gig' yn Sesiwn Fawr! Ac ar ben hynny ro'n i'n cael siarad yn un o fy hoff lefydd yn y byd, sef Gwin Dylanwad. Mae'r croeso yno'n gynnes bob tro, ond yn anffodus i mi, a minnau'n siarad o flaen cynulleidfa Gwin Dylanwad, fy ngŵr a fy ffrindiau gafodd y pleser o flasu'r gwin bendigedig a gefais yn anrheg gan Dylan a Llinos! Yn goron ar y cyfan, cefais grys T y SF y flwyddyn honno, a chan fy mod i wedi cyfrannu, roedd fy enw i ar gefn y crys efo artistiaid fel Anweledig! Dyna'r flwyddyn, os cofia i'n iawn, y rhannodd pwyllgor y SF sombreros efo'r gynulleidfa yng nghefn y Ship. Dyna noson dda oedd honna!

Anodd credu bod y SF yn ddeg ar hugain oed. Mae hi'n teimlo mor ifanc a ffres, a'r pwyllgor gweithgar yn llwyddo i ddenu lein yp gwych bob blwyddyn. Mi fydda i yno eto fis Gorffennaf nesaf. A digon posib y bydda i'n mynd adre ar ddiwedd y penwythnos yn deud eto fyth, "Cader Idris, flwyddyn nesa!"

Marged Tudur

Mae hi'n bedwar o'r gloch ar brynhawn Gwener. Dwi newydd ddiffodd y cyfrifiadur am y penwythnos. Drwy'r ffenest mae plant ysgol yn blasu munudau cyntaf gwyliau'r haf. Mae'r ffôn yn pingio, y *notifications* yn rhuthro ar y sgrin – mae'r criw ar ei ffordd. O Gaerdydd, Pwllheli, Caernarfon, Aberystwyth, Llanrwst, mae ganddon ni gyd yr un nod – cyrraedd Dolgellau ar gyfer uchafbwynt digwyddiadau'r haf.

Fy Sesiwn Fawr gyntaf oedd ar y Marian yn 2008 ac ers hynny dwi a fy ffrindiau wedi mynychu pob Sesiwn Fawr – yn y clwb rygbi, ar y sgwâr ac yng nghefn y Ship i weld cerddorion gorau Cymru – Geraint Jarman, Steve Eaves, Georgia Ruth, Pys Melyn, Bob Delyn a'r Ebillion, Magi Tudur, Cowbois Rhos Botwnnog, Mared... Ac mae'r croeso gan drefnwyr Sesiwn Fawr yn gynnes bob tro. Dwi'n siŵr o ailafael mewn sgwrs efo Alun, Branwen, Myfyr, Ger Taid neu Lynda o'r union le adawon ni hi'r flwyddyn gynt fatha taswn i mond wedi gadael peint ar ei hanner a phiciad i'r tŷ bach.

Mae 'na ryw hudoliaeth am Ddolgellau dros benwythnos Sesiwn Fawr. Dyna'r sgwâr a'i adeiladau sy'n sefyll ysgwydd wrth ysgwydd, yn cofleidio pawb oddi fewn. Mae lleisiau'n chwerthin lawr lonydd cul caregog, sŵn gitâr yn cario rownd congl stryd, sgidiau'n sgwrsio ar risiau Tŷ Siamas ac mae'r dorf yn dyrchafu eu peintiau i gyfeiriad y llwyfan nes bo'r Carling yn tywallt yn gawod dros walltiau. Erbyn i'r sêr ymddangos yn chwil uwch Cader Idris, mae dwylo'n cydio, mae golau yn denu yn ffenestri'r Unicorn, mae hyd yn oed y glaw yn dal i ddawnsio nes bod 'na gwmwl o stêm dros gefn y Ship a dim ots bod ein dillad ni'n wlyb a thamp oherwydd mi sychan nhw nes ymlaen yng ngwres y cyrff sy'n brwydro i gyrraedd bar y Torrent.

Bob Gorffennaf, am benwythnos, dwi'n syrthio yn ddyfnach mewn cariad efo fy ffrindiau, efo Dolgellau, efo cerddoriaeth, efo Sesiwn Fawr. Mae Sesiwn Fawr Dolgellau yn bair creu straeon, straeon sydd wedi troi'n chwedlau, yn fabinogi i'm criw ffrindiau erbyn hyn. Maen nhw wedi cael eu dweud a'u hailddweud a'u dweud eto fyth, ond maen nhw'n dal i lwyddo i dynnu chwerthin hyd ddagrau.

Mae hi'n brynhawn Sul ac ar ôl sylwebu ar y penwythnos gorau eto a mwytho hangôfyr wrth yfed paneidiau a milcshêcs ar soffas ail lawr Caffi T. H. Roberts, rydan ni gyd ar y Marian yn syllu ar ein gilydd, yn mân siarad – un droed yn y car a'r llall yn y maes parcio. Mae gwaith yn galw fory, mae rhaid mynd yn ôl i ddadbacio, i olchi'r staen gwin coch o'r dillad, i eirio sach gysgu ond mae 'na ryw swyn sy'n mynnu ein gludo i'r tarmac dan draed. Yn yr haul ger afon Wnion mae hi'n anodd ffarwelio ond o leiaf rydan ni'n gwybod mai dod yn ôl wnawn ni am Sesiwn Fawr eto flwyddyn nesaf.

Dewi Prysor

Fethis i'r Sesiwn Fawr gynta yn 1992 oherwydd fy mod i ar 'wyliau' ym Mhlasau'r Frenhines yn Walton, Lerpwl, wedi fy nghyhuddo o fod yn rhan o'r ymgyrch llosgi tai haf. Yng Nghwm Prysor, Trawsfynydd y magwyd fi, ond yn Nolgellau ges i fy ngeni, yn yr hen Gartre Mamolaeth, neu 'Y Ffenest Gron' i drigolion y dref a'r ardal, a enwyd ar ôl ffenest gron y ward oedd ar yr ail lawr. Digwydd bod, mi fuas i'n byw yn Nolgellau hefyd, a hynny am ddwy flynedd hyd at Mehefin 1991 – dwy flynedd hapus, llawn hwyl, a finna wedi setlo yng nghwmni braf trigolion y dref, ac wedi gwneud ffrindiau da. Felly, pan ddaeth yr 'arson sgwad' i fy nghipio o Gwm Dolgain yn mis Ionawr 1992 ro'n i'n hollol 'gyttud' o fethu'r Sesiwn Fawr agoriadol y flwyddyn honno. Ond wrth gwrs, ro'n i â'n nhraed yn rhydd ar gyfer yr ail Sesiwn yn 1993, a bobol bach, mi wnes i fyny am fethu'r flwyddyn gynta!

Be fedra i ddweud? Wel, tydw i ddim yn cofio llawer, i ddeud y gwir, felly fydd y pwt yma yn go fyr. Dwi'n cofio'r croeso cynnes gan bobl y dref a'r llu o ffrindiau oedd gen i yno – heb sôn am lwyth o ffrindiau a theulu o bob cwr o'r wlad. Un parti mawr, di-gwsg oedd pob un Sesiwn, dwi'n cofio hynny hefyd. Doedd dim angen codi tent na chysgu yn y car (er, mi wnes i ambell waith) gan fod digon o bartis a chynigion o wely neu soffa os oeddwn angen cwsg.

Fel mae pawb yn gwybod, ar y sgwâr (Sgwâr Eldon) oedd y Sesiwn Fawr am rai blynyddoedd i ddechrau, lle'r oedd prif lwyfan yr ŵyl a lle'r oedd cannoedd o bobl yn ymgynnull i gymdeithasu a mwynhau. Roedd y sgwâr a'r pybs a'r strydoedd yn llawn dop, bandiau yn chwarae ar bob llwyfan o gwmpas y dref, ac yn y tafarndai hefyd. Roedd yr awyrgylch yn wefreiddiol, yn rhywbeth sbesial iawn. Ar ôl rhai blynyddoedd roedd y Sesiwn wedi mynd yn rhy anodd i'w reoli oherwydd bod miloedd yn heidio i'r dre fel morgrug, a Dolgellau yn penderfynu nad oedd digon

o strydoedd i dderbyn yr holl heidiau hyn. Ond dyna fo, arwydd o lwyddiant ysgubol yr ŵyl oedd yr holl dorfeydd. Mi dyfodd y Sesiwn yn un o brif ddigwyddiadau Cymru, penwythnos mwyaf poblogaidd y calendr Cymreig, lle'r oedd pobl yn edrych ymlaen i gael hwyl a peint(iau) a dawns, a dal i fyny efo ffrindiau o bob cwr o'r wlad. Roedd miloedd yn edrych ymlaen at ganol mis Gorffennaf ac yn heidio i Ddolgellau am sesiwn go iawn. Sesiwn Fawr y werin wyllt. Fel Eisteddfod, ond i rafins!

Mae'r atgofion am y Sgwâr dan ei sang yn rhai melys iawn. Dwi'n un sâl am gofio, ond dwi'n cofio Horace X yn hollol wych ar y llwyfan, a Mike Peters, a Bob Delyn... a dyna hi! O, arhoswch, Anweledig ar brif lwyfan y sgwâr, efo'r ddau foi 'na o Ben Llŷn yn stripio ar y llwyfan! O diar, mo! Mi fu'r blynyddoedd ar faes parcio'r Marian yn rhai llwyddiannus dros ben, hefyd – neu felly oeddwn i'n teimlo.

Collwyd enaid y Sgwâr, ond nid ysbryd yr ŵyl. Mae gen i gof o'r Super Furrys yn eu oferôls rybyr gwyn oedd i fod i oleuo, ond wnaethon nhw ddim gweithio. Wnaeth neb sylwi ar hynny, fodd bynnag, dim ond neidio i fyny ac i lawr i fiwsig ffantastig y Furrys. Fu Anweledig yn hedleinio ar lwyfan y Marian hefyd, fwy nag unwaith dwi'n siŵr. Dwi'n cofio sioe Genod Droog yn hedleinio un tro – set ffantastig, pwerus a thrydanol, yn cael miloedd i neidio i fyny a lawr. Cofio Goldie Lookin Chain, Levellers, Cerys Mathews, Saw Doctors. O, a Burning Spear, waw! Cofio Radio Luxemburg hefyd, a 3 Amigos (dyna oedd enw grŵp 'gypsy jazz' Billy Thompson, ynde?) yn hollol wych, a Billy efo *radio mike* ar ei ffidil ac yn neidio o'r llwyfan i ddawnsio trwy y dorf tra'n chwarae'i ffidil wyllt fel rhyw *jumping jack* neu *whirling dervish*. Anhygoel! Ac roedd yna bnawniau Sul da yn y Sesiwn hefyd erbyn hynny. Dwi'n cofio'r llwyfan yn maes parcio'r Clwb Rygbi, a Paul Young yn canu 'Wherever I Lay My Hat That's My Home' – debyg i be o'n i'n ei wneud ym mlynyddoedd cynharaf y Sesiwn! Methu cofio mwy, er i mi weld cannoedd o fandiau yno dros y blynyddoedd!

Yn fwy diweddar bu'r Sesiwn yn cynnal gigs yn iard tafarn y Ship, a fuas i yno pan oedd y Peatbog Faeries yn hedleinio a chael y fraint o'u cyflwyno nhw i'r llwyfan, a minnau wedi eu gweld nhw tua deg gwaith ar y pryd, gan gynnwys deirgwaith yn Ucheldir ac Ynysoedd Heledd yr Alban. Dwi'n cofio rhoi fy mheint ar ben un o'r amps ar ymyl y llwyfan, dweud fy nweud, a chamu o'r llwyfan ac roedd fy mheint wedi diflannu. Mater o funud o gyflwyniad oedd hi, ond roedd hynny'n ddigon i mheint i gael traed. Dyna be mae'r Tylwyth Teg yn neud, ynde? Dwi'n siŵr mod i wedi cael ffafr yn ôl ganddyn nhw ers hynny – rhyw ffeifar yng ngwaelod rhyw ddrôr, neu lawr cefn cwshin soffa. Band gwych arall oedd yn chwarae cyn y Peatbogs (ia, dyna maen nhw'n galw eu hunain, nid Faeries) oedd Candelas, a fedra i ond eu hedmygu nhw – mor dynn a mor *classy*.

O'r holl flynyddoedd o Sesiwn Fawr, mae un flwyddyn yn sbesial iawn, ac 1999 oedd honno. Roedd Rhian a minnau newydd briodi y penwythnos blaenorol, ac wedi cael y parti mwya a welodd neb ei fath yn 'Sied Ned' yn yr Hendre, Cwm Prysor, ac i'r Sesiwn aethon ni ar ein Mis Mêl, gan osod tent o dan goeden mewn cae tu hwnt i'r ffordd fawr o'r Mart. Wel, mae rhaid cael tipyn o breifatrwydd ar y Mis Mêl yn does! Gwelwch y llun hwn o'r ddau o'nan ni'n ista ar stepan drws rhywun ar y sgwâr, yn mwynhau. Pwy sydd angen Majorca neu Ibiza pan fo parti mwya'r byd yn Nolgellau?!

Diolch i Sesiwn Fawr a'r bobl sy'n gweithio'n galed i drefnu'r ŵyl bob blwyddyn. Dwi wedi cael hwyl, bobol bach. Ond mae un peth arall rydw i'n ddiolchgar i'r Sesiwn amdano, sef deffro'r limrigau oedd yn cuddio yn fy mhen. Roedd ymrysonau rhwng timau o feirdd yn cael eu cynnal yn ystod yr wythnos cyn penwythnos yr ŵyl, i ddechrau, cyn symud i'r Marian ar ddydd Sul – mewn pabell i ddechrau, wedyn yn y Clwb Rygbi. Bu Mei Mac yn feuryn i ddechrau, ond Twm Morys fu'n meuryna dros y blynyddoedd. Mae'r rhan fwya o'r pethau sgwennais i'n llawer rhy afieithus i'w cyhoeddi. Ond mewn ymryson yn y Ship ar nos Iau sgwennais y limrig cynta, a doedd gen i ddim syniad y byddwn yn ennill efo hi, ac yn sicr doeddwn i ddim yn disgwyl y byddai'n gwneud i gymaint o bobl chwerthin. 'Wrth gerdded i'r traeth mewn fflip-fflops' oedd y linell osod ac, wel, mae'r gweddill yn hanes, chwadal y Sais. Dyma hi:

Wrth gerdded i'r traeth mewn fflip-fflops
Mi welis i anferth o Cyclops,
Efo un llygad mawr

Yn bell iawn o'r llawr,
Yn chwilio am botel o eye-drops.

Dwi'n dal i fethu deall pam ei bod hi mor boblogaidd. Ond y fwya boblogaidd a sgwennais oedd yr un ar bnawn sydd Sul mewn pabell ar y Marian:

Daeth yr aliens i'r Sesiwn Fawr 'leni
Mewn soser yn llawn o sosbenni,
Fe'u clywyd nhw'n dod
Oherwydd eu bod
Yn gneud uffarn o sŵn ar gorneli.

Felly, dyma limrig gyfredol ac amserol, yn ecsgliwsif i ddarllenwyr y llyfr hwn (garej gwerthu petrol ger Dolgellau ydi Cwt Gwyn):

Mae'r aliens 'di dod eto 'leni,
Wedi clywed bod prinder sosbenni,
Mi gawson nhw Visa
Gan foi'n Corris Isa
Cyn ciwio'n Cwt Gwyn mewn soseri.

Hefin Jones – **Profiadau Sesiwn Fawr**

Bu'r Sesiwn yn ddyddiad pwysig iawn yn fy nghalendr blynyddol ers y cychwyn, o'r Sesiwn cyntaf yn 92, hyd at y ddwy Sesiwn "rithiol" y ddwy flwyddyn ddiwethaf. Bu'r Sesiwn yn gyfrifol am ryw fath o ddiwygiad cerddorol yn fy mywyd; lle gynt roeddwn yn gwrando ar AC/DC a Metallica, ar ôl dyfodiad y Sesiwn, cafodd Gwerinos, Cilmeri ac Ar Log eu hychwanegu i'r rhestr.

Dwi ddim yn credu i mi golli 'run Sesiwn ers y cychwyn, gan gynnwys y sesiynau answyddogol yn 2009 a 2010 ar ôl y Sesiwn olaf ar y Marian yn 2008. Mae llawer uchafbwynt yn dod i'r meddwl, gan gynnwys ymddangosiadau Mike Peters (yn y Sgwâr), Anweledig, Genod Droog, Saw Doctors, Damien Dempsey a Sharon Shannon (ar y Marian) a Calan, y Peatbog Faeries a Geraint Jarman (yng nghefn y Ship), heb sôn am ymddangosiadau niferus Gwerinos. Y siom fwyaf oedd methu perfformiad enwog Anweledig (a'r ddau ffermwr) yn y sgwâr yn nghanol y 2000au.

Er fod Trawsfynydd yn ddigon agos i deithio adref mewn

tacsi, rhaid cael aros y penwythnos yn Nolgellau i brofi gwir awyrgylch yr ŵyl. Bu i mi aros yn y car, aros mewn pabell, stafell yn y Ship, neu, fel dros y blynyddoedd diwethaf, yn y garafán, heb sôn am fynychu ambell barti yn nhŷ rhywun yn y dre. Bu rhaid llyncu ambell barasetomol ar ôl llawer noson hwyr ym mariau y Ship, y Stag a thafarn yr Ungorn, a chofiaf cael fy neffro pan oeddwn yn cysgu yn y car gan glychau'r eglwys a hefyd gan CD Elin Fflur a'r Moniars yn bloeddio "Mae na rywbeth amdana ti" ar "auto repeat" o gaffi y Sosban rhyw fore Sadwrn o'r Sesiwn.

Cofiaf weld y prifardd Twm Morys yn cerdded i gyfeiriad y sgwâr un flwyddyn ac yn cario'i bibgorn yn ei law, a minnau yn berchen ar bibgorn fy hun; dwi'n cofio chwarae y pibgorn o ffenest fy stafell yng ngwesty y Ship, a Twm druan yn methu deallt o ble roedd y sŵn yn dod!!

Meic Stevens oedd yn "headleinio'r" wyl yn 1992, gyda hanner y sgwâr ar gyfer y Sesiwn a'r hanner arall i'r ceir deithio heibio. Ers y cychwyn, bu bod rhan o'r ŵyl yn bwysig iawn i mi, a chofiaf hogia Traws yn cymeryd y lle drosodd er mwyn codi canu ym mar y Cross Keys yn 92. Y flwyddyn ganlynol, ar ôl bod yn dysgu llond dwrn o ganeuon dros y gaeaf, bu i'r gitâr wneud ei hymddangosiad cyntaf yn y Stag yn 93. Hawliwyd cornel o'r bar gennyf i ar y gitâr a fy ffrind Ianto o Traws ar y bodhran a'r tambwrîn, a hanner ffordd drwy'r noson ymddangosodd yr actor Llion Williams gan ychwanegu llais ychwanegol. Cofiaf fod pobl yn sefyll ar ben eu seddi ac yn dawnsio ar ben byrddau a phawb yn chwys ddiferol yn bloeddio canu. Bu i'r nosweithiau yma yn y Stag barhau am rai blynyddoedd ac roedd yn draddodiad i bawb oedd yn bresennol gymryd rhan yn yr hwyl a'r canu, a bu i Sion Jobbins adrodd am y miri yn ei erthygl yn y Cymro yng Ngorffennaf 1994 (gweler islaw).

Ar ôl cael cymaint o hwyl yn y Stag, ac ar ôl bod ar fy ngwyliau ir "Fleadh Cheoil" yn Nghlonmel, Iwerddon yn haf 94, rhaid oedd prynu banjo a "tin whistle", ac o ganlyniad ffurfiwyd y grwp "Poitín" efo fi ar y banjo, Ianto ar y bodhran, Dafydd "Pops" o'r Blaenau ar y ffidil, Gerallt Rhun ar y gitâr, Bill Nelis ar y gitâr ac Eryl "Stwmp" o Traws ar yr organ geg, a chafwyd yr anrhydedd i gychwyn yr ŵyl yn 1996. Ers hynny bu i mi chwarae ar lwyfannau'r wyl efo'r Bandarall, Geraint Roberts a'r Band a hefyd ar brif lwyfan yr ŵyl ar y Marian efo'r Glerorfa yn 2008.

Er cael yr anrhydedd o chwarae ar lwyfannau'r ŵyl, rhaid cyfaddef, i mi yn bersonol, prif atyniad yr wyl yw mynychu'r sesiynau yn nhafarndai'r dre i gyd-chwarae efo cerddorion eraill, rhai llawer mwy dawnus na mi, gan greu hwyl i bawb i fwynhau. Mae fy ngwerthfawrogiad i bwyllgor y Sesiwn yn fawr, dalier ati ac edrychaf yn fawr i'r 30 mlynedd nesaf!!

Bethan Gwanas (sydd hefyd yn un o Gyfarwyddwyr y Sesiwn Fawr)

Dwi'n ddigon hen i gofio Gŵyl Werin Dolgellau, yr ŵyl fu'n mynd am flynyddoedd cyn y Sesiwn, ac un o fy hoff atgofion o'r cyfnod hwnnw ydi bachu andros o bishyn oedd wedi gwisgo gwyn o'i gorun i'w sawdl. Dwi'n meddwl mai isio tynnu sylw at ei liw haul oedd o.

Ta waeth, roedd y bandiau mewn pabell fawr ar y Marian bryd hynny, a thu ôl i'r babell honno roedd y gwair yn hir, hir; dros ein pennau os cofia i'n iawn.

Roedd o wedi gwirioni. 'Dwi wastad wedi bod isio rhedeg drwy wair hir, law yn llaw efo hogan!' meddai, gan gydio yn fy llaw a dechrau rhedeg. Oedd, roedd o'n hwyl ac yn rhamantus, nes iddo fo ddiflannu. Doedd o ddim i wybod bod 'na ffos ddofn, llawn mwd a drewdod ynghanol y gwair hir, nag oedd? Aeth o ar ei ben i mewn iddi. Mi lwyddais i ollwng ei law o jest mewn pryd.

Wedi'r sblash, roedd 'na dawelwch. Wedyn roedd 'na boeri a rhegi wrth iddo drio codi ar ei draed a dringo allan o'r ffos, ei ddillad gwynion yn ddu, yn diferu ac yn drewi. Wel, allwn i ddim peidio. Mi wnes i chwerthin nes o'n i'n wan. Doedd o ddim yn gweld y peth yn ddigri o gwbl ac yn flin mod i'n chwerthin - yn enwedig pan allwn i ddim stopio chwerthin.

Doedd 'na ddim dyfodol i'n perthynas ni wedi hynny, efallai oherwydd mod i'n methu peidio piffian chwerthin bob tro fyddwn i'n ei weld o.

Dwi wedi chwerthin fy siâr yn y Sesiwn. Pan stripiodd hogia Pen Llŷn ar y llwyfan - ar ganol set Anweledig dwi'n meddwl; pan wnaeth Jo Llwyn fy nghyflwyno i griw o Wyddelod gyda "Bethan's terribly Welsh..." ac eto wedyn pan ddywedodd un o'r Gwyddelod "Sounds like a disease"; pan fyddai Jo Llwyn yn cymryd ugain munud i gyflwyno band oedd ar dân isio cychwyn; pan es i draw at y Dubliners gefn llwyfan i weld os oedden nhw angen mwy o gwrw neu whisgi (roedden ni wedi clywed cymaint o straeon eu bod rêl rafins) ac na, dim ond paned o de oedden nhw isio. A dwi'n methu rhestru hanner y pethau eraill wnaeth i mi chwerthin, am resymau cyfreithiol.

Does gen i ddim y lle, y cof na'r amynedd i restru pob un uchafbwynt, ond yn 2017 ges i brofiad hyfryd iawn. Wedi lansio llyfr *Cadi dan y Dŵr* yn y Llyfrgell Rydd, ro'n i angen mynd â'r stwff yn ôl adre a gadael y fan wrth y tŷ er mwyn i mi gael mwynhau ambell wydraid o win yn dre. Do'n i ddim yn gweld pwynt cael rhywun i ddod i fy nôl i a chymaint o draffig i'r Sesiwn yn pasio fy nhŷ i, felly mi wnes i benderfynu: "Ro'n i'n eitha' lwcus wrth fodio ers talwm..." Felly mi wnes i groesi'r ffordd a chodi fy mawd.

O fewn munudau, stopiodd rhyw fan fawr ddu. Agorodd y drws ochr, a ges i dipyn o fraw i weld ei bod hi'n llawn o ddynion. Ym... ond roedden nhw'n edrych yn glên iawn felly i mewn â fi, a chlywed acen ddiarth. Gwyddelod? Naci, o'r Alban, ac roedden nhw ar eu ffordd i'r Sesiwn. "Un o'r bandiau dach chi, ia? Pa un?"

"The Peatbog Faeries."

AAAAA! Es i'n wan a gwirion i gyd! Prif fand y sesiwn! Ac roedden nhw newydd deithio'r holl ffordd o Ynys Lewis. Ew, roedden nhw'n hogia clên, a chan fod y sgwâr ar gau, roedden nhw'n ddiolchgar iawn mod i'n gallu dangos iddyn nhw sut i gyrraedd cefn y Ship drwy'n strydoedd bach rhyfedd, culion ni.

Mae jest rhyw atgofion bach diniwed fel'na yn codi gwên. Ond y ffos yn y gwair hir sy'n dal i neud i mi chwerthin.

Mari Lovgreen

Oni'n hollol obsessed efo Sesiwn Fawr Dolgellau ar un cyfnod (2000-2008). Fysa trefn y dydd rywbeth fel hyn - parcio'r car efo gweddill y ceir a'r campwyr; torri syched yn y maes parcio am gwpwl o oria cyn mentro dros y bont i wallgofrwydd y dre. Dwi'n cofio croesi'r bont un flwyddyn (tua 3 o'r gloch y pnawn) i weld hogyn heb esgid yn cwffio efo gwenynen. Y wenynen enillodd. Ma'r ffaith fod 'sesiwn' yn rhan o enw'r ŵyl yma'n addas iawn...

Yr uchafbwynt i fi os dwi'n hollol onest ydi'r cymdeithasu oedd yn digwydd o amgylch tafarndai a strydoedd Dolgellau - dyna oedd yn gneud yr ŵyl mor arbennig - y lleoliad. Doedd petha ddim 'run fath rôl symud y llwyfan i'r Marian. Wedi deud hyn, mi oedd y flwyddyn pan headline-iodd Frizbee yn bendant yn uchafbwynt cerddorol. Nes i wthio fy ffordd i'r blaen drwy gynulleidfa anferth oedd yn gwybod pob gair o'u caneuon, ac yn dawnsio (petha prin mewn gigs heddiw). Ma' raid hefyd crybwyll Genod Droog (neu fydd Dyl Mei ddim yn hapus); grŵp oedd yn gwybod sut i ddiddanu torf a chreu awyrgylch parti mawr.

Fydd raid mynd nôl am Sesiwn Fawr arall bydd! Bechod bo fi rhy hen i gysgu'n bŵt car...

Huw Erith

Doedd Elen a finna 'rioed wedi bod yn Y Sesiwn, byddem yn arfer mynd i'r Cnapan (oedd rhyw wythnos neu bythefnos ynghynt), ac mae'n debyg na fyddem wedi dod at ein coed ar ôl hwnnw i fynd i Ddolgellau. Y flwyddyn arbennig hon, gadawsom(yn ein doethineb) y tri mab hynaf acw, Llŷr, Cai a Cian adre ar ben eu hunain a mynd am Ffostrasol efo rhyw hen garafán. Mwynhawyd yr arlwy ar y noson gyntaf, ac ar ôl codi fore Sadwrn ffoniwyd adre, a chael fod yna dân wedi bod acw! Wel doedd dim amdani heblaw cychwyn am adre, a chawsom adael y garafán yn Yr Hendre gan Dic Jones.

I dorri stori hir yn fyr, pan gyrhaeddwyd Uwchmynydd a mynd i'r tŷ cafwyd fod y gegin mor ddu ag ogof, gan fod y Rayburn wedi mynd ar dân, ac yr oedd y tŷ i gyd yn drewi o arogl huddygl ac olew.

Doeddem ni ddim wedi cael fawr o drefn erbyn dyddiad Y Sesiwn, ond pasiwyd i fynd i'r diawl a gadael ein gofidiau gartref (gan ymorol mynd â'r tri a oedd yn dal o dan amheuaeth hefo ni). Ac felly y dechreuwyd ar ein pererindota blynyddol i Feirionnydd, ac ni fethwyd ond rhyw un neu ddwy cyn dyfodiad yr aflwydd.

Aros efo Archie yng Nghefn Maenan, ac ymlwybro i lawr i'r Sgwâr, y Marian neu'r Clwb Rygbi, a thuchan a mynd ar goll wrth ymlwybro'n ôl, cael chwip o benwythnos cyn dychwelyd i Lŷn.

Nid af i enwi yr amryfal berfformwyr a welwyd, o bob cwr o'r byd, ond mi ydwi'n cofio gwlychu drwodd tra yn gwylio'r Saw Doctors un nos Sul. Melys yw'r atgofion, a dim ond gobeithio y daw eto haul ar fryn. Hwyl fawr, tan y Sesiwn nesa!

Gai Toms

Yn y blynyddoedd pan oedd dau lwyfan ar Sgwâr Eldon a thref Dolgellau yn orlawn, Sesiwn Fawr oedd uchafbwynt fy mlwyddyn. Nid yn unig fel cerddor ifanc a ffan cerddoriaeth, ond fel hogyn o Fro Ffestiniog yng ngogledd y sir – sir Feirionnydd felly. Mae Dolgellau yn rhyw fath o 'brif ddinas' sir Feirionnydd tydi, a'i lleoliad ar droed Cader Idris, ei hanes gwerin, ei strydoedd cul o adeiladau cerrig prydferth, yn cynnig awyrgylch a phrofiad unigryw. Bues yn fyfyriwr yng Ngholeg Meirion Dwyfor, Dolgellau am dair blynedd rhwng 1993 a 1996, felly dwi'n nabod y dref yn dda iawn. Roedd y cyfnod yma hefyd yn gyffrous i 'nghriw i o ffrindiau, –sef y band Anweledig.

Fy mhrofiad cyntaf o berfformio yn Nolgellau oedd yn y ganolfan chwaraeon yn 1996 – 'Cân i Rwanda' os gofiaf yn iawn, gydag Anweledig. Yna, fel myfyrwyr Coleg Meirion Dwyfor pan drefnon ni gig ein hunain yn y Wine Bar ar Stryd Smithfield gyda Wyn y rheolwr ar y pryd, tua 1994. Dwi'n cofio'r gig fel ddoe – y lle yn llawn cyffro a ninnau yn falch iawn o'n hunain am drefnu a pherfformio gig arbennig tu allan i Stiniog!

Erbyn tua 1995-96 roeddwn wedi cychwyn cyfansoddi caneuon ar y gitâr acwstig, a chefais wadd i berffomio ar lwyfan bysgio Sesiwn Fawr. Llwyfan bach tua 2 fetr sgwâr y tu allan i'r Ship, a dim math o offer technolegol ar ei gyfyl. Os gofia i'n iawn, hwn oedd un o fy gigs cyntaf fel artist solo. Profiad hollol wahanol i gigs gwyllt Anweledig, ac yn agoriad llygad i'r posibilrwydd o wneud mwy. Wrth gwrs, roeddwn yn ffan enfawr o Meic Stevens ar y pryd, gydag ambell un yn dweud mai fi oedd y 'Stevens nesa'!! Pawb â'i farn, ond cefais wefr anhygoel yn clywed y fath gymhariaeth. Rhoddodd y gig fach yma hyder i mi barhau fel artist solo, gyda gwahoddiad gan yr ŵyl i berfformio'r flwyddyn ganlynol – ond y tro yma dan yr enw Mim Twm Llai – ar lwyfan tu allan i'r Lion Hotel (??) gyda Phil Lee Jones (Gwibdaith Hen Frân) ar y dryms a Kevs Ford (Llwybr Llaethog) ar y bas. Aeth honno lawr yn dda hefyd!

Roedd amseriad Sesiwn Fawr yn wych hefyd, ar ddiwedd tymor academaidd – gŵyl cynta'r haf fel petai! A phawb yn heidio yno o bob man. Os nad oeddwn yn gigio yno, roeddwn yn jamio yng ngerddi braf y tafarndai. Dwi'n cofio jamio gyda Meic unwaith yng ngardd gefn y Cross Keys – ati wefr! Ond fel hogyn sir Feirionnydd, roeddwn wastad yn mwynhau'r Sesiwn efo criw o ffrindiau. Roeddwn yn gwirioni ar y nifer o bobl oedd yn llenwi'r strydoedd cul gydag awyrgylch na welish i rioed o'r blaen yn nunlla, ac ia... dim ond 20 milltir o 'nghartref yn Stiniog, anhygoel! Roedd mynd i Sesiwn Fawr fel ryw reset blynyddol i'r ymennydd. Roeddwn yn gallu ymlacio'n llwyr yno, a cholli fy hun yn y bwrlwm. Gŵyl Werin yng ngwir ystyr y gair, gyda cherddoriaeth Cymru yn asio'n berffaith efo cerddoriaeth y byd (World Music) a'r strydoedd yn llawn lliw a llun, llawn hwyl a crac, llawn hapusrwydd, llawn llawenydd! Gŵyl lle doedd ffarmwr o Traws ddim yn edrych allan o'u lle yn cofleidio hippy gwyllt o Ffrainc, gŵyl lle roedd rafins Penygroes yn smocio sbliffs efo rafins Stiniog, gŵyl lle roedd Maldwyn a Meirion yn meddalu, gŵyl lle roedd y byd yn dod i dre, gŵyl lle roedd unrhyw beth yn bosib!

Wrth gwrs, mae'r byd yn symud yn ei flaen, a'r ŵyl wedi gorfod newid fformat dros y blynyddoedd am resymau amrywiol. Does dim llwyfan dwbl yn meddianu Sgwâr Eldon bellach, ond drwy wydnwch a chreadigedd mae'r ŵyl yn parhau. Rwy'n falch o weld y Sesiwn ar ei newydd wedd, a'i bod yn gwneud defnydd o'r holl adeiladau anhygoel sydd yn y dref. Mae maes parcio yng nghefn y Ship yn cynnig gofod gwych i'r prif lwyfan hefyd, a wnes i fwynhau rhyddhau fy album *Gwalia* yno yn 2017, gydag Eleri Llwyd yn ymuno ar y llwyfan i ganu 'O Gymru'.

Uchafbwynt?! Mae modd sgwennu llyfr cyfan ar atgofion y Sesiwn, o'r holl fandiau gwych i'r crac ar y stryd, o'r mwydro i'r meddwi, o'r cyfeillgarwch i'r caru. Ond, mae tri gig yn aros yn y cof: y cyntaf – Anweledig ar Sgwâr Eldon pan ddaeth Tŷ Cam a Rhent o Ben Llŷn ar y llwyfan i stripio (heb rybudd!) fel ein bod ni ar ffrynt page y *Daily Post* y dydd Llun canlynol. Er gwaethaf hyn, roedd y gig ei hun yn wych hefyd! Yr ail – gig Anweledig yn y Clwb Rygbi tua 1998, y flwyddyn pan gafod 'Sombreros yn y Glaw' ei ryddhau... stompar o gig, gydag eneidiau heb docyn yn straffaglu drwy'r ffenestri fel zombis i'r cwt chwys!! Ac yn drydydd – Anweledig ar lwyfan y Marian yn 2003. Un o fy hoff gigs erioed!

Hir oes i'r Sesiwn!

BANDIAU SESIWN FAWR
DOLGELLAU 1992 – 2022

1992
Bob Delyn a'r Ebillion; Moniars; Defaid; Gwerinos; Moller & Knowles; Heather Jones a Hin Deg; Dawnswyr Ysgol Llanelltyd; Dawnswyr Caernarfon; Dawnswyr Morus Eryri; Flipjacks; Steve Eaves; Mental and The Blocks; Geraint Lovgreen; Anthony Griffiths; Mair Tomos Ifans; Y Cynghorwyr; Côr Gwerin Y Gader; Flatulent Hermits; Hogia Llandegai; Robin Huw Bowen; Trinity; Cwmni'r Cortyn

1993
Dawnswyr Môn; Defaid; The Jumping Doakies; Calennig; Y Moniars; Gwerinos; Anthony Griffiths & Chris Knowles; Upstairs in a Tent; Meic Stevens; Hin Deg, Afterhours; Cwmni'r Cortyn

Poster Catrin Meirion

1994
Catatonia*; Anweledig; Dafydd Iwan a'r Band; Rhigwm; Moira Lewis; Diduell (Breiz); Celt; Colley Mullen's Ceilidh Band; Defaid; Steve Eaves a Rhai Pobl; Dim Clem; Anthony Griffiths & Chris Knowles; Dawnswyr Aberystwyth; Jumping Doakies; Kolymeyka; Meic Stevens; Bys Vykell*; Caravanserai; Gwerinos; The Whisky Priests; Cwmni'r Cortyn

Poster Ywain Myfyr

1995
Kolymeyka; Coleg Meirion Dwyfor; Dan Morris & Nick Hill; Big Pig Productions; Pigyn Clust; Anthony Griffiths; Prosiect Gwydion; Boys of the Hill; Cajun Stompers; Ynni a Chi; Côr Meibion Dolgellau; Flipjacks; Y Moniars; Hafren;

Poster Maggie May

Bayo Gumbo; Reels on Wheels; Cwmni'r Cortyn; Bob Delyn a'r Ebillion; Flipjacks; Gwerinos; Tecwyn Ifan; Sobin a'r Smaeliaid.

1996
Gaelforce; Sian James; Gwerinos; Diduell (Breiz); Y Bandarall; Potin; Clasac (Eire); Y Moniars; Gwerinos; Branwen; Meic Stevens; Delwyn Siôn; Cromlech; Y Dynion Hysbys; Petit Fille & The Acadians; Silly Billy & Candy Flos; JO Jones; Mair Tomos Ifans; Medwyn Williams; Almanac; Cwmni'r Cortyn; Band y Bongo

1997
Cajuns Denbo; Yr Hergwd; Rosfa a Plwmbo; Caravanserai; Anthony Griffiths & Chris Knowles; Ysbryd Chouchen; Rock Salt and Nails; Ci Du; Band y Bongo; Bob Delyn a'r Ebillion; Pigyn Clust; Steve Mŵg; Seelyhoo; Carreg Lafar; Almanac; Gwerinos; Iwcs a Doyle; Burach; Hunter's Purse

1998
Mike Peters & The Alarm; Tamalin (Eire); Mynta (Sweden/India); Solas (USA); Cajuns Denbo; Fernhill; Gwerinos; Bob Delyn a'r Ebillion; Lilbride; Meic Stevens; Iwcs a'r Band; Ci Du; Delwyn Siôn; Pigyn Clust; Strymdingars; Ysbryd Chouchen; Band y Bongo; Ysbryd; Y Gwir Anhygoel Huw Bobs Pritchard; Y Bandarall; Ummh!; Loosehoundrifters; Rosfa a Plwmbo;

Poster Dick Summers

Poster Sharon Clarke

Poster Mihangel Arfor Jones

Tony Heals; Devil's Dyke Morris; JO Jones; Bethan Gwanas; Cwmni'r Cortyn; The Big Red Circus

1999

Poster Richard Morgan

Horace X; Gwerinos; Hamish McDoodle & The Kicking Keltic Kaos Krew; Mega; Carreg Lafar; Ummh!; Ysbryd Chouchen; Rag Foundation; Jac y Do; Ogam; Here Be Dragons; Pigyn Clust; Kila (Eire); Ffidlan; Telyn; Tecwyn Ifan; Fernhill; Celt; Tecwyn Ifan; Oysterband; Rosfa a Plwmbo; Syrcas Circus; Cwmni'r Cortyn; Circus Fudge; Estella; Top Banana; Powder Monkey; Traed Dan Bwrdd; Y Bandarall; Beyond the Bars; Anweledig; The Flow; Wild Welsh Women; Bedwyr Huws a'r Band; Joio!

2000

Poster Richard Morgan

Achanack; Jazz Jamaica; Salsa Celtica; Hen Wlad Fy Mamau; Anweledig; Cian; Gwerinos; Cajuns Denbo; The Bush the Tree and Me; Anweledig; Ummh!; Y Moniars; Yr Hennessys; Carlota; Sion Williams; Xabaltx; Arcades; Attya; Abenaki; Estella; Tommy Jenkins; Rag Foundation; Y Bandarall; Vanta; Nar; Bed Huws & Band; Geraint Roberts & Band; Aeram Evans; JO Jones; Moira Mai; Top Banana; Mabon; Traed Dan Bwrdd; The Flow; Dylan Davies; Y Profiad; Cian; Steve Eaves a'r Band; Sweet Loving Rain; High Time

2001

Poster Richard Morgan

Capercaillie (Alba); Big Leaves; JO Jones; Meic Stevens; Gwerinos; Here Be Dragons*; Chouchen; Gjallarhorn (Ffindir); Abdelkader Saadoun (Algeria); Ar Log; Merengada; The Bush the Tree and Me (Lloegr); Bob Delyn a'r Ebillion; Celt; Kilbride; Spikedrivers; Mairi MacInnes (Alba); Julie Murphy & Dylan Fowler; Pigyn Clust; Spontus (Breiz); Dick Gaughan & Brian McNeil (Alba); Strymdingars; Dragonfall; Abenaki; Top Banana; Paul McCormick (Alba); Zenfly; Y Profiad; Here

Be Dragons; Ummh!; Caban; Mair Tomos Ifans; Michael Harvey; Catherine Aran; Malachy Doyle; Tony MacManus; Roxane Smith; Geraint Lovgreen; Attya; Estella; Dawnswyr Môn; Dawnswyr Delyn; Ysgol y Ddawns Caergybi; Healer; Depth; Ffebrins; Hitchcock; Vanta; Blue Undersun; Baldande; Acona; Gwacamoli; Paccino; Bryn; Sun Rain; Morffic Meta; Cacan Wy Experience; Epitaff; Quidest; TNT; Quarter Bridge; Something Personal.

2002

Poster Richard Morgan

Levellers; Burning Spear; Ember; Sharon Shannon (Eire); The Alarm; Yat Kha (Mongolia); Fernhill; Allan Kelly & The Mosaic Band (Eire); Crasdant; Estella; Pigyn Clust; Kangaroo Moon (Awstralia); Amigos; Soothsayers; Gwenno; Atya; Boys of the Hill; Bob Delyn a'r Ebillion; Blue Horses; Ummh!; Mez (Hwngari); Rhes Ganol; Nodachi; Achanak; Sian Phillips & Danny Kilbride; Bizzerov Sisters (Bwlgaria); Cara Dillon (Eire); Johnny Panic; Dragonfall; Asere; Nodachi; Kosher; Achanak; Los Pacaminos; Anweledig; Martin John; TNT; Gwenno; Crasdant; Asere; Anweledig

2003

Poster Richard Morgan

Beathovens; Amy Wadge; Y Brodyr; Siân James; Bob Geldof; La Sonera Calaveras; Brendan Fowler; Elin Fflur a'r Moniars; Meic Stevens; Ar Log; Burum; Luar na Lubre (Galicia); Paperboys (Canada); Geraint Jarman a'r Cynganeddwyr; Estella; Alan Stivell*; Kate Rusby; Anweledig; Saw Doctors; Mim Twm Llai; Shooglenifty; Meinir Gwilym; Who Will Miss Mary; Ummh!; Here Be Dragons; One Style; Holmes Brothers; TNT; Martin John; Pheena; Dalta; Celtish; Never Mind the Box; Allan yn y Fan; Atya; Vanta; Johnny Panic; Elephant Talk; Brid Ni Mhaoiloein; El Nombre

2004

Cerys Mathews; Bryn Fôn; Fernhill; Meinir Gwilym; Susheela Raman; Bob Delyn a'r Ebillion; Amigos; Mabon; Twm Twp; Electric Ceili Band; Celtish; Kentucky AFC; Anweledig; Gola Ola; DJ Dyl Bili; Maharishi; Rachel Williams; Cajuns Denbo; Ryland Teifi; Ummh!

Poster Gruff Ywain

2005

Super Furry Animals; Sibrydion; Ummh!; Batala Bermo; Sleifar a'r Teulu; DJ Lladron; Killa Kella; Estynedig; Huw Chiswell; Mozaik (Eire/USA); Karine Polwart (Alba); Frizbee; The Poppies; Yr Hwntws; Moishe's Bagel (Alba); Elin Fflur; Drymbago; Alun Tan Lan; Brigyn; Cajuns Denbo; Never Mind the Box; Fflur Dafydd a'r Barf; Toreth; Gwyneth Glyn; Gwilym Morus.

Poster Gruff Ywain

2006

Goldie Lookin' Chain; Frizbee; Euros Childs; Freshly Ground (De Affrig); Genod Droog; Jaipur Kawa Brass Band (India); The Poppies; Daniel Lloyd a Mr Pinc; Dan Amor; Fflur Dafydd; Emily Smith (Alba); Mim Twm Llai; The Ukulele Orchestra of Great Britain; Radio Luxembourg; Amy Wadge; Seth Lakeman; Los de Abajo (Mecsico); Brigyn; Hayseed Dixie (USA); Chris Grooms (USA); Paul Dooley (Eire); Tia McGrath (Canada); Crasdant; Gwilym Morus; Sarah Louise; Tracy Curtis; Solero; Sian Philips & Patrick Rimes; Gareth Bonello; Sild; Lowri Evans; Chris Thomas; Gwenan Gibbard; Ryland Teifi; Steve Eaves a Lleuwen Steffan; Empathy; Jen Jeniro; Papa Gini; No Star; Baban Sgwiral; Annioddefol; Eryr; Derwyddon Dr Gonzo*; Cowbois Rhos Botwnnog; Pwsi Meri Mew; Bob; Pala; Geraint Roberts & Band; Karak; Rafters

Poster Gruff Ywain

2007

Steve Earle (USA); The Dubliners(Eire); Genod Droog; Maffia Mr Huws; Ryland Teifi; Mattoidz; Damien Dempsey (Eire); Trans-Global Underground; The Ukulele Orchestra of Great Britain; Meic Stevens; Cowbois Rhos Botwnnog; Shona Kippling & Damien O'Kane (Eire); Derwyddon Dr Gonzo; Radio Luxembourg; Gai Toms; Allan yn y Fan; Davy Spillane & Paul Dooley(Eire); Alison Moorer (USA); Gwibdaith Hen Frân; Rees Wesson; Chris Grooms (USA); Cowbois Celtaidd; Cate Le Bon; Padraig Lawlor & Henry Marten's Ghost; Lowri Evans; Lisa Mills (USA); Tia McGraff (Canada); Cajuns Denbo; Gwyneth Glyn; Al Lewis; Sesh; Hogiau'r Gororau; Pigyn Clust; Heather Jones; Ryan Kift; Tracy Curtis; Lleuwen Steffan; Amledd; Jeb Loy Nichols (USA); 9Bach; Tania Walker; Yr Annioddefol; Y Rods; Y Gwyddel; Ha Komé; Threatmantics; Bob; Plant Duw; Pwsi Meri Mew

Poster Gruff Ywain

2008

Bedouinn Jerry Can Band (Sahara); Man; Sibrydion; Loaded Dice; Justin Adams & Juldeh Camara; Bryn Fôn; Natacha Atlas (Belg/Aifft); Huw Chiswell; Tom & Lewis; Huw Dylan; Gary Matthewson; Brigyn; Ceri Rhys Matthews & Christine Cooper; Atya; Geraint Lovgreen a'r Enw Da; Buena Risca Social Club; Y Glerddorfa; Steve Eaves; Derwyddon Dr Gonzo; N'Faly Kouyate & Dunyakan (Senegal); Endaf Emlyn; Saw Doctors (Eire); Lowri Evans; Coal Porters; Cowbois Rhos Botwnnog; Lisa Mills (USA); Gwibdaith Hen Frân; Celt; Rhian Mostyn; Koto-Go; Catrin O'Neill; Kate Binningsley; Calan; Ember; Al Lewis; 9Bach; Johnny Dickinson; Y Bandarall; Banda Bacana; T & Latouche; Dyl Mei; Skilda; DJ Byd Mawr; Dim Mynedd; Meibion Ffred; Yucatan; Wyrligigs; Madre Fuqueros; Yr Ods; Pwsi Meri Mew; Osian Morris; The Gentle Good.

Poster Gruff Ywain

2011

Mynediad am Ddim; Calan; Cowbois Rhos Botwnnog; Yr Ods; Sŵnami; Candelas; Estello Aubanenco (Ffrainc); Dawnswyr Bro Cefni; Y Bandarall; Kantref; Gwenan Gibbard; Steve Eaves & Band; After an Alibi; Creision Hud; Crash Disco; Boggy Mountain Boys; Adran D; Billy Thompson & Band; Trwbador; Tom ap Dan.

2012 riSesiwn

Sild; Twmffat; Bob Delyn a'r Ebillion; Cowbois Rhos Botwnnog; Ryland Teifi & Mendocino; Sŵnami

2013

Cowbois Rhos Botwnnog, H a'r Band; Y Bandana, Steve Eaves & Band; Ryland Teifi a Mendocino; Georgia Ruth; Al Lewis Band; Sŵnami; Lleuwen; Manon Steffan Ros; Calan

2014

Peatbog Faeries; Candelas; Yws Gwynedd; Kizzy Crawford; Gwilym Bowen Rhys; Plantec; Mike Peters; Georgia Ruth; Climbing Trees; Manon Steffan Ros; Blodau Gwylltion; Daniel Glyn; Hywel Pitts; Gary Slaymaker; Callum Duell; Tomos Lewis; Queen Beats Jack; Y Plebs; Y Cledrau; Aruchel; Ways Away; I Fight Lions; Turrentine Jones; The Gentle Good; Siddi; Ella Morgan; Branwen Huws; Côr Swynion; Magi Tudur; Bromas; Amser; Gwerinos; Osian Morris; Cowbois Rhos Botwnnog

Poster Gruff Ywain

Poster Margaret Berry

Poster Rhys Aneurin

Poster Peter Lloyd

2015

9Bach; Urban Folk Quartet; Gwilym Bowen Rhys; Maelog; Granny's Attic; Patrobas; Y Ffug; Geraint Jarman a'r Cynganeddwyr; Steve Eaves; Old Dance School; Sketch; Sŵnami; Lowri Evans; Gary Slaymaker; Elfyn Llwyd; Bethan Gwanas; Mari Emlyn; Dewi Prysor*; Huw Dylan; Mair Tomos Ifans; Arfon Gwilym; Jess Enson; Haf Llewelyn; Bethan Gwanas; Manon Steffan Ros; Ffion Dafis; Sioned Webb; Blodau Gwylltion; Dj Plyci; Al Lewis Band; Iwan Huws; Richy Jones; Naomi Redman; Plu; Kizzy Crawford

Poster Geraint Edwards

2016

Ghazalaw; Talisk; Elephant Sessions; The Changing Room; Batala Bermo; The Sidh*; Richy Jones & Band; Paper Aeroplanes; Gwerinos; Houdini Dax; Mynediad am Ddim; Y Storm; Tom Lewis; Eve Goodman; Bronwen Lewis; Yr Ods; Elfen; Gwerinos; Y Jambyls; Rogue Jones; Ail Symudiad; Georgia Ruth; Cowbois Rhos Botwnnog; Meilir Jones*; KOC & The Zongo Brigade; Gwilym Bowen Rhys; Billy Thompson Gipsy Style; Mair Tomos Ifans.

Poster Richard Morgan

2017

Peatbog Faeries; Sŵnami; Calan; Bob Delyn a'r Ebillion; Climbing Trees; Fleur de Lys; Kizzy Crawford; Dawnswyr Nantgarw; Olion Byw; Teulu; Tant; Elfen; Welsh Whisperer; Hywel Pitts; Y Bandarall; Tecwyn Ifan; Magi Tudur; Coco and the Butterfields; Yr Eira; Dallahan; Lewis & Leigh; Gai Toms; Sipsi Gallois; Sorela; Cilmeri; Lowri Evans; Chris Jones; Côr Ysgol y Gader; Elliw Gwawr; Daniel Glyn

Poster Teresa Jenellen

2018

Anweledig; Bwncath; Ail Symudiad; Omaloma; Richy Jones; Huw Warren; Steve Berry; Zoot Warren; Issac Home; Ortzadar Taldea; Arian Mân; Hen Fegin; Nantgarw; Dawnswyr Bro Cefni; Y Cledrau; Hywel Pitts; Arwyn Groe; Tacla; Manon Steffan Ros; Osian Morris; Daniel Glyn; Huw Erith; Mari Emlyn; Gwilym; Gweltaz a Gwendal; Marit & Rona; Magi Tudur; Tant; Yr Oria; Casset; Welsh Whisperer; Gai Toms; Emyr 'Himyrs' Roberts; Cywion Cranogwen; Blodau Gwylltion; Kyffin; Dukes of Love; Lewys; Alffa; Mellt; Gwilym Bowen Rhys; Elidyr Glyn; Patrobas; Glain Rhys; Mr Phormula; Sam Kelly & The Lost Boys; La Inedita; Echo; Band Arall Himyrs*; Achlysurol; Siddi; Ye Vagabonds; Gwyneth Glyn a Twm Morys; DnA; Geraint Løvgreen a'r Enw Da; Esyllt Shears; Jâms Thomas; Dilwyn Morgan

Poster Teresa Jenellen

2019

Jamie Smith's Mabon; Lewys; Meic Stevens*; Gwilym Bowen Rhys; Los de Abajo*; Gwyn Evans Dr Jazz; Andy Mackenzie; Greg Robley; Ray Forest; Richy Jones; Elis Derby; Candelas; DJ Fflyffi Lyfbybl; Y Bandarall; Y Davalaniaid; Tacla; Tant; Geraint Lovgreen a'r Enw Da; Bwncath; Gwilym; The Trials of Cato; Rusty Shackle; Calan; Rhodri ap Dyfrig; Haf Llewelyn; Emyr 'Himyrs' Roberts; Hywel Pitts; Daniel Glyn; Ifor ap Glyn; Merfyn Tomos; Linda Tomos; Matthew Frederick; Three Legg'd Mare; Osian Morris; Owen Shiers; Mared Williams; Bwca; Achlysurol; Pys Melyn; Papur Wal; Wigwam; Alffa; Glain Rhys; Yr Oria; Welsh Whisperer; Traed Moch Môn; David Bradley & Alun Cadwaladr; Triawd Huw Dylan; Elidyr Glyn; Estella; Banda Bacana; Magi Tudur; Vrï; Geraint Jarman a'r Cynganeddwyr; Daniel Glyn; Beth Angell; Eleri Morgan; Beth Jones; Siôn Tomos Owen

Poster Teresa Jenellen

2020 Sesiwn digiDol

Bwncath; Gwerinos; Y Davalaniaid, Gwilym Rhys Bowen; Ffion Dafis; Osian Morris; Mared, Dave Bradley, Richy Jones a'r Band; Patrick Rimes; Huw a Sion Roberts; Bandarall.

2021 Sesiwn digiDol

I Fight Lions; Angharad Jenkins; Derw; Vrï; Huw Dylan Owen; Becca; Richy Jones a'r Band; Hywel Pitts
*artistiaid wnaeth ddim ymddangos

Poster Sioned Medi

Poster Sioned Medi

I'R DYFODOL

Felly, atgoffwch fi, dan ni wedi bod yn gwneud hyn am 30 o flynyddoedd!

Rhaid cyfaddef bod y cyfnod wedi hedfan, ac mae crynhoi atgofion ar gyfer y gyfrol yma wedi cadarnhau hynny. Bu'n rhywbeth rhywsut y disgynnais i mewn iddo bron yn ddamweiniol, o fod yn y lle anghywir ar yr amser anghywir, ond dwi'n difaru dim. Tyfodd bod yn rhan o'r Sesiwn Fawr yn rhan ohonof bron, ac efallai'n obsesiwn ar adegau. Mae'n bosib y bu cyfnodau lle dioddefodd fy nheulu, efallai fy ngwaith ac o bosib fy iechyd oherwydd 'yr obsesiwn'. Ond, er yr helbulon a'r cyfnodau argyfyngus faswn i ddim mewn gwirionedd yn newid dim. Dwi'n falch o'r hyn a grëwyd gan griw bychan o wirfoddolwyr yn Nolgellau. Rhywbeth a dynnodd sylw'r byd at fy nhref enedigol.

Tyfodd a datblygodd y Sesiwn Fawr yn rhywbeth tu hwnt i'n breuddwydion, o bosib yn anghenfil a oedd allan o reolaeth am gyfnod? Mae'n braf nodi bod yr 'anghenfil' wedi cael ei ddofi bellach, a bod y Sesiwn Fawr bellach yn Ŵyl sydd dan reolaeth. Fe ddysgwyd gwersi anodd o ddigwyddiadau a chamgymeriadau'r gorffennol ac rwy'n eithaf hyderus na wneir dim byd tebyg eto. Cafwyd cyffro, bron fel bod ar fwrdd syrffio yn marchogaeth y tonnau. Pan dach chi'n mynd yn iawn ar y bwrdd mae pethau'n wych ond wrth reswm mae mor hawdd disgyn oddi arno!

Mae'r Sesiwn Fawr fel ag y mae hi heddiw, fe gredaf, cyn agosed i'r ddelfryd wreiddiol ag y gall fod. Mae'n cwmpasu'r gymuned leol, y gymuned fusnes leol, yn defnyddio adeiladau hanesyddol Dolgellau fel llwyfan unigryw ac yn cynnig penwythnos o adloniant amrywiol i'r teulu cyfan a hynny heb fod yn ormod o fwrn ar y trefnwyr. Pan oeddem o amgylch y bwrdd hwnnw 30 mlynedd yn ôl roeddem am i Gymry gael profiadau tebyg i'r hyn a gawsom ni mewn gwyliau fel y Fleadh yn Iwerddon neu Ŵyl Lorient lle mae cerddoriaeth yn llythrennol lifo o bob twll a chongl. Mae hynny'n wir am Ddolgellau dros benwythnos y Sesiwn Fawr bellach.

Fel y nodwyd uchod mae'n bwysig dysgu o brofiadau. Cafwyd dwy flynedd anodd iawn i ddigwyddiadau byw. Roedd yn rhaid i bob dim, o'r Eisteddfod Genedlaethol i gyfarfod y gymdeithas leiaf un, addasu. Gwnaed hynny'n rhyfeddol ar sawl cyfrif. Gwelwyd y gellid cynnal pwyllgor tu allan i'r neuadd neu'r dafarn a hynny trwy dechnoleg. Defnyddiwyd y dechnoleg yma hefyd i roi ychydig o arlwy'r digwyddiadau ar y rhyngrwyd. Mentrodd y Sesiwn efo hyn yn bur lwyddiannus. Roedd ein hymgais gyntaf yn waith cartref digon amrwd ond yn ddigon derbyniol. Gwelwyd y gellid cyrraedd cynulleidfa lawer mwy nag y gallem ddychmygu eu denu i Ddolgellau ym mis Gorffennaf a hynny ymhob rhan o'r byd. Rwy'n sicr y bydd rhan o'r elfen ddarlledu ar lein yn aros efo digwyddiadau. Yn sicr dyna'r bwriad gennym ni efo'r Sesiwn. Wrth i'r dechnoleg ddatblygu rwy'n sicr y bydd mwy a mwy o ddigwyddiadau yn gallu cynnig yr elfen yma o'u digwyddiad a hynny yn hunan-gynhaliol fel petai.

Yn bersonol rwy'n teimlo'n fwy hyderus am ddyfodol y Sesiwn Fawr nag a wnes erioed. Mae gennym griw o amrywiol oed, talentau a diddordebau sy'n cydweithio'n wych i un pwrpas cyffredin ar ein pwyllgor. Ond criw bychan ydan ni ac mae wastad croeso i fwy yn y gorlan. Mae'r Sesiwn mewn lle iach mewn sawl ystyr a gall edrych ymlaen yn hyderus i'r dyfodol.

Pan sefydlwyd Cwmni Sesiwn Fawr Dolgellau gofynnwyd i ni beth roeddem yn ystyried oedd ein hamcanion. Fe nodwyd dwy, sef hybu'r iaith Gymraeg a hybu'r diwylliant gwerin yn ardal Dolgellau. Rwy'n gobeithio ein bod wedi bod yn driw i'n hamcanion ac yn eithaf hyderus ein bod wedi dechrau eu gwireddu.

Yn syml, fedrwch chi ddim curo cerddoriaeth fyw, mae'n rhoi gwefr anhygoel i mi. Pan fo cerddoriaeth eich gwlad a'ch mamiaith yn rhannu'r un llwyfan efo enwau mawr y byd cerddorol, mae hynny'n rhoi gwefr ychwanegol sy'n anodd ei mesur. Mae cerdded drwy Ddolgellau ar un penwythnos yn yr haf a chlywed cerddoriaeth yn llifo trwy'r strydoedd a'r Gymraeg yn atseinio oddi ar y waliau hynafol yn rhoi'r balchder mwyaf anhygoel i ni fel trefnwyr ac i drigolion y dref, a bydded hir oes i hynny.